21世纪全国高职高专新闻传播实训类规划教材

新闻写作与实训

唐成英　编著

北京大学出版社
PEKING UNIVERSITY PRESS

内容简介

本书是一本定位于高等职业教育的新闻类专业写作教材，以教育部《关于全面提高高等职业教育教学质量的若干意见》为依据，以培养新闻类专业学生的岗位工作能力为目标，以促进"做中学、学中做"的工学结合一体化教学模式为依托，以经典案例与多种实训操作方法为特色，使学习者能够具有新闻记者进行新闻写作的基本能力。

本书的特色在于按照新闻记者日常工作任务进行新闻写作文体的项目分类。同时，从选材到每一个写作实训步骤都进行详细的解读、分析与实践。特别是作者本人曾经担任了十年《都市消费晨报》的资深记者，因此，作者以其丰富的实践经验，在项目三中将新闻记者的主要写作文体一一细解，更贴近于高职学生的工作实际。

本书同样适用于本科新闻专业的学生，作者以为无论本科、专科，学生的培养最终是以岗位就业、具有工作胜任力为目的的。

图书在版编目(CIP)数据

新闻写作与实训/唐成英编著. —北京：北京大学出版社，2013.4
(21世纪全国高职高专新闻传播实训类规划教材)
ISBN 978-7-301-22067-2

Ⅰ.①新… Ⅱ.①唐… Ⅲ.①新闻写作－高等职业教育－教材 Ⅳ.①G212.2

中国版本图书馆CIP数据核字(2013)第022461号

书　　名：新闻写作与实训
著作责任者：唐成英　编著
策 划 编 辑：周　伟
责 任 编 辑：周　伟
标 准 书 号：ISBN 978-7-301-22067-2/G・3579
出 版 发 行：北京大学出版社
地　　址：北京市海淀区成府路205号　100871
网　　址：http://www.pup.cn　　新浪官方微博：@北京大学出版社
电 子 信 箱：zyjy@pup.cn
电　　话：邮购部62752015　发行部62750672　编辑部62754934　出版部62754962
印　刷　者：河北滦县鑫华书刊印刷厂
经　销　者：新华书店
787毫米×1092毫米　16开本　16.5印张　360千字
2013年4月第1版　2020年4月第4次印刷
定　　价：33.00元

前　　言

新闻写作是一种打破了我们传统文学写作方法的全新思维模式与写作技能。《新闻写作与实训》主要阐释了新闻记者从事新闻工作时所应具有的技能，是新闻记者捕捉社会新闻热点、贴近民生、报道事实真相的重要工具与有效方法，它运用各种专业知识、技能和方法去发现新闻职业工作中实际存在的问题并解决这些问题，具有运用有效方法形成新闻记者职业技能、增强新闻职业胜任力的重要作用，受到了社会各界的广泛关注。

作为一门应用性极强的课程，本书以教育部《关于全面提高高等职业教育教学质量的若干意见》为依据，以培养新闻类专业学生的岗位工作能力为目标，以促进“做中学、学中做”的工学结合一体化教学模式为依托，以经典案例与多种实训操作方法为特色，教材结构的构建与教学内容设计体现出以下基本特点。

第一，教材的开发设计，以新闻记者日常工作的实际工作任务、工作过程为主线，以新闻报道的基本要求为依据，以新闻写作方法技能的应用训练为重点，以培养学生的新闻写作操作能力为主要目的，将课程划分为若干个具体教学项目。再按照每一项目具体所要求的高职教育目标来设计具体的典型任务，替换了传统的教学单元（章、节），从而形成了以工作任务为驱动、基于工作实际过程的教学内容体系。

第二，按照新闻记者工作方法以及实际工作任务的要求，从职业岗位实际需要出发，选择新闻写作典型案例举一反三，同时运用多种新闻工作实训模式，根据学生的认知规律，按照先易后难的原则加以排序，形成了先易后难、循序渐进的设计思路和教学方法。

第三，教材内容的选取上坚持教学案例源于社会实际，教学过程依据工作实际，项目实训立足问题实际，解决问题立足于新闻记者工作岗位实际的原则。

第四，教材以“做”为主导，以任务为依托，借鉴工作情境模式，设计了包括教学目标、案例导读、工作任务、术语理解、工作要点提示、方法技巧、注意事项、实训操作、总结点评、拓展提高等融知识传授、方法训练、技能操作为一体的课程教学的操作化设计体系，为提高课程教学实效性，强化教学过程的操作性，增强教学任务的岗位性等特征奠定了基础。

因此，本书不仅能够作为高职院校传媒类“新闻写作”课程使用的教材，还可以作为党政机关、企事业单位通讯员的培训教材和新闻写作的自学教材以及必备参考用书。

在编写过程中作者充分吸纳了国内一些职业院校专家的课程设计思路以及兄弟院校同

行专家的建议与意见，借鉴吸收了有关教材的案例引述和学术界先进的新闻写作研究成果，得到了天津职业大学邓恩远教授的指导与帮助，得到了《都市消费晨报》同人及北京大学出版社的大力支持，在此一并表示感谢。

应该指出，新闻写作与实训本身就是以厚积淀、重操作为主要特征的高职类教材，因此，在编写方法上运用的多种实训方法也是一种尝试与探索，再加上本人水平有限，对很多问题研究不够深入，不足之处在所难免，真诚地希望专家、学者、受众不吝赐教。

唐成英

2013 年 1 月 6 日

本教材配有教学课件，如有老师需要，请加QQ群（279806670）或发电子邮件至zyjy@pup.cn索取，也可致电北京大学出版社：010-62765126。

目　录

项目一　新闻消息写作

新闻消息是现代新闻传媒业最主要的新闻报道形式，也是新闻传媒工作者必须直接面对和需要完成的基本工作任务之一。百分之七十以上的新闻作品是以消息的体式出现的，它具有报道迅速、反应灵活、短小精悍的文体特征，尤其适合那些突发新闻事件的报道。新闻消息代表着现代新闻传媒业的主流工作，也是高职新闻专业教育中最基础、最实用的新闻写作样式。

任务一　掌握新闻报道的基本要求

在现实生活中，新闻报道是传播范围最广、传播力最大，成为人们了解、判断社会信息的重要根据之一。新闻报道离不开受众，受众也离不开新闻报道。但是与我们从小就研读写作的文学作品不同，新闻报道有其自身的报道要求和在这种报道要求中体现出来的不同于其他文体的特点。

教学目标

通过本任务的学习，学生能够运用新闻报道的基本要求实现新闻报道写作前的选材原则以及新闻报道写作中的客观立场，具备新闻写作的基本理论、基础素质与知识积淀。

案例导读

银行拒不兑现储户20年前存款　称不符合央行规定[①]

1989年7月，中国农业银行青县支行面对储户推出了"生活基金"储蓄业务，称存入的钱可高息保值。"我当时存了2000元，银行说20年到期后能变成9万多元。"青县储户骆先生说。然而，当2009年胡先生这笔钱到期后，银行方面却以利息太高、存期太长，不符合央行规定为由，拒不兑现。

储户：存款利息银行不认账

青县储户骆先生说，1989年7月，中国农业银行青县支行面对广大储户，推出了一项名为"生活基金"的储蓄业务，称存入的钱该行将按国家利率和保值贴补率给予累计计息。"银行说现在存入有限的几百元，到期可得的本息就是几千元甚至几万元。"骆先生说，当时自己正好做生意，手里有些积蓄，而他的儿子又小，便想给孩子存一笔钱，等20年后取出来正好可以给孩子做大学学费。

于是，骆先生一次存入了2000元钱，并选择了最长的存期20年。"银行给了我一张

① 代晴：《青县农行拒不兑现》，2012年1月12日《燕赵都市报》，第6版。

《“生活基金”储蓄可得利息一览表》，按照上面的计算方式，我这 2000 元 20 年到期后，应得 9 万余元。”骆先生说，但是等到 2009 年 9 月这笔钱到期，他拿着存单去银行取款时，却被告知此款不予兑现，理由是这张存款单的办理违反了有关规定，一是利息太高不符合央行规定，二是国家规定的存期最长为 5 年，没有 20 年。“我白纸黑字的存单上扣着农行的公章，不符合规定为什么这么多年不通知我把钱取出来，现在到期了又不兑现，这不是霸王条款吗?”骆先生气愤地说。

无独有偶，青县储户胡女士也有相同的遭遇。1989 年 9 月，胡女士的父亲也为她办理了该项业务，存入了 600 元，存期也是 20 年，按照银行当时给出的一览表，这笔钱到期后本息应为 2 万余元。“那时 600 元可是父亲一年半的工资啊，我家再困难父亲也没动这笔钱，就想着等我长大了再拿出来，没想到现在银行竟然不认账了。”胡女士说。

农行：央行规定不能违反

骆先生和胡女士向记者展示了 1989 年农行青县支行向广大储户发出的宣传单以及《“生活基金”储蓄可得利息一览表》。《一览表》上列明，存入 200 元、300 元、400 元、500 元及 1000 元金额，在 9 年、12 年、15 年、20 年到期后按现行利率计算不保值及按现行利率计算加保值的本息合计款数。“我的 2000 元 20 年到期后，加保值算出来是 9 万多，不保值也有 4 万多。但银行只肯给我 9000 多。”骆先生说。

骆先生和胡女士曾就此事找到农行青县支行交涉，银行对 1989 年开展的“生活基金”储蓄业务一事予以认可，也表示央行出台的规定是他们存款之后的事，但坚持表示不能违反央行的规定，只能将 20 年存期分成四个 5 年定期并采取到期转存的方式计算本息，“最后算出来，给骆先生 9000 多元，给我 2000 多元，只相当于当初约定的十分之一。”胡女士说，当年的 600 元是父亲一年半的工资，20 年后这 2000 元只相当于自己一个月的工资，这笔钱存的不但不保值，还严重缩了水。

1 月 10 日 10 时许，记者联系了农行青县支行办公室，一位工作人员解释，银行方面也愿意维护储户的利益，但央行的规定摆在那，谁也不敢违反。“银行不是没有钱，也愿意把钱给储户，但是上级有文件，如果给他了上面来查，我们没法交代。”

律师：银行无理由赖账

胡女士说，为了讨要说法，她和骆先生将农行青县支行起诉至青县人民法院，要求农行方面履行存款合同义务。“法院虽认定我们和农行之间的储蓄存款合同合法有效，但却不支持我们，最后判农行支付我们 2000 多元和 9000 多元。”胡女士说，日前他们已向沧州中院提起上诉。

律师皮德智表示，储户与银行之间是合同关系，合同只有在违反法律、法规的前提下，才是无效的。“且不说中国人民银行颁布的通知或规定，在储户办理存款业务之后，即便是颁布也不属于法律法规的范畴，只有对内部各金融机构有效，而不能影响第三方即储户的利益。所以，农行青县支行没有理由不如数兑现。”皮德智律师说。

上述新闻报道讲述了两位储户20年存款不能兑现的新闻事件。在这个新闻事件中，储户与银行之间发生了矛盾。本文记者是如何展现储户、银行和律师三方观点的？为何要这样展现？这样做符合新闻报道的哪些基本要求？

工作任务

1. 理解新闻的概念。
2. 掌握新闻报道的基本要求。

理论基础

什么是新闻？狗咬人不是新闻，人咬狗才是新闻。这句话的意思是说，当一个事件以常规的形态出现时不是新闻，当一个事件以非常规的、变动的形态出现时才是新闻。“新闻每天都在发生”，这句话既说明了世界是在不断运动发展的客观规律，也为新闻报道孕育着取之不尽、用之不竭的素材。新闻工作者的使命就是将那些蕴藏在纷繁事物中的新闻事件发掘出来并公之于众。

一、新闻的词源

1. 中国古代新闻

在甲骨文和金文中，“闻”是一个人竖着一只耳朵屏息静听。“新闻”作为一个专用词汇在我国唐朝就出现了。唐朝文人孙处玄曾说过：“尝恨天下无书以广新闻。”①意思是说，我常常遗憾没有一本书能把天下的新闻大事都集纳在一起。还有尉迟枢把他听来的传说和故事写成书，并取名为《南楚新闻》。另外，我国古代有“朝报”与“邸报”出现；宋朝赵升在《朝野类要》中也讲到“新闻”一词，“朝报，日出事宜也。每日门下后省编定，给事判报，方行下都进奏院，报行天下。其有所谓内探、省探、衙探者，皆衷私小报，率有泄露之禁，故隐而号之曰新闻”。这些都说明有关“新闻”一词以及“新闻”内涵的解释在中国古代已有所言之。

2. 外国的News

在国外，“News”的使用是苏格兰詹姆士一世在1423年他的一段话中首次出现的，“我把可喜的新闻带给你”。对于“News”一词的成因，西方新闻界历来有着两种解释：一种解释认为，“New”的英文意思是“新的”、“新鲜的”，“News”是众多的新的事；而另一种解释则更为有趣，1622年创刊的英国《每周新闻》对“News”是这样解释的，即North(北)、East(东)、West(西)和South(南)四个词的第一个字母拼起来就是“News”，它意味着“新闻”就是从四

① 资料来源：《新唐书》。

面八方听说来的事汇聚在一起。

3. 新闻产生的历史

当古罗马帝国的尤利乌斯·恺撒意识到罗马市民需要知道官员做出的对他们有影响的决定时，他就在《每日纪闻》上张贴出政府活动的报告。在中国，唐朝（618—906 年）也发行了一种手写或木板印刷而成的小报，用来向朝廷的官员通报朝廷的活动，这就是所谓的“邸报”。邸报和朝报事实上就是我国古代新闻的雏形。作为一种新闻载体，报纸更直接的前身是手抄新闻信，其内容包括政治和经济方面的信息。16 世纪初，由于西方资本主义的萌芽，手抄新闻开始在欧洲商人中间流传，传递着最新的供求信息。随后，伴随着西方资本主义的发展与强盛，手抄新闻逐步发展为“新闻书”、“周报”、“日报”等各种形式；在报纸发展的基础上，随着无线声波的发明以及电报、电视的出现，直到今日盛行的网络等，多种新闻载体已蓬勃地发展起来。人类进入 21 世纪之后，伴随着互联网又催生了手机报、博客等多种新兴信息传输载体，这些都构筑了新闻事业发展的未来。

二、新闻与新闻报道的定义

目前，有关新闻的定义约有 170 余种，不同的定义反映了不同的历史时期和社会背景，比较有代表性的如下。

党的老一辈新闻学家胡乔木认为新闻是一种新的重要的事实（事实说）。

党的老一辈新闻学家陆定一认为新闻就是新近发生的事实的报道（报道说）。

另外一些新闻学家也对“新闻”作出了如下定义：

(1) 新闻是新近变动的事实的传布（传播说）。

(2) 新闻是经报道或评述最新的重要事实以影响舆论的特殊手段（手段说）。

(3) 新闻是经报道（或传播）的新近事实的信息（信息说）。

以上这些定义都从新闻的本质与新闻的特性对“新闻”这个概念作了界定，具有自己的时代烙印。今天我们已经进入 21 世纪，中国的新闻传媒业正处在与世界接轨之时，我们对新闻的定义也应具有发展的趋向和与世界传媒业接轨的特征，因此归纳上述种种新闻的定义，我们认为新闻的定义无非是两大类：新闻是新近发生的事实的报道；新闻是一种信息，是传达事物最新变动状态的信息。前者在强调新闻是客观事实的基础上更倾向于新闻的党性原则、喉舌作用，后者则强调了新闻的客观信息功能。

三、新闻的本源

1. 新闻的本源

(1) 新闻的本源是事实，事实是构成新闻的根本要素。

(2) 新闻报道的根据。

① 以事实为依据。

新闻是新近发生的事实的报道，事实是新闻的本源和基础。因此，新闻报道必须货真价实、言出有据，不能像文学作品那样进行虚构和夸张。

② 以“新”为依据。

新闻报道必须是人们闻所未闻之事，这样的新闻才具有时效性价值。新闻与历史的区别就在于时间。今天的历史是昨天的新闻，今天的新闻是明天的历史。过了最新的时效性，新闻便成旧闻，在价值上要大打折扣。

③ 新闻要素完整齐备(5个“W”和1个“H”)。

新闻六要素即“何人”(Who)、“何事”(What)、“何时”(When)、“何地”(Where)、“何因”(Why)、“如何”(How)，是对新闻事实最大限度进行浓缩的事件要素。要素不全，新闻根据就不足，事件就不完整。如果新闻六要素中有三个以上的要素交代不清，这篇新闻报道的真实性就值得商榷。

④ 适当交代新闻来源。

为了向受众负责，新闻记者(以下简称记者)应该在新闻报道中用直接或间接的方法交代新闻来源，表明自己是言出有据的，以便受众可以据此判断新闻消息的真实性与权威性。

2. 用事实说话

案例分析1-1

黑心米粉

通过摄像机的镜头，我们走进了一家正在营业的武汉某米粉作坊店。在不到15平方米的昏暗破旧的房子里，首先映入受众眼帘的是一个搅拌米粉面的汽油桶，桶的周围布满了结了垢的灰色的陈米粉面；镜头又将墙角的一台布满灰尘的压米粉机展现在受众面前，压米粉机的其中一个角已经结上了蜘蛛网；镜头再次把受众带到已经压好晾晒的米粉前，只见刚洗的女人内裤正在往晾晒的米粉上滴水；镜头最后把受众引到门外，一辆运送米粉的三轮车上。只见一伙计将刚才滴着女人内裤水滴的新压好的米粉装在三轮车上，一直运到街上卖早点米粉摊前，有几位顾客正在吃。[①]

案例点评

通过记者的镜头展现在受众面前的是一个米粉作坊店的生产过程。记者没有任何一句主观性的评判语，受众却通过自己的视觉已得出了结论——“黑心米粉”太恶心了。这就是“用事实说话”。

事实与叙述的关系体现在两个方面。一方面，客观地叙述新闻事实，着重描述事实，不要轻易做出结论。在整个“黑心米粉”事件的报道中，记者只是用镜头在叙述这家米粉店的米粉

---

① http://news.jxgdw.com/jxsh/1037732.html。

是怎样生产加工出来的。另一方面又要寓意于事，通过事实巧妙地表达了记者的立意。“黑心米粉”的整个生产流程是记者着重叙述的事实，表面上记者不露痕迹，只是用镜头记录米粉生产的整个过程。实际上，在选取事实的角度、顺序上，即从米粉制作的原料—压制—晾晒—运送—街头就餐等事实都经过了记者的精心写作，其想要表达的主题思想也孕育在这些事实当中。

四、新闻报道的基本要求

1. 要真实

在梅尔文·门彻尔的《新闻报道与写作》一书中曾引介这样两件新闻媒体发生的报道。

一是美国某杂志上提倡在食谱中添加一点鹿蹄草油可有益于身体健康。但是该杂志印出来后有人发现添加的应该是鹿蹄草提炼油。鹿蹄草油是有毒的。天呀！该杂志的发行份数为 75 万份。

二是《新闻周刊》向父母介绍，让他们 5 个月大的婴儿自己生吃胡萝卜条和烤面包片。

真实和准确是新闻的两大生命线。即使一篇新闻报道具有很优美的文字，但如果它把对人体有毒的“鹿蹄草油”替代了有益的“鹿蹄草提炼油”，或者它鼓励会导致婴儿窒息死亡的“5 个月大的婴儿自己生吃胡萝卜条和烤面包片”，那么，这种新闻报道就失去了其作为新闻的生命和意义，反而会给受众以极大的误导。

新闻文体区别于其他文体的最基本特征就是真实。一般的文艺作品可以虚构，新闻报道却不能做任何的虚构，而要实事求是。美国著名报人约瑟夫·普利策曾经说过：“假使国家是一艘船，新闻记者就是站在船桥上的瞭望者。他要注意来往的船只，在水平线上出现的任何值得注意的小事。他要报告漂流的遇难者，以便可以将其救起。他要透视雾幕和风暴，以便对前途和危险提出警告，他并不考虑他的工资和老板的利润。他是在那里照顾那些信任他的人们的安全和福利。”

2. 要迅速及时

案例分析1-2

凌晨 3 点 22 分，一条记录出现在某通讯社的新闻专线上：

弗兰克·西纳特拉逝世。（西纳特拉是 20 世纪后半叶美国最著名的歌手）

夜班主编立即对报道作了核实。他打电话给该通讯社分社求得确认，不到 2 分钟这条新闻就由专线传送出去。

费兰克·西纳特拉因心脏病逝世，公关人士说。

90 秒钟后，出了一则简明新闻，凌晨 3 点 38 分，一篇 1200 字的新闻报道被传送到报社和广播电视台。①

① 梅尔文·门彻尔：《新闻报道与写作》（展江等译），北京．华夏出版社，2004 年版，第 47 页。

案例点评

速度构成新闻最大价值化。迅速、及时是指新闻的时效性，受众之所以要关注新闻，是因为新闻在第一时间报道了作为受众的他(她)还不知道的事情。第一时间报道的新闻能使新闻的价值最大化。相反，如果延误了时效性，即便是再重大的新闻，其轰动性也会大打折扣。在当今这个信息爆炸的时代，时效性已成为新闻媒体最有影响的竞争力之一。

3. 要全面(完整)

案例分析1-3

美国某电台记者以下面的方式开始其关于一个专门地区夏天出租房租金的长60秒钟的报道：

过去，租赁人要经过一番努力才能租到汉普顿斯的房屋。现在，那里有大量空房，但租房者寥寥。房价一路下跌。那里供出租的空房仍然很多。

案例点评

以上这篇新闻报道完整吗？是否留下了受众可能想问的问题没有回答？在这篇新闻报道里，受众一定想知道汉普顿斯的房屋的租金过去有多高，现在降到了多低。但是写作这篇新闻报道的记者忘了把他的概括语言进行具体化，以至于受众只知道汉普顿斯的房价降了，但是降到多少，是否符合自己租房的要求，受众仍然不清楚。

“全面”源自于一个记者对新闻事件的深入、细致的采访。失去全面，新闻报道所反映出来的事实及其观点就有着或多或少的片面性。

4. 要公正

案例分析1-4

记者也是活生生的人，是有血有肉的生物体。在描述一位记者不喜欢的官员时，他可能会这样写：“野心勃勃的×××说……”而当记者在描述一位自己崇拜的官员时，他或许会这样写：“精力充沛的×××局长今天说……”

案例点评

在以上这篇新闻报道中，记者运用的形容词在不经意之间就带有自己的主观倾向，使得受众会跟随他的报道去喜欢某人或讨厌某人。正确的做法是一个记者应该将这位“野心勃勃的×××”或那位“精力充沛的×××”所做的事情展现给受众，让受众自己做出判断，而不是记者用形容词代替受众去做判断。

“公正”是新闻报道赢得受众信任的至宝，公正就是不能先入为主，也不能参杂记者本身的主观情感。同时，一个记者应当具有良好的职业操守，不屈从外界压力，不做偏袒报道，不能利用新闻报道谋私利或泄私愤，而要还事实以本来面目，这才是新闻工作者心中的天平。

保持公正的基本因素如下。

(1) 如果新闻报道忽略了具有关键价值或意义的事实,那么就是不公正的。因此,公正包含了完整性。

(2) 如果新闻报道使无辜的人受到伤害,那么就是不公正的。

(3) 如果新闻报道包括了大量的不相关信息,从而丢掉了重要事实,那么就是不公正的。因此,公正包含了主要的、重要的事实要素。

(4) 如果新闻报道有意或无意误导甚至是欺骗受众,那么就是不公正的。因此,公正包含了诚实,即忠实于受众。

(5) 如果记者把自己的偏见或情绪隐藏在像"拒绝"、"尽管"、"承认"和"笨重的"等这样的贬义词之后,那么新闻报道就是不公正的。因此,公正要求直白、客观,而不是华而不实。

5. 要客观

案例分析1-5

以下是同一新闻报道内容的两个不同的新闻标题:

德隆吞吃阿克苏棉业受阻

唐万里兵败阿克苏棉业

案例点评

比较以上两篇新闻报道的标题,指出它们的客观与不客观之处。缺少平衡和丧失客观通常是记者在写作中无意造成的。因为写作既是记者对所掌握知识和技巧的有意识运用,同时也是一种写作习惯的无意识的反映,所以,记者的情感会时不时地通过文字流露出来。

这两个新闻标题都是叙述有关德隆这个曾经的资本帝国在整合新疆棉业时遭遇到资金链断裂之痛的新闻事件。前一个标题用"受阻"这个中性词对事件进行了客观描述,后一个标题用"兵败"这个贬义词则表露了记者的主观倾向。

如果受众看到新闻时想哭或想笑,想表达自己的情感,那是他们的事。记者只需要列出事实即可,应该相信受众在读(看)完新闻报道时就会形成自己的观点。如果有的记者总是感觉受众不能理解自己的思想或观点,想尽力把自己的观点用议论等其他的方式来表述清楚,那么一定是这位记者在新闻报道中没有把客观事实叙述清楚。客观的新闻是对看得见的事实以及人们的言行所进行的不加主观修饰的报道。高水平的记者会将自己需要表达的观点隐藏在客观事件的叙述中而不露痕迹地展现出来。

6. 要简洁

案例分析1-6

约翰内斯堡一金矿发生爆炸

南非约翰内斯堡11月8日电 约翰内斯堡西南100英里的一个1.5英里深的金矿意

外爆炸,60具尸体今天被运到地面。

死者当中,58人是来自莱索托巴苏陀部落的男子,他们被选来从事下井采矿或爆破通往储金岩层的通道这样的危险工作。另外两个人是白人监工。明天,这些非洲黑人将被葬入公墓。①

案例点评

以上两段新闻报道当中包含了时间、地点、事件、人物和结果五个新闻要素以及多种新闻信息。新闻是一种求实性的叙述性文体,它不需要像文学作品那样进行长篇的描写抒情、欲言又止、蕴涵寓意。新闻需要用简洁朴实的语言把事件的原委、发展和结果叙述清楚即可。用简洁的语言准确地反映丰富的事件内涵,这是最高境界的新闻语言。

五、总结点评

(1) 新闻报道的基本要求是每个记者进行新闻写作的理论基础。

(2) 新闻报道的基本要求不是死框框,要把它融化在记者的思维模式中,使记者从发现新闻、采访新闻到写作新闻的整个过程均能自觉运用这些基本要求。

六、拓展提高

(1) 天气预报是新闻吗?

(2) 肯德基首次登陆某地,这到底是新闻还是广告?为什么?

(3) "黑心米粉"事件虽然是用事实说话,却包含了记者怎样的主观选择和取舍?

(4) 第一次在雅典举办奥运会是不是新闻?为什么在北京举办奥运会却是新闻?

(5) 新闻报道的基本要求常常是互相联系、你中有我、我只有你。请判断下面的新闻报道中缺少了什么?

① 昨天中午的气温创历史新高。

② 在大学,她创下了100米与200米赛跑的纪录。

③ 美国薪酬最高的首席执行官辞去了他作为某公司首席执行官的职位。这家世界上最大的独立软件公司正在改组其高层人事,并且宣布了从子公司收回股份以推动其目前疲软的股票的计划。

① 梅尔文·门彻尔:《新闻报道与写作》(展江等译),北京.华夏出版社,2004年版,第65页。

任务二 新闻标题写作

在高速运转的现代社会，新闻标题起到的一个非常大的作用就是"导读"、"导视"，受众能不能为某篇新闻报道停留，关键在于这篇新闻报道的标题能否捕捉住他们的眼球。有时一个六七个字的标题胜过洋洋洒洒千余字的新闻作品。当然，我们也不能把标题做成"党标题"现象，只是新闻标题在捉人噱头，点开标题一看，新闻报道里面却空无一物。

教学目标

通过本任务的学习，学生能够写作单行式新闻标题，认知多行式新闻标题。

案例导读

北京时间2009年6月1日，法航AF447客机从巴西返航途中坠毁，机上228人生还希望渺茫，搜救打捞行动仍在进行。目前，巴西方面证实已打捞16具失事客机遇难者遗体。

请你为此新闻事件撰写一个单行式新闻标题和多行式新闻标题。①

工作任务

1. 认知单行式新闻标题和多行式新闻标题。
2. 撰写单行式新闻标题和多行式新闻标题。

理论基础

一、术语解释

1. 新闻标题

新闻标题就是新闻的题目，它是新闻内容的形象概括。如果说眼睛是一个人心灵的窗

① http: // news. eastday. com /w/20090605/ula4417645. html。

户，那么新闻标题就是新闻作品的“心灵窗户”。

2. 新闻标题与其他文章标题的区别

新闻标题和其他文章的标题，特别是与文学作品的标题相比，有很大的不同。文学作品的标题往往比较含蓄，让人浮想联翩。如郭沫若的《女神》、朱自清的《背影》，读者看其标题，不一定就能知道全文的内容。新闻标题不能如此“含而不露”，它往往要求“一语破的”、“一目了然”、“一见钟情”。所谓“一语破的”，就是用一句话或一个短语就能击中要害；“一目了然”，就是一句话或一个短语就能将这个事件大体说明白；“一见钟情”，就是一看到这句话或这个短语就让受众爱不释手，非要知道下文不可。

3. 单行式新闻标题与多行式新闻标题

新闻报道里的单行式新闻标题一般由一个单句构成，它的特点是一目了然。新闻报道的标题侧重于标出动态，告诉受众正在发生着或已经发生了一件什么事情，其传神之处往往在某个动词上。如“一道公文背着 39 颗印章旅行”，这个标题里的一个“背”字活灵活现。

多行式新闻标题一般由主标题和辅题组成。主标题，也有人称之为“正题”，它是新闻标题中最主要的部分，所用字号最大，居于最显著的地位。主标题一般用来点明新闻消息中最主要的事实或观点。辅题又包括引题和副题两部分。引题在主标题之上而字号较小，因而又被人形象地称为肩题或眉题，它主要是从一个侧面对主标题进行引导说明、烘托或渲染。副题是置于主标题之后的次要标题，字号最小，它主要起补充、注释的作用。新闻特稿的标题多用多行式新闻标题，可动可静，可虚可实，主标题和辅题相互映衬，眉题、主标题和副题相映成章。

二、工作要点提示

1. 认知单行式新闻标题和多行式新闻标题

学生在学习新闻标题写作之前的准备工作，首先是认知新闻标题，对新闻标题进行分类认知，对单行式新闻标题和多行式新闻标题有一个感性的认知。在教师的指导下，使学生对单行式新闻标题和多行式新闻标题的写作特点有一个初步的了解。

2. 整理新闻采访笔录

由于新闻标题的形成是记者从采访中形成的，所以梳理新闻采访笔录就成为提炼新闻标题的基础。在采访中，记者记录新闻采访笔录的速度无论怎样都赶不上说话的速度。因此，大多数新闻采访笔录均是采访的要点和轮廓，在采访结束后记者要在记忆、印象最为深刻的当天把采访事件补充清楚完整，尤其是一些关键细节。

3. 思考、梳理出最有价值的新闻要素

在整理补充完新闻采访笔录之后，记者按照新闻六要素的方法进行梳理，让那个最有价值、最有影响力、最新的新闻要素脱颖而出。

4. 标题写作

新闻标题的写作是记者在进行充分思考的基础上进行的工作。根据梳理的新闻要素，记者思考是使用单行式新闻标题还是多行式新闻标题；先模仿报纸的标题进行单行式标题的写作，再根据自己的新闻要素梳理写作标题，反复讨论，研究优劣，不断练习，最终形成自己写作新闻标题的熟练思维模式和熟练技能为止。写作好了单行式新闻标题后，由浅入深，再根据同样的内容写作好多行式新闻标题。

三、方法技巧

1. 主动收集新闻信息、新闻要素的技能

要求学生在《实训报告册》上剪贴 4 种不同类型的新闻标题。当剪贴 4 个新闻标题的任务下达后，学生首先要思考用什么样方法能最快、最准确、最直观地完成任务。在报纸、电视、广播和网络等大众媒体里，最直观、最能有效完成以上任务的媒体是报纸，通过购买、收集市民报、党报等不同类型报纸的新闻标题能最快速度地完成本项实训任务，分清新闻标题的不同类型。

2. 模仿、思考的技能

学生初次对新闻标题进行分类是凭借着自己对新闻标题的感性认识进行分类剪贴的。当教师对其进行正确的指导后，学生要运用自己的思考能力和模仿能力对所收集的新闻标题再次进行分类，并运用思维能力对自己所收集的新闻标题写出简单的评语。

3. 梳理出最有价值新闻要素的技能

当纷繁复杂的新闻事实摆在眼前时，分析哪一个新闻要素最有影响力、最能捕捉住受众的眼球，也最让自己感动和震撼的，它就是要撰写的新闻要素，也是整个新闻报道的主题之所在。这种技能必须通过梳理生活中多种新闻事实的锻炼方能获得。

4. 撰写新闻标题的技能

新闻标题对于新闻报道来说就是新闻作品的灵魂，也是新闻主题面对受众的直接体现。如果一眼望去某个新闻标题就有令人往下阅读的欲望，那么这篇新闻作品的价值才能在受众的眼里得到充分的体现。只有写好新闻标题才能写好新闻消息。制作新闻标题应当掌握以下四个基本原则。

(1) 要传神。

凡报道的新闻事件都有其传神之处，就是这个新闻事件的“主题”之所在。新闻标题就是“一语定主题”，不能一个新闻事件题不对文，要让受众望而知文意，更不能歪曲和虚构主题。

(2) 要具体确切。

一般是何人何事在新闻标题上明白交代。具体来说，新闻报道就是要告知受众“今天发生了什么事”，事件构成的主体是人，如果这个新闻事件的主体又是知名人物，那么，何人何事标注在新闻标题上就会产生轰动效应。

(3) 要简练生动。

简练生动即字少、意明，一见即令受众怦然心动。如果新闻标题太长，一是不容易被受众认知、读懂，二是不容易被受众记忆。如果上述二者都不具备，那么这个新闻标题是不容易被传播的，其影响力也就无从谈起。

(4) 在新闻标题中善用动词增加"动感"。

动词在新闻标题的写作中举足轻重。有动词，新闻标题就活起来了；没有动词，新闻标题就显得死气沉沉，难以引起受众的注意。如果某个新闻标题中的动词用得恰到好处、独领风骚，那么这个新闻标题就会显得震撼、传神，其新闻价值会彰显到最大范围。

四、注意事项

1. 避免只收集同一类型的新闻标题，随意剪贴

在收集报纸上的新闻标题时，避免只收集同一类型的新闻标题，随意剪贴，这样很难拓宽学生的认知视野。同时，在教师点评时，应当避免学生在没有首次认真分析新闻标题的感性经验之时，进而产生当再次对自己收集的新闻标题进行分类评析时的厌烦情绪。

2. 避免轻视新闻标题的写作

在写作新闻标题时，记者有时会产生轻敌的想法，认为自己写的不好还有编辑再次进行修改，于是不经过认真思考，随便写作一个新闻标题，结果导致整篇新闻报道写不出来或者写出来的主题呈现杂乱无章的情况。这种时候记者很有可能要进行重复的写作劳动。

3. 避免对新闻标题写作的畏难情绪

新闻标题本身就是用精练的语言概括出全篇新闻报道灵魂的写作。因此，要避免学生在初学新闻写作时占有大量的材料却没有头绪的焦灼情绪，用梳理新闻六要素的正确方法来梳理新闻标题。提炼和剔除两种技能都应很好地被应用。

4. 在撰写新闻标题时要避免缺乏动感的词语

动词在新闻标题中的选用是最困难的一个问题，也是最能让新闻标题出彩的一个环节。因此，选用什么样的动词才能"切意"、"有特色"便成了新闻标题选用的标准。

五、实训操作

1. 对单行式新闻标题和多行式新闻标题的认知路径

(1) 学生分成若干个小组，选出小组负责人负责工作任务实施的全过程。

(2) 每位学生寻找不同定位的报纸上不同类型的 10 个新闻标题。

(3) 学生对收集的新闻标题进行归类，把归类后的新闻标题剪贴到《实训报告册》上，并分析分类的理由和新闻标题写作的特点。

(4) 教师集中公开点评每位学生的新闻标题分类及评析，指出分类中的问题，指导学生进行修正。

(5) 通过教师的指导，学生再次将所收集的新闻标题进行正确归类并撰写简单评语。

2. 整理补充新闻采访笔录

给出一篇记者采访的新闻稿笔录，要求学生补充该采访笔录中记者缺失的材料。整理补充新闻采访笔录时，可以按以下路径进行：

(1) 补充人名、地名和数字等容易忘记的名称；

(2) 补充新闻事件的六要素；

(3) 补充被采访人物的经典话语、表情和动作。

3. 思考、梳理最有价值的新闻要素

补充完新闻采访笔录之后，对整个采访事件进行全面回顾，按照新闻六要素的方法进行梳理，让那个最有价值、最有影响力、最新的新闻要素脱颖而出。具体梳理的方法是：

(1) 六要素中哪一个要素或哪几个要素在现实生活中从未发生过；

(2) 六要素中哪一个要素或哪几个要素对受众的影响最大；

(3) 六要素中哪一个要素或哪几个要素对记者的感触、震撼最大。

4. 缜密思考，用最简短、最适合、最有动感的词语组成多个单句标题

记者能够写作好新闻标题的主要原因在于"缜密思考"，勤于练手。这不是一句空话，而是勤问几个"为什么"，在学习中比较自己和其他记者写作新闻标题的差距；在写作新闻标题时记者经常性地琢磨怎样能将自己所报道新闻的价值最大化？这样形成了职业习惯，离成功就是咫尺之遥。

5. 反复修改，确立其中一个单句，写出新闻标题

新闻标题的写作难以一蹴即成，要经过记者反复的修改，一个词、一个字甚至一个标点符号。列出多个新闻标题后，记者要仔细比较，选出最能突出新闻价值又富有动感的那一个。

对于新闻专业的学生来讲，从其工作角度出发，其写作新闻标题的主要任务是掌握单行式新闻标题的写作方法和写作技巧。对于多行式新闻标题，只作了解。单行式新闻标题的具体写作训练方式如下。

(1) 采用"主-谓-宾"模式。

例如，2009 年 6 月 5 日，成都一公交车发生燃烧事件，车上 20 余人丧生。

对于这类突发性新闻事件，在写作新闻标题时首先要思考，这起突发事件与其他的突发事件最大的不同点在哪里？最让人震撼的，受众从未听说的切入点在哪里？找到了这个切入点，就找到了新闻标题所要突出的新闻要素。

使用扩展小组法进行实训：

第一步：独立思考(8分钟)。

每位同学独立思考上述问题的答案并记录下自己的答案。

第二步：两人合作(10分钟)。

两位同学组成一个小组，比较你和搭档的答案，找出你们共同认可的新闻标题切入点。

第三步：4人一组(10分钟)。

小组成员比较答案，选出你们认为最重要的新闻标题切入点。

第四步：小组合作(20分钟)。

(1) 一个4人小组与另一个4人小组组成大组，在大组中比较答案，并选出大家共同认为的新闻标题切入点，初步写作该新闻事件的标题。

(2) 在展板上展示每个大组的讨论结果。

第五步：教师点评(20分钟)。

教师针对每个展板的讨论结果，告知学生最佳的答案及理由，以便学生加深印象。

在上述新闻事件中，成都公交车上发生的人为燃烧事件是受众自改革开放以来就几乎没有听说过的事情，被列为第一新闻要素，因此这种震撼就是新闻标题写作的切入点。另外，受众很关心是哪里发生的这起事件，这被列为第二新闻要素，所以新闻标题可以突出地点和事件两个要素。尽管20余人丧生的结果要素也很重要，但被列为第三要素，如果是单行式新闻标题再加上这个要素会显得冗长，因此可以考虑将此要素省去，或者在多行式新闻标题中做副题使用。综上所述，此新闻事件的“主-谓-宾”单行式新闻标题可写作为：

成都公交车发生燃烧事件

(2) 采用“主-谓”模式。

迈克·杰克逊是20世纪末至21世纪初世界最伟大的摇滚乐手，所以他的去世也成为世界娱乐界的一大新闻。

运用博物馆看展法进行实训：

第一步：组成基础小组(20 分钟)。

每 6 人一组，针对教师提出的写作迈克·杰克逊去世的新闻事件标题，每个基础小组通过共同讨论，用图示意给出这个新闻事件的标题，并将结果用展板在教室中展出。

第二步：小组展示(20 分钟)。

对学生展示的新闻标题，采用博物馆看展法，即每个基础小组留一个人做讲解员，其他的同学到别的小组参观，并提出问题。

第三步：交流(10 分钟)。

让留下的同学相互交流，也有机会看到其他基础小组的作品。

第四步：教师点评(20 分钟)。

教师针对每个展板的讨论结果，告知学生最佳的答案及理由，以便学生加深印象。

分析：在这个新闻标题里，首先要突出“Who”的要素；其次受众关心这位伟大的乐手是何时去世的，所以要突出“When”的要素；最后受众还关心迈克·杰克逊是怎样去世的，所以标题中还要突出“How”的要素。该新闻标题用“主-谓”模式可写作为：

迈克·杰克逊今天病逝

第五步：作品长期挂在教室内供全班观展。

(3) 采用“动-宾”模式。

王洛宾被称为“西部歌王”，是历史文化名人。在他去世后，王洛宾的名字又作为经济领域中一种白酒产业的品牌而产生经济效益。

运用完全行动法进行实训：

第一步：组成基础小组(20 分钟)。

每 6 人一组，针对教师提出的给这个新闻事件用“动-宾”模式写作新闻标题，每个基础小组写作一个新闻标题。

首先请你独立思考该任务。

其次与其他的同学合作完成这项任务。

最后以书面形式记录下讨论成果。

第二步：组成专家小组(15 分钟)。

每个基础小组推荐一个人组成专家小组。

组成的专家小组获得了各基础小组的讨论结果，同时也交流了专家小组的讨论结果。

以书面形式记录下讨论成果。

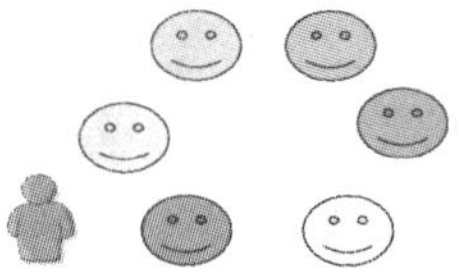

第三步：每位专家再回到自己所在的基础小组(20 分钟)。

每位专家向基础小组依次报告各位专家的讨论成果。

基础小组最后形成自己的结果。

第四步：教师点评(20 分钟)。

教师针对专家组的讨论结果，告知学生最佳的答案及理由，以便学生加深印象。

针对上述新闻事件，对受众来讲耳目一新的首先是王洛宾作为一位历史文化名人怎样与经济领域进行完美的融合；其次为彰显王洛宾成为一种白酒品牌的全新经济价值，所以在写作新闻标题时要选择好动词，标题贵在短而点睛。最后经过缜密思考和修改，该新闻标题可写作为：

经营王洛宾

(4) 写作多行式新闻标题中的“主标题”(正题)、“眉题”或“副题”，学习处理实标和虚标的关系。

实标，是指必须要以叙事为主，点明必要的新闻要素，使受众一见此标题就知道这篇新闻消息报道的是什么事情。虚标，即其内容较为抽象含蓄，或者以说理为主，着重说明某个原则、某个道理或某个愿望等。

单行式新闻标题是必须实标，而多行式新闻标题一般有“引题＋主标题”或“主标题＋副题”两种类型。不论采取哪种类型，其中一个必须是实标；另一个可以是实标，也可以是虚标。而在多行式新闻标题中一般主标题是实标，眉题或副题有一个可以是虚标。

在计划经济年代，由于商品的短缺，人们用肉票买肉时希望能买到肥肉，这样可以补充家里菜油的短缺；在进入市场经济年代后，由于物质产品的极大丰富以及追求健康的生活方式，人们在购买肉品时更希望买到瘦肉。两种买肉的心理变化折射出两个时代的发展变迁。根据人们从原来的好买肥肉到现在的好买瘦肉的新闻事件，记者可以写作一个多行式新闻标题。

运用旋转木马法进行实训：

第一步：给出上述新闻事件(不含标题)。全班学生自学，要求用 3～5 分钟将本文的切入点讲述完毕，讲述时不准带书。
注释：培养学生的阅读能力和做笔记的能力。

第二步：教师根据本部分训练内容的难易程度，讲解几个关键词或关键点(3～5 分钟)。

第三步：学生到大厅，站成内外两圈，两两面对面，要求：内圈学生在 5 分钟内将新闻标题的切入点以及自己制作的新闻标题尽量详尽地讲述完，外圈学生只准听和记录，即使有不同的观点也不许相互交流。
注释：培养学生倾听的能力，让对方把问题讲完，而不是主观臆测。

第四步：外圈学生顺时针旋转 5 个人，外圈学生讲述自己学习的成果，不讲自己听到的内容，内圈学生只准听和记录(5 分钟)。
注释：学生刚开始时集中精力讨论课程内容，一会儿就会聊课外的东西。旋转不仅是一种调节学生兴趣的形式，而且可以训练学生与不同类型的人打交道的能力。

第五步：外圈学生再顺时针旋转 3 个人，与内圈学生交流自己学到的、听到的、记录的内容(5 分钟)。

第六步：学生回到教室，按照 6 人一组将自己学到的、听到的、记录的内容融合在一起进行讨论，并针对需写作新闻标题的切入点找出关键词，写到卡片上，最后把经过小组讨论而形成最终新闻标题张贴到展板上(15 分钟)。

第七步：教师点评(20分钟)。
教师在学生运用旋转木马法进行学习时，深入学生交流组中，观察并倾听学生交谈的内容，但不做讲解，即使学生的讲述是错误的也不更正，记录学生存在的问题。
最后，教师针对展板里学生的讨论结果，告知学生最佳答案及理由，以便学生加深印象。
梳理上述新闻事件，首先要抓住反映时代变迁、生活变化的事件要素——瘦肉与肥肉；其次抓住这种变化涉及的内涵变化——不仅仅是心理的变化而是一个时代、一种生活水准的变迁。并将主标题、副题实标，眉题虚标。所列多行式新闻标题如下：

知否？知否？应是贱“肥”贵“瘦”(眉题)

爱吃瘦肉者，请你多付钱(正题)

本省十几个县市调整猪肉各品种之间的差价(副题)

6．校内实训基地实训

学生利用校报和院报进行单行式新闻标题和多行式新闻标题综合写作练习，教师公开评报。

7．校外实训基地顶岗实习

学生利用校外新闻媒体进行新闻标题综合写作实习。

六、总结点评

(1) 新闻标题的写作首先源自于向优秀新闻标题的学习，因此在新闻作品中采集各类新闻标题时，模仿写作就成为新闻标题写作的第一块敲门砖。

(2) 新闻标题写作的“悟性”源自于对新闻采访内容价值的思考和新闻标题写作技能的反复练习。

(3) 新闻标题的写作要运用富有动感的动词。

(4) 新闻标题的写作关系整体新闻消息主题的确立。

七、拓展提高

(1) 你已经阅读回顾了新闻采访内容，可还是提炼不出新闻标题，应该怎么办？

(2) 为什么经验丰富的老记者在采访结束时基本上就能发现最有价值的新闻要素，而年轻的记者却很难发现？

(3) 在提炼新闻标题时，你总感觉所有的东西都有价值无法取舍，应该怎么办？

(4) 新闻标题不确立就不能写新闻消息了吗？

(5) 从2012年1月1日起，全国各铁路局电话订票和互联网售票的预售期变更为12天，提前于车站窗口和代售点。但连续两日来，不少旅客反映，因12306订票网站访问量大、订票电话线路忙等问题，屡次遭遇网上、电话委托订票、购票失败的情况。根据这个事件，请你写作一个单行式新闻标题和一个多行式新闻标题。

任务三　新闻导语写作

新闻导语是一篇新闻报道中最开始的段落。古人写文章要“首章标其目”，意思是在第一段就要把文章的立意交代清楚。如果把新闻报道比作一个人的话，那么新闻导语就相当于人的“头部”。看人先看脸，脸美则人美。因此，要把新闻事件中最让受众震撼（即新闻价值最大）的几个要素放进新闻导语里，这样才能让受众看了第一段就放不下，有往下阅读的欲望。

教学目标

通过本任务的学习，学生能够写作三种类型以上的新闻导语。

案例导读

北京时间 2008 年 5 月 12 日，四川汶川发生 8.0 级特大地震灾害，20 余万人遇难。

“这是一场自新中国建国以来中国人民遭遇的最严重的地震灾难。”中国政府新闻发言人在今天四川汶川发生 8.0 级大地震后对记者说。

原来山清水秀的四川汶川，今天在强烈的 8.0 级大地震后已变成一片废墟。

请你思考第一条、第二条、第三条各是什么类型的新闻导语？

工作任务

1. 认知叙述型、描写型和议论型三类新闻导语类型。
2. 撰写叙述型、描写型和议论型三种类型的新闻导语。

理论基础

一、术语解释

1. 消息头

消息头是新闻消息的标志。消息头有“讯”与“电”两大类。“讯”主要是指通过邮寄或书面递交的形式向报社传递的新闻报道。报社通过自己的新闻渠道所获得的本地消息一般都标明"本报讯";如果报社的稿件是从外地寄来的,则应标明发布新闻的时间和地点,如"本报南京 19 日讯"。"电"主要是指通过电报、电传或电话等形式向报社传递的新闻报道,如"本报苏州 1 月 12 日专电"。各家新闻通讯社的电头一般是由新闻通讯社的简称、播发新闻的形式地点和时间以及播发新闻的(讯或电)等要素组成,如"新华社上海 18 日电"。

"讯"与"电"只是在传递手段上有所区别,其性质与作用是一样的,我们统称它们为"消息头"。

2. 消息头的作用

(1) 消息头是新闻版权所有的一种标志,"本报讯"意味着这条新闻消息是由某报独家采写,该报具有版权,其他的新闻媒体不得任意转载、抄袭,但可以删节。经过删节的新闻消息,必须在消息头中标明"据×社×地×月×日电"。

(2) 消息头表明新闻来源,以利新闻判断,对于判断此新闻消息的真实性与权威性有一定的帮助。

(3) 消息头与新闻发布单位的声誉紧连在一起,经常性的具有真实性和权威性的消息头表明这家新闻媒体的采写实力超出了其他新闻媒体,因此消息头就是新闻媒体的无形资产。作为新闻消息的基本特征之一,消息头可以使受众和编辑一眼就把新闻消息和其他文体区分开来。

3. 新闻导语

新闻导语是"消息"这一新闻体裁特有的概念,是新闻消息区别于其他文体的又一重要特征。

新闻导语是新闻消息的开头部分,它紧接在消息头的后面,一般由最新鲜、最主要的事实或依托新闻事实的精辟议论组成。事实上,现代西方传媒业普遍认为,作为新闻报道的其他形式(如新闻特稿等)也需要新闻导语,因为这样能更有利于实现新闻价值最大化。

新闻导语作为新闻消息的开头,与一般的诗歌、戏剧、散文和小说等文学作品的开头是不同的。文学作品的开头可以"弯弓盘马,引而不发",而新闻导语则刚好与之相反,它负担着以下三项使命:

第一,以简要的笔墨反映出新闻的要点和轮廓,使受众一见即知此新闻报道主要传递的是何信息;

第二,一语定意,为整篇新闻报道定下基调;

第三,唤起受众的注意,最大限度地激发受众的阅读兴趣。

外国新闻理论认为,有效的新闻导语必须满足两个要求:一是它抓住了事件的实质;二是它能吸引受众为该新闻报道停留。

电报与战争促进了新闻写作的突破,也促使了新闻导语的产生。

1884 年 5 月 25 日,美国科学家莫尔斯发明了电磁电报,当天下午便被用来传递新闻消息，它标志着人类开始进入“电讯新闻时代”。1861—1865年，美国爆发了南北战争，为了抢发新闻，争取读者，各报都争相利用电报发稿，但由于当时的电报技术不过关，经常出现电讯中断的故障，这就迫使记者要把新闻事件里最主要的事实塞进新闻报道的开头部分，于是新闻导语的雏形便产生了。

(1) 第一代新闻导语。

有人称第一代新闻导语是“晾衣绳”，即它把新闻的六要素统统放在新闻导语里，所以也叫“六要素式导语”，这种新闻导语曾经被美国新闻界奉为新闻写作的金科玉律，大约维持了40年左右，例如：

萨莫亚·阿庇亚3月30日电 南太平洋沿岸有史以来最猛烈、破坏性最大的风暴，于3月16日、17日横扫萨莫亚群岛。结果有6条战舰和10条其他船只要么被掀到港口附近的珊瑚礁上摔得粉身碎骨，要么被掀到阿庇亚小镇的海滩上搁了浅。与此同时，美国和德国的143名官兵有的葬身珊瑚礁上，有的则在远离家乡万里之处的无名墓地上，为自己找到了永远安息的场所。①

这种新闻导语的优点是：具体、完整；受众看了新闻导语，对整篇新闻报道的主要内容大体都能有所了解。

这种新闻导语的缺点是：内容太多，主次不分，重点不突出；给受众留下的第一印象不那么深刻。

(2) 第二代新闻导语。

第二代新闻导语要求好中挑好，把最重要、最新鲜、最能引起受众兴趣的内容，突出地写在新闻导语里，使这条新闻从一开始就能紧紧抓住受众。

试比较下列两条新闻导语：

今晚大约9时，在福特剧场，当总统正同林肯夫人、哈里斯夫人和罗斯本少校同在私人包厢里看戏的时候，有个凶手突然闯进包厢，向总统开了一枪。 （第一代新闻导语）

肯尼迪总统今天遭枪击身亡。 （第二代新闻导语）

同样是报道肯尼迪总统遇刺事件，第一代新闻导语详细地描写了事件发生的经过，而第二代新闻导语则以立片言以居要的手法，表现出先声夺人的魅力。

二、工作要点提示

1. 对消息头和新闻导语类型的认知

消息头是新闻版权所有的一种标志。

新闻导语相当于人体的“头部”，为全篇新闻写作定下基调，是首先映入受众眼帘的最重

---

① 周胜林等：《当代新闻写作》(第二版)，上海. 复旦大学出版社，2005年版，第40页。

要的新闻消息写作部分。如果把新闻消息的其他部分删去，新闻导语就是一篇简讯。

2. 用对比方式评析新闻导语的特点、写作技巧上的优劣，模仿写作新闻导语

在对新闻导语的类型有了初步的认知后，选择优劣两类新闻导语进行评析，实践并模仿优秀新闻导语的写作。这种从认知新闻导语的学习，逐步过渡到由工作任务导入练笔的过程是学生自己动笔写出成熟的新闻导语的前奏。

3. 寻找新闻导语的切入点

一个切入点，就是一篇新闻报道的一个角度，好比一个“窗口”，同样的素材，从不同的“窗口”望去，所见的风景各不相同。新闻角度、切入点选得准，报道出的新闻价值倍增；反之，如果新闻的切入点选得过于一般化、老一套，则即便是有价值的新闻也会削弱其影响力。

对于采访的新闻事件，可以有多种方法写作的新闻导语，究竟选择哪一种更能切入新闻事件主题，需要缜密的构思，寻找适合的切入点。

4. 写出最能体现新闻价值的多种新闻导语供自己选择、修改

在寻找到新闻的切入点后，学生用三种以上类型的新闻导语写作方法来表现新闻导语，经过反复修改措辞，聆听指导，选出自己认为最有影响力、最具新颖风格的那一个作为自己新闻报道的新闻导语。

三、方法技巧

（一）主动收集新闻导语类型的技能

当剪贴 5 条不同类型的新闻导语的任务下达后，学生首先思考用什么样方法能最快、最准确地完成任务。在报纸、电视广播和网络等大众媒体里，最能直观完成以上任务的媒体是报纸，通过购买、收集市民报、党报等不同类型的报纸标题能最快速度地完成任务。与此同时，掌握以下三大导语类型。

1. 叙述型导语

（1）直叙式导语。

直叙式导语要求开门见山，把最有新闻价值的新闻事实告诉受众。

直叙式导语适合于快速的新闻报道。外国新闻理论常称这种直叙式（或直接式）导语是新闻工作的“载重马”。由于直叙式导语在第一段集中叙述事件的主题，符合受众的阅读习惯，所以大多数新闻报道都使用这种导语。

华盛顿电 众议院今天投票弹劾克林顿总统。

以上这条新闻导语在第一句话便切入正题，干净利落。直叙式导语主要回答受众对新闻事件的渴求“今天发生了什么事”。

新华社太原 3 月 28 日电（记者　陈忠华） 记者 28 日从山西省有关部门了解到，28 日 14 时 30 分许，华晋焦煤有限责任公司王家岭煤矿发生一起透水事故，据初步统计，当班下井

261人,升井109人,152人被困井下。

以上这条新闻导语按照时间、地点、事件顺序结构构置导语,符合受众的阅读思维。

(2) 概括式导语。

概括式导语又叫综合性导语。它的特点是对整篇新闻报道的内容进行概括和浓缩,适用于那些内容复杂、过程曲折的消息。概括式导语常常用于特稿式的深度报道里。

本报讯 山西省大寨大队也不吃大锅饭了。今天,他们将860亩耕地全部分给130户农民承包,实行大包干责任制。原来集体经营的一个煤窑、一座酱粉坊、3台拖拉机、200亩果园、800亩山林,也全部承包给个人。[①]

以上这条新闻导语劈头第一句就是“山西省大寨大队也不吃大锅饭了”,用一个“也”字的否定句,概括了这个曾经作为计划经济时代一面旗帜的大寨大队,在全国改革开放的滚滚洪流中也顺应历史潮流,加入到全国农村联产承包责任制的行列中来的事实。这条新闻导语不仅概括性较强,而且记者紧接着用较为实在的内容充实它,从而使这条新闻导语既引人注目,又较为具体实在,使受众通过新闻导语便掌握了整个事件的梗概。

在对纽约和美国而言无法形容的恐怖之日,恐怖分子昨天劫机撞向世界贸易中心与五角大楼。这是美国历史上受到的最致命的攻击。[②]

以上这条新闻导语透露出该篇新闻报道是一篇深度报道,里面有大量的现场描写,详尽地报道了这场恐怖袭击对当地造成的现实的和心理的灾难,而第一句话的新闻导语则高度概括了这场恐怖灾难的影响。

(3) 对比式导语。

对比式导语就是把现在的情景和过去的情景相对比,彼一时与此一时相对比,使之相映成趣,体现报道主题。

新华社拉萨1月2日电 解放前没有一公里公路,在狭窄险道上全靠牦牛、毛驴驮运或人背的西藏,今天已有15 800公里的公路通车。

以上这条新闻导语用“中华人民共和国成立前没有一公里公路”和“今天已有15 800公里的公路通车”进行对比,把旧西藏和新西藏的生活变化展现在受众面前,记者用事实说话的主题思想彰显在受众面前。

纳什维尔星期一,在田纳西巨人队以10比6输给巴尔地摩的音乐城奇迹队之前,它一度接近赢得胜利。

以上这条新闻导语把田纳西巨人队从曾“一度接近胜利”到最后“以10比6输给巴尔地摩的音乐城奇迹队”进行对比,把田纳西巨人队的比赛状况展现在受众面前。

---

① 罗文锦,张琳,骆士正:《大寨也不吃大锅饭了》,1982年12月21日《羊城晚报》。

② 梅尔文·门彻尔:《新闻报道与写作》(展江等译),北京.华夏出版社,2004年版,第135页。

2. 描写型导语

有些新闻事件具有生动的现场、鲜明的色彩和富有个性的细节，记者在写作新闻导语时若能抓住其中一点绘声绘色地进行描写，给受众以某种现场感或生动感，那就成为一条描写型导语。

(1) 见闻式导语。

见闻式导语一般用于记叙、描写比较大的场面，以叙事为主，穿插一些形象的描写。

合众国际社 6 月 12 日电 圣海伦斯山昨晚爆发，从烟雾笼罩的火山口喷出的巨大蘑菇状黑色烟柱升入天空，高达将近 10 英里。驾驶飞机在火山上空飞行的飞行员说，这次火山爆发看起来就像是原子弹爆炸。

以上这条新闻导语描写了圣海伦斯山爆发的情景，“巨大蘑菇状黑色烟柱”、“高达将近 10 英里”、“像是原子弹爆炸”都是对这场火山爆发场景的现场描写，令受众历历在目。

(2) 特写式导语。

特写式导语抓住人物表情或一些事情的局部细加描绘，给受众留下特写镜头般的印象，使受众有深临其境之感。

本报讯 多么威武神气的猫头鹰！一对大眼睛正在扫射着什么，翅膀微微耸起，看起来它准备振翅飞扑过去，抓住那狡猾的大田鼠。这只用棕榈树桩因材施艺而雕琢成的猫头鹰，最近飞越太平洋，在美国旧金山的“中国上海民间艺术展览会”上栖息。

以上这条新闻导语对于猫头鹰的刻画就比较细腻——“威武神气的神态，一对大眼睛正在扫射着什么，翅膀微微耸起，看起来它准备振翅飞扑过去，抓住那狡猾的大田鼠。”记者的观察周到而细致，描写生动而传神，这便是特写式写法。

(3) 橱窗式导语。

橱窗式导语有如橱窗里展示的样品，它是以典型事例几笔写成构成的新闻导语，以此彰显报道主题。

橱窗式导语多用于综合新闻。其特点在于它不是靠描写或议论，而是靠讲故事吸引受众。记者通过写入新闻导语的具有代表性的典型实例，可以“窥一斑”而看到这篇新闻的“全豹”；受众可以通过事件的细微部分来获得具体印象，进而产生兴趣。这种新闻导语在以人情味感染受众的今天颇为流行。

美联社(1990 年)5 月 20 日报道 在津巴布韦东北偏远山村的小河边，16 岁的穆昆正在洗衣服。正当她拧干衣服的时候，一道雷电打到她脚下的砂石上，使她成为雨季里遭雷击的第 93 个人。

据警方统计，在从 11 月到 3 月的雨季里，这个地区每年有 100 多人被雷电击毙。专家们说，这是世界上雷击致人死亡最多的地方。

以上这条新闻导语正是以穆昆的典型遭遇叙述了这个地区雷击致人死亡的灾难，记者用典型人物事件，几笔道出了雷击灾难的新闻主题。

斯宾塞电　星期天，惊魂未定的幸存者们在他们狼藉一片的社区里徘徊，寻找被飓风刮得七零八落的财产，悼念死去的6个邻居。

像这样的飓风，每年的这个时候都要光顾这个地区1—2次，每次飓风过后，受灾的人们又开始重建他们的家园。

在以上这条新闻导语中，记者只切入了一场飓风过后幸存者的两个典型场景，通过飓风刮得社区里一片狼藉以及幸存者正在悼念在这场飓风中死去的6个邻居的描写，彰显出飓风给这里的人们带来的灾难。

采用描写型导语时，需要注意以下三点：

(1) 要明确描写的目的是为了生动地表现报道主题，不是为了描写而描写；

(2) 描写要简洁而传神，一般只寥寥数笔；

(3) 在描写时要尽力避免陈词滥调和过分矫饰 。

3. 议论型导语

新闻报道一般以叙事为主，因而不直接议论。但有时也会以一两句精彩的观点作导语，这就是议论型导语。

(1) 引语式导语。

即记者自己不直接出面进行议论，但可以借别人的口发表议论。通过适当引用新闻事件主要人物精彩而有新意的语言，给受众留下深刻的印象。

合众国际社5月26日电　“我比尼克松早来了十几年。”57岁的詹姆斯·温纳里斯自豪地说，“历史已经证明朝鲜战争后，我决定留在中国是正确的。”温纳里斯现在是中国一个省级大学的英语教授。朝鲜战争停战后，有20名美军战俘自愿留在中国，温纳里斯是其中之一。①

以上这条新闻导语引用了詹姆斯·温纳里斯的话作为新闻报道的开头，表明了说话人的立场观点，这种观点也正是这篇新闻作品的主题所在。

引语式导语在使用引语时必须注意：

第一，所引用的话必须在一定程度上反映报道主题；

第二，所引用的话必须精彩、生动、富有新意，能够牢牢地吸引受众；

第三，所引用的话必须忠实于原意；

第四，引语不要太长，最好是“警式句”；

第五，一般把最精彩的引语放在导语的开头部分，然后再交代说此话的人物身份。

(2) 设问式导语。

记者故意在新闻消息的开头提出某个引人注目的问题，然后加以解答，这就是设问式导

---

① 周胜林等：《当代新闻写作》(第二版)，上海. 复旦大学出版社，2005年版，第55页。

语。使用设问式导语时需要注意以下两个问题。

第一，要注意抓取受众有共同兴趣的问题。

美联社亚特兰大(1991年)5月23日电 一位女顾客拿着一条亮闪闪的红皮带问道："这是用鱼皮制的？那些鱼鳞是怎么处理的？" （新闻导语）

这条皮带没有一片鱼鳞，没有一丝鱼腥味儿，极为柔软，用14种颜色画着独具一格的图案。这是亚特兰大海洋皮革公司推出的时髦产品……①

以上这条新闻导语用设问的方式开头，有助于受众把握新闻事实的要点，有助于调动受众的阅读兴趣。文章问的问题也是受众想知道的问题。同时这也可以使记者抓住要害，明确消息主体的写作方向，所以也有人称这种导语为提问式导语。写作这类新闻导语的关键是记者设计好要提出的问题，与下面的新闻躯干的衔接要处理得恰到好处。

第二，要有疑而问，注意针对性。

本报讯 青年团的干部应该配备年轻的还是年老的？实践证明：配备青年人比年老的人更好、更能组织青年活动。②

以上这条新闻导语所提出的问题属于人人皆知的常识性问题，缺乏捕捉受众眼球的共同兴趣，缺乏设问式导语的形成基础，这样的导语多则嫌多，少则最好。

(3) 评论式导语。

在叙述新闻事实的同时，对此事实作出画龙点睛的评价，用以揭示其蕴涵的因果关系或现实意义，这是评论式导语的特点。

本报讯 多年来青蛙已经绝迹的北京市莲花河上游一带河区，如今在深夜又听到了阵阵蛙声。莲花河水系管理部门的同志告诉记者，这是八一电影制片厂治理影片洗印污水取得的成果。③

在以上这条新闻导语中，第一句用对比的方法叙事；第二句则是评论，透过"听到了阵阵蛙声"这种现象，使受众看到了治理污水的效果。

4. 延迟式导语

现代西方传媒业中流行一种延迟式导语。

有时候，在进行新闻特稿的写作时，为了更加强烈地吸引受众，记者有意识地先以故事情节的某个精彩片段开头，而把新闻导语放在文章第一段的后部或者是第一部分的后部，这种导语叫做延迟式导语。

美国著名记者埃德娜·布坎南为《迈阿密先驱报》撰写的报道是这样开头的：

寡妇埃尔金的丈夫们遇上了倒霉事。

---

① 刘明华等：《新闻写作教程》(第二版)，北京. 中国人民大学出版社，2002年版，第169页。

② 周胜林等：《当代新闻写作》(第二版)，上海. 复旦大学出版社，2005年版，第56页。

③ 周胜林等：《当代新闻写作》(第二版)，上海. 复旦大学出版社，2005年版，第57页。

有人谋杀了她的第四任丈夫塞西尔·埃尔金，显然，当时他正在看电视《家族世仇》，有人用一个长柄平锅敲碎了他的头。

第三任丈夫塞缪尔·斯米利奇掉进了南戴德一个杂草丛生的沟渠。

第二任丈夫劳伦斯·迈耶斯不知所踪……

任何看到这篇新闻报道的人，谁不会为其中的每一个字所深深吸引？请注意布坎南提供的细节：塞西尔·埃尔金不是用其他的平锅，而是用长柄平锅杀死了第四任丈夫；她不仅仅是在看电视，而且是在看《家族世仇》；发现她的第三任丈夫死在"杂草丛生"的沟渠内。

布坎南继续写寡妇埃尔金，然后对全文作了一个总结：

正是杀死她第四任丈夫的凶手让玛格丽特·埃尔金陷入了麻烦。她被指控为试图雇用一个养蜂人来杀死他。陪审团定于9月9日举行。

如果以直叙式导语开始这篇新闻报道，那么记者应该把这部分的最后总结段放在第一段的位置。在新闻导语中先交代9月9日审判什么案件，但是布坎南的报道以一系列不平常的事件开头，她提供给我们的是一个高潮迭起的现代法制故事，这就是延迟式导语。这种新闻导语是在开头的几个段落先叙述悬疑的事件情节，引发受众的兴趣，然后再显现真正的新闻导语。

延迟式导语经常用于新闻特稿中，这类报道不适合用于正在进行的或突然爆发的新闻事件，而适合于情节复杂、背景深厚的新闻事件。通常，延迟式导语是以一个事例、一则趣事或一个例子来设置某种情境或唤起受众的某种情绪，然后再交代事件的概貌。

（二）学习模仿的技能

在初次对新闻导语类型有了感性认识的基础上，在教师正确的指导下，学生要运用自己判断新闻事实的思考力，寻找最新的、最有影响力的、最贴近受众的、最震撼的新闻事实的切入点，并模仿优秀的新闻导语，写出自己报道的导语。

构思新闻导语的方法有以下三种。

（1）由近及远法。

即记者尽可能由近及远，找一件最新的、时间概念明确的事作为新闻的由头。

阳光工程火了我区大专生市场[①]

本报讯 9月8日，是新疆职业大学高等职业技术学生报到的日子。

刚一上班，新疆职大北校区报到大厅里，就拥满了许多新生。他们之中有相当一部分来自于新疆本土，另外一些则来自广东、四川等新疆以外的省区。与去年的这个时间相比，也是在同样的这个地方，前来报到的高职学生人数增加了一倍之多。

以上这篇新闻报道叙述了大学生报到场景的火爆，记者用刚了解到的、亲眼所见的新生

① 唐成荫：《阳光工程火了我区大专生市场》，2006年9月8日《都市消费晨报》。

报到的细节来反映高职院校招生同比大幅增加的现状，进而展现出与去年相比今年高职院校入学率的实质性变化。此类写法多用于橱窗式导语的写作。

(2) 现场观察表现法。

即把记者现场观察到的材料作为带动其他材料的新闻由头。

当一场火灾侵袭了纽约昆斯区的高层公寓，《美联社》的一篇新闻报道中使用了以下这条导语：

消防局说，星期四上午晚些时候，一栋 18 层公寓的顶楼发生一场火灾，导致 3 人死亡。该公寓是莱弗拉克公司在昆斯区埃尔姆赫斯特建设的市政工程之一。

现在看一看美国《每日新闻》如何开始报道同一场火灾的：

昨天，在昆斯区的一栋高层建筑里，一场火灾挟致命强风之势，在整栋公寓建筑里产生了一阵咆哮的“热浪”，并且延伸到走廊，致 3 人死亡，22 人受伤。

前一条新闻导语运用了概括性的语言，后一条新闻导语则用了“咆哮”这样的动词，显然比前一条导语的现场描写更生动。

(3) 避旧出新法。

让受众的眼睛一亮这才是新闻以“新”制胜的所在。

有些记者习惯于把新闻报道的时间和地点放在新闻导语的最前面。事实上，对于事件性特别是突发事件性新闻来讲，时间和地点非常重要，因为这两个新闻要素往往包含着最为重要的事实信息；但是对于非突发性事件来说，新闻报道的时间和地点就不全是最关键的要素。

本报讯 海通证券乌鲁木齐营业部日前拿下了“新中基”股改大单，这个被称为西北五省上市公司股改的第一大单，让海通证券受益匪浅。[①]

10 岁的陈普花两个月时间，捡垃圾攒了 8 元钱。26 日，他将钱交给来自江城的义工胡承亮，请他帮忙给妈妈买把二手电吹风。[②]

以上两条新闻导语均是深度报道或新闻特稿中的导语，由于这两篇新闻所关注的并非是像灾难、事故一类的突发事件，前一篇新闻报道了在经济领域中西北五省股改的第一大单的新闻事件；后一篇新闻则报道了一位 10 岁男孩体谅母亲辛苦的新闻事件，因此它们的新闻导语分别采用了概括式导语和见闻式导语的写法，时间和地点要素也显得不像突发事件性新闻那么突出，反而能够具有新闻导语写作的个性特征。

(三) 反复修改新闻导语措辞、语句的技能

当初步的新闻导语写出后，需要记者反复修改新闻导语里的各种措辞，要求其在表达最新、最有影响力新闻事实的基础上，能够用简练的语句让受众怦然心动。

---

① 唐成荫：《众券商角逐新疆股改保荐资格》，2005 年 9 月 29 日《都市消费晨报》，第 C4 版。

② 彭瑜，小米：《10 岁孩子捡 2 月垃圾 攒 8 元给劳苦妈妈买礼物》，2010 年 5 月 28 日《重庆晚报》。

新闻导语写作的基本要求包括以下五个方面。

(1) 出语不凡,巧于开篇,突出最有价值的那个新闻要素。

中国新闻社上海2月23日电 鲁迅先生不是直接死于肺结核病,而是死于自发性气胸。[①]

百万富翁哈罗德·F.麦考密克今天买下了一个穷人的青春。

——合众社卡尔·维克托·利特尔写于1920年年初麦考密克进行胸腺移植手术之后。

光荣的代价是什么?两只眼睛、两条腿、一只胳膊——每月12美元。

——《华盛顿先驱报》圣克莱尔·麦凯尔维所写的关于一名"一战"残废老兵一贫如洗的报道。

第一条新闻导语记者用"不是……而是"这样的关联词展示了自己与其他的同类消息报道的不同之处。显然这篇报道鲁迅逝世的消息刊发于别家报道之后,但它却报道出别家报道没有发现的事实细节。

第二条新闻导语巧妙地将"进行胸腺移植手术"的新闻事件比喻为"买下了一个穷人的青春",直观而简练,避免了专业术语对普通受众的困扰。

第三条新闻导语用特写的方式展示了一名"一战"残废老兵一贫如洗的生活。

这三条新闻导语在表现新闻事实上或许有这样、那样的不足,但是其出语不凡的角度是值得我们学习的。

(2) 要抓住事件的核心与精华,突出新闻本身所具有的特点。

本报讯 一个商品不露面、顾客却整日熙熙攘攘的集市,6月15日在北京第二次出现。这里交换的是一种特殊的商品——住房,所以被称为换房集市。[②]

新华网深圳5月26日电(记者 叶前) 深圳市政府26日举行新闻发布会,通报政府有关部门就富士康多起员工坠楼事件的调研情况,以及事件发生的多方原因和下一步的防治措施。

新闻导语必须与新闻报道的主题相一致,必须反映新闻消息的核心与精华:不能新闻导语里有主题,而后面的新闻躯干里却一点都不提;或者新闻导语使人雾里看花,不知所云何事,后面的新闻躯干里一大堆主题。以上这两条新闻导语抓住"商品不露面"、"员工坠楼事件"以及"集市"等新鲜之处并以此作为导引,使受众耳目一新。

(3) 要简要地交代新闻来源和新闻根据。

《扬子晚报》1997年10月日头版报道:从旅游部门正在举办的"97金秋旅游门票展"上,记者看到了目前世界上最长的门票联卷——南京古城墙艺术联卷……由26幅画面构成的这一套票由104张单票组成,高0.15米,长4.68米……据介绍,此套门票已申请世界吉

① 周胜林:《当代新闻写作》(第二版),上海.复旦大学出版社,2005年版,第46页。

② 周胜林:《当代新闻写作》(第二版),上海.复旦大学出版社,2005年版,第46页。

尼斯之最证书。[①]

美国世界新闻网 14 日报道称，洛杉矶太平洋滨附近的新港滩，任何一栋普通房子都价值上百万美元，目前成为中国富豪最喜欢买的区域之一。有美国租房客对中国炒房客的出手阔绰十分恼火，房东将房屋卖给中国富豪而令其被迫搬走。[②]

以上两条新闻导语均交代了新闻分别来源于“97 金秋旅游门票展”和“美国世界新闻网”，并且新闻根据来自于“据介绍”。交代新闻来源，给受众传递的是真实性信息，涉及记者所承担责任的范围。若交代新闻来源，万一新闻失实，记者只承担“失察”和“误导”的责任；若不交代新闻来源或不确指新闻来源，那么新闻失实的责任则全部由记者承担。

(4) 要突出最新的内容和最新的时间概念。

“新”是新闻最重要的特征之一，也是新闻事件当中新闻价值最大之所在。其一，新闻报道的内容要新。其二，新闻应突出最新的时间概念。尤其是针对突发性新闻事件，新闻导语中的“何时”显得尤为重要。

吉尔吉斯斯坦首都比什凯克 8 日晚再度发生骚乱。由反对派组建的“临时政府”已向部队下令，对趁乱劫掠者开枪。此外，“临时政府”副总理阿坦巴耶夫已飞往莫斯科，与俄罗斯方面会谈。总统巴基耶夫则指责流血冲突事件受到“外部势力”的影响。[③]

对于突发性事件，其时间、地点和事件最能体现新闻价值的要素。上述新闻报道一开始就突出了“8 日晚再度发生骚乱”的时间概念，目的是引起受众的关注。

(5) 要清晰、简明、生动。

新闻导语要用最简练的语言概括出新闻的主题，能用一句话说清楚的决不用两句话。如果能用最少的语句反映出最复杂的新闻主题，这才是优秀的新闻导语。

波兰总统乘坐客机 4 月 10 日从波兰首都华沙飞往俄西部城市斯摩棱斯克市，客机降落过程中坠毁。机上共有 96 人，波兰方面 88 人无一生还。[④]

以上这篇新闻报道用四句话成就了“时间”、“事件”、“结果”等有关这篇新闻众多的重要信息。这样的新闻导语令人震撼，虽短短几句却传递出丰富的信息，令人回味。

(四) 成熟地写作新闻导语的技能

成熟地写作新闻导语是记者在积累了长期的工作经验后拥有的能力。记者熟练地撰写新闻导语并不意味着一挥而就，同样也需要进行修改、加工与润色，更快地运用自己的构思写作技巧，提升新闻写作速度的技能。

优秀新闻导语的写作基础是记者能清楚地理解报道主题，用最简练、最耳目一新的语言展现新闻导语。这就是为什么在新闻写作中，我们将发现好的报道主题列为头等大事的重

① 周胜林：《当代新闻写作》(第二版)，上海. 复旦大学出版社，2005 年版，第 47 页。

② http：// world. huanqiu. com/roll/2010-05/816183. html。

③ 沙达提：《吉反对派下令向劫掠者开抢》，2010 年 4 月 8 日《京华时报》，第 19 版。

④ http：//www. china. com. cn /photochina/2010-04/10/content_19786331. htm。

要原因。

记者能够较为成熟地写作一条新闻导语的步骤如下。

(1) 找到报道中最重要、最有价值的新闻要素。

(2) 确定用叙述型、描写型、议论型等类型的新闻导语更适合新闻事件的报道。

(3) 如果一个新闻要素很显著,则使用单一元素导语。如果几个新闻要素都很重要,使用多元素导语。

(4) 在新闻导语中,使用主-谓-宾、主-谓或是动-宾的结构方式。

(5) 使用简练的人名、地名、组织名称和生动的行为动词。

(6) 保持简短,新闻导语的词语组合控制在 30～35 个词。

(7) 使新闻导语具有可读性,但是不要为了可读性而牺牲新闻报道的真实和准确。

叙事清楚是新闻导语写作的最基本的要求之一,为了避免叙事混乱:

(1) 要突出主要事实,少写附属事实和琐碎细节;

(2) 一定要删除那些表面上看起来很华丽但实际上没有多大意思的废话和套话,使新闻导语尽可能实在而精炼;

(3) 新闻导语里的人名和头衔之类不要太多,不要因此而分散受众的注意力;

(4) 写进新闻导语里的单位名称和专用名词不能太多;

(5) 要吸引和诱导受众阅读新闻的其余部分。

四、注意事项

(1) 在写作新闻导语的过程中遣词造句的基本功要扎实。

(2) 写作新闻导语要经得起忍受导语写作挫折的考验。

(3) 学习与练习是新闻导语写作的两把利刃,既要克服自满也要克服自卑这两种不良心理。

(4) 在个体与合作中寻求统一。新闻导语写作是个体行为,学习写作又离不开研讨,需要拥有竞争与合作的现代团队精神。

五、实训操作

1. 消息头实操训练

学生对给出的一条新闻消息分别冠以消息头,注重区分“电”与“讯”的区别。

2. 新闻导语写作实操训练

(1) 辨别新闻导语类型训练。

要求学生在报纸上收集叙事型、描写型和议论型三种类型的 6 条新闻导语剪贴到《实训报告册》上,其中对于叙述型导语中的直叙式导语、概括式导语、对比式导语和描写型导语中的橱窗式导语要求至少收集一条,描写型导语和议论型导语各收集一条。

使用扩展小组法进行实训：

第一步：独立思考(8 分钟)。
每位同学独立思考上述问题，并记录下自己的答案，注明其类型及对写作特点进行简单评析。

第二步：两人合作(10 分钟)。
两位同学组成一个小组，比较你和搭档的答案，将你们共同认可的一组直叙式导语、概括式导语、对比式导语和橱窗式导语记录下来，注明其类型及对写作特点进行简单评析。

第三步：4 人一组(10 分钟)。
小组成员比较答案，选出你们共同认可的一组直叙式导语、概括式导语、对比式导语和橱窗式导语并记录下来，注明其类型及对写作特点进行简单评析。

第四步：小组合作(20 分钟)。
(1) 一个 4 人小组与另一个 4 人小组组成大组，在大组中比较答案，并选出大家共同认可的一组直叙式导语、概括式导语、对比式导语和橱窗式导语并记录下来。
(2) 在展板上展示每个大组的讨论结果。

第五步：教师点评(20 分钟)。
教师针对每个展板的讨论结果，告知学生正确答案及理由，以便学生加深印象。

第六步：学生通过指导用正确的方法再次重返新闻市场，对自己收集的导语进行分类、评析。

(2) 构思多角度新闻导语。

例如，一名盗贼在一家汽车零件商店破门而入，偷走了 36 节电池。作为一名记者，他构思这条新闻导语最基本的要素有哪些?

《夏洛特观察家报》的一名记者对这条新闻消息进行了以下的构思：

① 受众每天翻开报纸时带着一个问题：“今天发生了什么事情?”所以这条新闻导语集中于基本事实：一批电池被盗。

② 记者应回答自己认为受众按逻辑接下来可能会问的问题：“非法进入事件发生在哪里?”“它发生于何时?”“它是如何进行的?”对上述问题的回答就会解释、丰富新闻导语。

③ 提供背景。受众应被告知被盗商品的价值等以显现新闻价值的背景。

以下是这位记者的报道。

盗贼偷走 36 节电池

警方昨天被告之，闯入夏洛特一家汽车零件商店的盗贼偷走了 36 节 Delco 电池。

被盗的皮埃蒙特汽车交易店位于阿坦多大街 410 号，该店经理、49 岁的罗韦尔·厄斯金告诉警察，盗贼是在星期二下午五点至星期三八点之间进入商店。盗贼在这栋一层砖结构房屋的后墙凿开了一个洞。

厄金斯说，被盗电池价值 539.18 美元。

以上这条新闻导语是一条直叙式导语，事件、结果、时间和地点在导语中均有所显现，受众通过阅读了解了“今天发生了什么事情”，这是最基本的新闻事实。

同样是关于这个新闻事件，如果有其他几种假设情形细节，而这些细节又是与新闻的主题、导语的切入点有着密切的关系，那么这个新闻事件的导语的切入点应该放在哪里？

运用完全行动法进行实训：

第一步：组成基础小组(20 分钟)。

每 6 人一组，在基础小组中从 1—6 进行编号针对此新闻事件进行多种情形假设，然后写出假设情形的新闻导语。

首先请你独立思考该任务。

其次与其他的同学合作完成这项任务。

最后以书面形式记录下讨论成果。

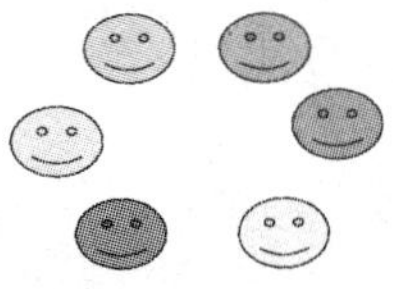

第二步：组成专家小组(15 分钟)。

每个基础小组推荐一个人组成专家小组。

专家小组首先把自己所在基础小组的讨论结果带给其他的专家，再把其他基础小组的讨论结果记录下来。

以书面形式记录下讨论成果。

第三步：每位专家再回到自己所在的基础小组(15 分钟)。

每位专家向基础小组依次报告各位专家的讨论成果。

基础小组最后形成自己的结果。

第四步：教师点评(20 分钟)。

教师针对专家组的讨论结果，告知学生在几种假设情形下新闻导语的切入点以及理由，以便学生加深印象。

上述案例在三种假设情形下的新闻导语写作如下。

① 假设盗贼是在光天化日之下偷窃成功的。那么，偷盗在何时与如何发生将是该新闻导语的主要内容，报道将按照这一思路写作其新闻导语。

警方昨天被告之，在光天化日之下盗贼闯入夏洛特一家汽车零件商店偷走了 36 节 Delco 电池。

② 如果盗贼是攀过 15 英尺高的墙进入商店，那么盗贼如何做到这一点将被安排在新闻导语里。

警方昨天被告之，一名盗贼，攀过 15 英尺高的墙闯入夏洛特一家汽车零件商店并偷走了 36 节 Delco 电池。

③ 如果盗贼在商店里留下一张便条，为他的行为道歉，并且说他因为需要钱为自己生病的妻子支付医疗费，那么盗窃为什么发生？盗贼自己的说法将被写进新闻导语里，因为该盗贼自己写明偷盗原因的行为表明其人性尚未泯灭，这对于受众来讲是最稀奇的事。

警方昨天被告之，一名盗贼在偷走了夏洛特一家汽车零件商店 36 节 Delco 电池之后，还在桌子上留了一张抱歉的字条。

以上这三种假设情形的细节为什么要被写进新闻导语？是因为这些细节在构筑了基本新闻事实的基础上让人耳目一新。

(3) 实地采访新闻事件，开放式撰写新闻导语。

最重要的内容构成了新闻导语的基本要素。为了找到那种基本要素，记者要站在受众的角度，预测受众会问哪些他们最关心的问题，然后进行回答。这些问题被概括成谁(Who)、什么(What)、何时(When)、何地(Where)、为何(Why)与如何(How)——五个“W”与一个“H”。

运用参与式教学法进行实训：

第一步：组成基础小组(15 分钟)。
每 6 人一组，选定负责人，研讨实地新闻采访选题，撰写新闻导语，职责分工明确。

第二步：每个基础小组经过研讨，分别到农贸市场和电器市场等选定新闻事件发生地进行采访(90 分钟)。

第三步：采访结束后，回到基础小组进行讨论，教师要求每个采访小组陈述采访的新闻事件，概括这个事件中的新闻六要素（15 分钟）。

第四步：构思新闻导语的切入点，基础小组成员相互补充研讨，教师指导进行取舍，最后形成该基础小组新闻导语的定稿（20 分钟）。

第五步：每个基础小组的新闻导语展板长期挂在教室内供全班观展。

（4）新闻导语的个性特征写作分析训练。

以下两条新闻导语都是关于美国的一位市长在宣布新一年度财政预算后，第二天早晨纽约两家报纸对同一新闻事件的报道。比较一下哪条新闻导语更能引人入胜？为什么？

昨天，林赛市长把公共安全设施列为明年优先支出的第一个项目，这有别于他去年提出的首要支出目标，去年的首要支出目标是创建干净街道。①

昨天，林赛市长放下了扫把，捡起了警棍，他将添置执法设施放在了下一个财政年度市政建设计划的首位。②

运用博物馆看展法进行实训：

第一步：组成基础小组（20 分钟）。

每 6 人一组，针对教师给出的两条新闻导语，每个基础小组通过共同讨论，用图示表示出其优劣，并将结果用展板在教室中展出。

第二步：小组展示（20 分钟）。

对学生展示的新闻导语进行评析，采用博物馆看画展的方法，即每个基础小组留一个人做讲解员，其他的同学到别的小组参观，并提出问题。

---

① 梅尔文·门彻尔：《新闻报道与写作》（展江等译），北京．华夏出版社，2004 年版，第 128 页。

② 梅尔文·门彻尔：《新闻报道与写作》（展江等译），北京．华夏出版社，2004 年版，第 128 页。

第三步：交流(15 分钟)。

让留下的同学相互交流，也有机会看到其他基础小组的作品。

第四步：教师点评(20 分钟)。

教师针对每个展板的讨论结果，告知学生最佳的答案及理由，以便学生加深印象。

分析：以上两条新闻导语写的是同一新闻内容，但是在第二条新闻导语里，用“扫把”比喻“创建干净街道”，用“警棍”比喻“公共安全设施”。再加上记者用“放下”、“捡起”这样的动词，生动形象地把林赛市长明年优先支出的第一个项目表达出来，新颖逼真，把一条原本枯燥的时政新闻导语写得生动活泼。

(5) 案例导语写作训练。

北京时间 2011 年 3 月 11 日中午 13 时 46 分，日本本州岛东海岸发生 9.0 级地震，此次地震震中位于宫城县以东太平洋海域，东京有强烈震感。地震引发的海啸影响到太平洋沿岸的大部分地区。地震造成日本福岛第一核电站 1—4 号机组发生核泄漏事故。此次地震已确认造成 14 063 人死亡，13 691 人失踪。

以上述“日本发生 9.0 级强烈地震”的基本新闻事实为主，撰写叙述型、描写型和议论型三种类型的新闻导语。

运用旋转木马法进行实训：

第一步：给出上述新闻事件的稿件。全班学生自学、观看该图片，要求将自己写作的四种类型的新闻导语及写作理由用 3～5 分钟讲述完毕，讲述时不准带书。

注释：培养学生的阅读能力和做笔记的能力。

第二步：教师根据本部分训练内容的难易程度，讲解几个关键词或关键点(3～5 分钟)。

第三步：学生到大厅，站成内外两圈，两两面对面，要求：内圈学生在 5 分钟内将自己写作的三种类型的新闻导语及写作理由尽量详尽讲述完，外圈学生只准听和记录，即使有不同的观点也不许相互交流。
注释：培养学生倾听的能力，让对方把问题讲完，而不是主观臆测。

第四步：外圈学生顺时针旋转 5 个人，外圈学生用 5 分钟给内圈学生讲述自己写作的三种类型的新闻导语及写作理由，不讲自己听到的内容，内圈学生只听和记录。
注释：学生刚开始时集中精力讨论课程内容，一会就会聊课外的东西。旋转不仅是一种调节学生兴趣的形式，而且可以训练学生与不同类型的人打交道的能力。

第五步：外圈学生再旋转 3 个人，与内圈学生交流自己学到的、听到的、记录的内容(3～5 分钟)。

第六步：学生回到教室，按照 6 人一组将自己刚才写作的三种类型新闻导语及写作理由写到卡片上，最后把经过小组讨论而形成的最终结果张贴到展板上(20 分钟)。

第七步：教师点评(20 分钟)。
教师在学生运用旋转木马法进行学习时，深入学生交流组中，观察并倾听学生交谈的内容，但不做讲解，即使学生的讲述是错误的也不更正，记录下学生存在的问题。
最后，教师针对展板里学生的讨论结果，告知学生最佳答案及理由，以便学生加深印象。

梳理上述新闻事件，叙述型(直叙式)导语以叙述新闻主体事件为主，因此该类导语可以这样写作：

本报讯(记者　×××)　3 月 11 日中午 13 时 46 分，日本本州岛东海岸发生 9.0 级地震。此次地震及其引发的海啸已确认造成 14 063 人死亡，13 691 人失踪。同时该地震造成日本福岛第一核电站 1—4 号机组发生核泄漏事故。

描写型导语以现场观察描写为主，因此该类导语可以抓住典型画面进行特写式描写。

本报讯　在日本本州岛东海岸发生 9.0 级地震之后，受灾最为严重的福岛、仙台等地已成为废墟一片，救援人员 24 小时不间断地在废墟之中搜寻着生命迹象；许多灾民拎着自己的大包小包行李、扶老携幼正从自己原来的住所被疏散到安全的地方。

议论型导语要抓住能彰显新闻主题的重要人物的精彩话语，因此该类导语可以这样写作：

本报讯(记者　×××)　“这是日本历史上遭遇的一次前所未有的地震灾难，也给日本带来了难以估量的损失。”这是日本东海岸发生9.0级地震之后日本政府新闻发言人的一番言语。

橱窗式导语也属于描写型导语的一种，它是选取一个典型人物或典型画面来彰显报道的主题，因此这类导语可以这样写作：

本报讯(记者　×××)　今天，在遭受了9.0级强地震袭击之后，一位受灾地区的青年女性举着能够购买汽油的标牌十分兴奋，因为她能给自己的车加上极为短缺的汽油跑路了，而在她身后的数百名排队者还在眼巴巴地等待着自己也能有这样的幸运。

(6) 可读性导语写作训练。

一位美国记者被派去采访有关位于格林尼治住宅区附近一个镇的北部开发住宅小区的新闻，借鉴国外的这个新闻写作案例，请你思索一条生动的新闻导语是怎样完成的。

这位记者在采访完成后一开始写了下面这条新闻导语：

今天，城市规划办公室建议在关于住宅地产类别的分区规则中增加一项条款。

新闻主编对此感到疑惑，然后他建议这位记者详细地说出所提议条款的内容。记者又试着改写了这条新闻导语：

城市规划办公室今天建议，对用作建筑两英亩独户住宅的区域进行重新划分，以便使中低收入的家庭能够在那里建造公寓大楼。

新闻主编看了一遍，他似乎很高兴。“还可以更进一步。”他说，“建议的要点是什么?”新闻主编自问自答：“改变规则是为了让普通人而不仅仅是富人也能住进这个区域。这个区域位于格林尼治住宅区附近一个镇的北部。让我们试着把‘人’这一要素放进新闻导语中，让普通的受众更容易读懂。”10分钟后，这位记者带着下面两段新闻报道回来了：

中低收入的家庭可以购买城市北部郊区的公寓了。

这是今天城市规划办公室所提出建议的目的所在。城市规划委员会向市议员提出的这条建议将取消目前对该地区只允许存在两英亩的独户家庭住宅的限制。

在这条新闻导语的写作和重写的过程中，记者所写的新闻导语从原来的堆满行话、令人费解，发展为用清楚、简洁、生动的言语来表述被提议规则的用意。这种思路是把对普通受众影响最大的那个价值要素筛选出来，以此作为新闻导语的切入点。所以，准确并不是以牺牲简洁和可读性为代价的，如果记者写的新闻导语受众读不懂，那么就谈不上信息的传播，更谈不上新闻导语的独特魅力。

3. 校内实训基地实训

学生利用校报和院报进行新闻导语综合写作练习，教师点对点指导，公开评报。

4. 校外实训基地顶岗实习

学生利用校外新闻媒体进行新闻导语综合写作实习。

六、总结点评

（1）新闻导语的写作首先源自于向优秀新闻导语的学习。

（2）新闻导语写作的“悟性”源自于对新闻写作切入点的思考、对新闻价值的判断思考和遣词造句的反复练习。

（3）新闻导语的写作要经受反复修改的耐挫力考验。

（4）新闻导语写作得成功与否直接关系新闻作品写作的成败。

七、拓展提高

（1）经过了很长时间的思考，我还是找不到新闻导语的切入点，怎么办？

（2）想写的东西实在太多了，我就是下不了笔，怎么办？

（3）我写的新闻导语第三次被主编打回来了，我是应该继续写，还是要放弃？

（4）为什么经验丰富的老记者在采访结束时基本上就能发现新闻的切入点，而年轻的记者却很难发现？

（5）新闻导语写不出来就不能写新闻消息了吗？

（6）法国战机在 2011 年 3 月 19 日向利比亚军事目标开火，据称这些战斗机在利比亚境内“没有遇到任何阻碍”。这标志多国军事干预利比亚战事拉开序幕。根据这一新闻事件，收集该事件的详细内容，撰写叙述型、描写型和议论型三种类型的新闻导语。

（7）根据下面的新闻事件，撰写叙述型新闻导语中的直叙式导语、对比式导语和橱窗式三种类型的导语。

2010 年 11 月 15 日，上海胶州路教师公寓发生火灾。截至目前，已致 58 人遇难，70 余人受伤。警方初步确认火灾系无证电焊工违章操作引发，8 名嫌疑人被刑拘。

任务四 新闻躯干、新闻背景和新闻结尾写作

新闻躯干和新闻背景是新闻报道的“血肉”,“血肉”丰满,则新闻报道显得光彩照人;反之,则会给人以干涩、老调重弹之感。因此,要达到这个目标,记者就必须占有翔实的新闻材料。

教学目标

通过本任务的学习,学生能够写作新闻躯干、新闻背景和必要的新闻结尾。

案例导读

德隆否认“被调查”①

本报讯(记者 唐成荫) 昨日,新疆德隆集团有关负责人紧急约见本报记者,对近期有关“证监会调查德隆”传闻作出澄清。新疆德隆集团负责人表示,该消息纯属谣言,德隆集团运行一切正常。

7月18日,《成都商报》刊发的一篇文章称:“香港中文大学财务系教授郎咸平17日下午6点从香港飞抵成都。记者专访郎咸平时获悉,德隆系控股的上市公司因为互保问题正在接受中国证监会调查。”

此消息一经传出,立刻给证券市场带来影响,18日,德隆控股的湘火炬、新疆屯河等上市公司股票有微幅下跌。据记者了解,新疆德隆(集团)有限公司有关负责人对此事高度重视,已与远在北京的德隆集团董事局取得联系,7月20日德隆集团董事局发言人刘晓雨对此事进行正式回复。

…………

上述新闻消息的新闻躯干、新闻背景和新闻结尾是如何补充完整的?

---

① 唐成荫:《德隆否认“被调查”》,2003年7月22日《都市消费晨报》。

工作任务

1. 认知新闻躯干、新闻背景和新闻结尾。

2. 补充新闻背景。

3. 自然形成新闻结尾。

理论基础

一、术语解释

1. 新闻躯干

有人称新闻躯干为“新闻主体”，有人称新闻躯干为“新闻的展开部分”。“新闻主体”容易让人望文生义，将其理解为是新闻最根本的部分。事实上，在“倒金字塔”结构中，这种理解是行不通的。“新闻的展开部分”这个概念又偏大了一些，因为新闻背景和新闻结尾也可以归结到“新闻的展开部分”，因此叫“新闻躯干”与西方新闻界的“Body”相吻合。

2. 新闻躯干在新闻消息里的两大功能

一是解释和深化新闻导语。对于新闻导语所涉及的内容，新闻躯干进一步提供有关细节和新闻背景材料，使受众对新闻事件有更清楚、更具体的了解。

二是补充新的事实。新闻导语只突出最新鲜、最重要的新闻事实，往往只能突出新闻六要素中的某一两个要素。而新闻躯干部分往往要补充在新闻导语中未涉及的新闻内容，使新闻六要素得以完备，以便受众对于新闻报道的主题和新闻事件的来龙去脉有更深刻、更清楚的了解。

3. 新闻背景

任何新闻都是在一定的环境和历史背景下产生的。与新闻人物及新闻事件形成有机联系的一定的环境和历史条件就是新闻背景。

广义的新闻背景，主要是指对导致新闻事件的发生、发展的广阔时代成因的解析。狭义的新闻背景，主要是指与新闻人物和新闻事件的发生、发展过程直接有关的背景材料。

4. 新闻结尾

新闻结尾常常被人们忽略，因为“倒金字塔”结构的新闻消息可以不要结尾。但新闻报道还有其他的结构形式，因而也就有了新闻结尾。

二、工作要点提示

(1) 补充新闻导语段中的某几个新闻要素，一段补充不完，可在下一段继续补充。

(2) 可以在各个段落中穿插新闻背景，通过对比、数据对照等背景进行揭示，从而把新闻事实叙述得更清楚。

(3) 新闻事实叙述完了,新闻报道就自然结尾了,不要刻意拔高或追求一个“有意义”的结尾。

三、方法技巧

1. 认知新闻背景材料的三大类型

(1) 衬托对比性材料。

一篇新闻报道的意义常常寓于当前与过去、此一事物与彼一事物的比较之中。为了使一个新闻事件展现得更加清楚,把“过去”与“彼一事物”当做新闻背景,这样才能衬托出新闻价值的深远。

合众国际社 25年前,美国和北朝鲜在现在的大同江畔巨大的平壤体育馆矗立的地方相互射击与投弹。

星期四晚上,两国再次正面对抗,这次使用的武器是乒乓球拍,互相打给对方的是赛璐珞球,战场是第三十五届乒乓球赛场地。

记者写作以上这条新闻导语的着力点在于突出第三十五届乒乓球赛搭起了美国和朝鲜重新对话的桥梁。但是这个主题的突出如果没有“25年前,美国和朝鲜在现在的大同江畔巨大的平壤体育馆矗立的地方相互射击与投弹”做背景,就凸显不出今天在同样的地方,两个国家由乒乓球友谊赛而开启的和平对话之门的关注度。

(2) 注释说明性材料。

注释说明性材料往往用来点明新闻事实产生的原因、条件和环境,通过横向的或纵向的联系,把事情的来龙去脉、因果关系交代清楚,有助于受众对新闻的理解。

注释说明性材料常用来介绍新闻人物的身份或者新闻人物与周围人物的关系。

美联社纽约10月14日电 就在罗纳德·里根总统对全国说“美国正在走向经济复苏”之前几小时,他的儿子普雷斯科特·里根却在这里同失业者一道领救济金。

白宫副新闻秘书斯比克斯13日承认,这位33岁的芭蕾舞演员自从被乔佛雷芭蕾舞团解雇,近几周领过两三次失业救济金。

这个芭蕾舞团已解散一个月。小里根和妻子多丽亚住在曼哈顿的格林威治村。

斯比克斯解释了总统的儿子为什么拒绝他父亲提出的在他失业期间给予帮助的表示,他说里根夫妇表示帮助他们渡过难关,但尊重他们要独立生活的权利。

小里根加入了美国约1130万领取救济金的美国人的队伍,这个国家的失业率上周达到10.1%,这是自20世纪30年代大萧条以来的最高数字……

一边是前美国总统里根对全美国人民说“美国正在走向经济复苏”,一边却是里根总统的儿子——“普雷斯科特·里根却在这里同失业者一道领救济金”。后者恰好成为前者的背景,通过这个背景,用事实蕴涵了记者的观点,受众读到这里领会到了这种注释说明性材料所表达出来的讽刺意味。

(3) 分析解释性材料。

有一些新闻报道所涉及的问题错综复杂，非一般受众所能通晓明了，因此就需要一些分析解释性材料来指点迷津。

紫禁城内也有鼠患

北京统一行动灭鼠

美联社北京(1986年)11月20日电　今天在整个北京市，有数以百计的卡车向每一个家庭和工作单位供应灭鼠药，以进行持续一周的灭鼠战。

该市有史以来规模最大的这场灭鼠战的组织者们希望，通过二十一日下午在北京市的每一个建筑物内投放杀鼠药，能杀死北京市内两千万只老鼠中的百分之九十。

北京市的大部分老鼠隐藏在老式建筑物内，尤其是那些古旧的平房内。时政官员说，甚至在市中心的紫禁城内也是鼠患成灾。

鼠灾在农村地区也是一个严重问题，每年要毁掉1500万吨粮食，相当于中国每年进口的粮食总量……

在以上这篇新闻消息中，第一段和第二段是新闻事实段，第三段则分析了北京城大规模灭鼠的一个很主要的原因是作为北京旅游胜地的紫禁城已经是鼠患成灾，如若不灭，将对紫禁城的保护带来极大危害。同时记者在第四段也补充解释了在农村灭鼠的必要性，那是因为老鼠在中国农村每年所吃掉的粮食总量相当于中国每年进口的粮食总量。这里新闻背景的嵌入，由此灭鼠的必要性就体现出来了。

2. 构架新闻躯干的技能

在新闻消息里，新闻躯干的写作要求如下。

(1) 围绕一个主题取材。即要围绕新闻导语中所确立的主题来选择和运用材料，无关的材料要删去。

(2) 叙事要尽量具体、充实，使受众对新闻人物和新闻事件有较为完整而真切的了解。所谓充实，是指除了补充和完善新闻导语中所涉及的内容外，还要提供与之有关的新闻背景和其他新闻要素。

(3) 叙述生动，行文有波澜，保持受众的兴趣。

(4) 层次段落要分明，起承转合要自然。

3. 运用新闻背景材料的技能

(1) 新闻背景材料一定要紧扣报道主题或主要新闻事实，要尽可能少而精，防止喧宾夺主。

(2) 运用新闻背景材料要有明确的针对性，要回答受众关心的问题。

(3) 要灵活穿插新闻背景材料(可以穿插在新闻导语、新闻躯干或新闻结尾之中)。

(4) 一般而言，穿插在新闻导语中的往往是衬托对比性材料，穿插在新闻躯干或新闻结尾之中的往往是注释说明性材料或分析解释性材料。这些新闻背景材料一般只是一两句话，有时甚至是一个简单的句子成分。

广东雷州校园凶案疑犯为公办教师　2006年办理病休[1]

综合新华社电　广东湛江市公安部门和雷州市政府证实，28日下午，雷州市雷城第一小学发生行凶事件，16名学生和1名教师受伤，目前暂无生命危险。

雷州市政府发布消息称，经初步调查，陈康炳随外校前来参加公开课的教师混入雷城一小教学楼，15时左右在四年级、五年级4个教室，持刀砍伤15名学生及1名为保护学生而与其搏斗的教师，一名学生逃避时摔伤。

现场目击者告诉记者，案发后，疑犯被该校老师围堵在楼上。下午4时5分，公安民警将其控制。

雷州市公安机关初步调查，33岁的犯罪嫌疑人陈康炳系雷州市白沙镇洪富小学公办教师，2006年2月办理病休至今。

受伤的师生已被送到雷州市人民医院医治，他们多数被砍中头部、后背或者手臂。湛江市的医疗专家已赶到雷州进行抢救。

湛江市、雷州市两级党委政府领导分别赶到学校和医院，指导救治伤员和善后工作。市财政局已拨出专款，负责伤者医疗费用。目前，受伤的学生和老师伤势稳定，暂无生命危险，该市正加紧侦查，并做好善后工作。

事发的雷州市位于广东西南部，距广州约600公里。

在上述新闻报道中，“雷州市公安机关初步调查，33岁的犯罪嫌疑人陈康炳系雷州市白沙镇洪富小学公办教师，2006年2月办理病休至今”是对该新闻报道涉及的犯罪嫌疑人身份背景的补充，通过这个补充，使受众了解了犯罪嫌疑人身份的基本情况，从而对他的犯罪动机有了自己的判断。

4. 除“倒金字塔”结构以外的其他新闻结构的新闻结尾技能

除“倒金字塔”结构以外，其他新闻结构的新闻结尾的主要形式如下。

(1) 自然结尾法。

大多数新闻报道采取这种结尾方式，即按照新闻报道的结构安排，顺乎自然地把必要的新闻内容、新闻事件和新闻诸要素交代完毕，水到渠成就戛然而止。

例如，在洛杉矶奥运会中美排球对抗赛上中国队以3∶0击败美国队后，记者以美国队教练塞林格的话“中国队不愧为金牌队伍”、“我对中国队表示佩服。美国队在第一局追成14平而未能取胜，注定了我们的失败”作为结尾。

(2) 拾遗补阙法。

这种结尾方式有一个较明显的“结尾段落”，它主要用于补充新闻导语和新闻躯干部分

① 肖尧：《病休教师校园砍伤16师生》，2010年4月29日《新京报》，第1版。

未提及的新闻要素，使新闻报道更加完整、圆满；或者补充有关背景材料，使新闻报道更加充实、可信。

塔斯社1月10日电……

"救救蛇"印度动物学家在广播电台和电视台向城乡居民不断发出这种不寻常的呼吁。去年，大约有200万条蛇成为猎人们的猎物。

所以要保护蛇，是由于蛇会消灭有害的啮齿类动物，包括老鼠。据一些专家估计，仅去年一年，印度的国家储备粮就有10%被老鼠吃掉。

在上述新闻报道中，看了新闻结尾，受众会恍然大悟，"蛇"原来对人类也有好处啊。

(3) 卒章见义法。

这种结尾方式主要以画龙点睛之笔，总括全文，突出主旨。

俄罗斯上调关税搅动新疆外贸①

4月22日，首府边疆宾馆似乎与往日一样一切正常，然而，作为其交易商之一的新疆阿勒泰野马实业有限公司却因为最先得到俄罗斯决定上调对中国商品关税的消息而观望起来，不再进行交易。

据了解，俄罗斯国家海关委员会日前决定，将中国出口俄罗斯商品的最少课税价值，从每公斤0.20美元大幅提高到每公斤3.50美元，这将使在俄罗斯销售的中国商品价格平均增加50%。

…………

(最后一段)区边贸局有关负责人则针对此次事件提出新疆出口俄罗斯贸易商的应对之策，他认为：一方面，通过官方渠道进行中俄两国相关事宜的协商；另一方面新疆外贸商，应加强自身法制意识，此段时间要多利用哈萨克斯坦口岸做转口贸易，尽量减少损失。

在上述新闻报道中，记者最后以权威人士的分析作为文章的结尾，紧扣俄罗斯上调关税搅动新疆外贸的主题。

(4) 别开生面法。

这种结尾方式不拘一格，往往别出心裁。如在《厂长负责制使优秀厂长脱颖而出》这篇新闻报道中，前面主要讲高级工程师徐孝纯如何受命于危难，如何治厂有方，企业在他的领导下发生了很大变化。在结尾记者却笔锋一转，"可是这位厂长家中却没有多大变化，书籍仍然是他的主要财产……"。

此种结尾，记者用企业的"巨大变化"与最后结尾处"可是这位厂长家中却没有多大变化，书籍仍然是他的主要财产"形成了鲜明的对比，留给我们有关高级工程师徐孝纯另一个想象空间。

---

① 唐成荫：《俄罗斯上调关税搅动新疆外贸》，2004年4月28日《都市消费晨报》。

新闻结尾需要注意的事项包括：

(1) 结尾是新闻的组成部分，要紧扣主题；

(2) 新闻结尾要以叙事为主，切忌空泛；

(3) 新闻结尾宜顺势而行，不要搜肠刮肚；

(4) 新闻结尾应力求简洁，不重复；

(5) 新闻结尾要令人回味。

四、注意事项

(1) 要避免只注重新闻导语的写作，却忽视了新闻躯干的补充和新闻背景的合理运用，结果导致新闻写作的不完整性。

(2) 要避免把新闻背景和新闻主体混淆，致使新闻报道本末倒置。

(3) 在使用新闻结尾时，由于70%的新闻稿件是以"倒金字塔"结构的形式完成的，因此，不要为了拔高立意而刻意追求新闻结尾，这样反而会画蛇添足。

五、实训操作

1. 案例式新闻躯干、新闻背景写作训练

如某日记者在乌鲁木齐西北路十字路口看到原华美都蛋糕店正在装修，同时发现门口矗立着一幅巨大的广告牌上赫然凸显的几个字"德克士、华美都打造德克士新疆首府旗舰店"，记者立刻意识到这是乌鲁木齐"洋""土"快餐市场、西点市场的一次整合，于是记者采访了"德克士"、"百富汉堡"两家连锁"洋""土"快餐的总部以及华美都、麦趣尔两家西点生产销售企业的总部，了解其整合原因、背景，然后写出下面的稿件。

首府洋快餐"战火"烧到了西北路(标题)①

本报讯(记者　唐成荫)　日前，在原华美都店外一幅"德克士、华美都打造新疆旗舰店"的巨幅招牌赫然昭示；紧挨其旁的百富烤霸、麦趣尔也正在加紧店面装修。一场新的"洋""土"快餐较量在这片喧闹声中悄悄展开。　(新闻导语)

争夺"宝地"　(标题)

据了解，华美都以加盟的形式与德克士合作，新店名为"德克士华美都店"，面积约700平方米(包括原华美都一、二层)。　(新闻躯干)

德克士来自台湾顶新集团，此次一举吞吃了乌鲁木齐市劳动局所属的西北商场共5层楼，并把公司总部搬至该楼第5层。这为华美都介入洋快餐业提供提供了时机。　(新闻背景、新闻躯干)

据悉，华美都曾在去年尝试过洋快餐的经营，但随着肯德基入疆及百富汉堡的声势日盛，华美都仍旧操持着自己的主业——西点，然而进军洋快餐的念头不曾泯灭。(新闻背景)

① 唐成荫：《首府洋快餐"战火"烧到了西北路》，2010年7月6日《都市消费晨报》。

此次德克士进驻西北路正中华美都下怀。华美都的宋经理称，二者的强强联手不仅可以丰富双方的经营品种，达到资源共享；同时也可以相互借势，提升品牌。　（新闻躯干）

而德克士有关负责人认为，德克士可借此使其连锁店在首府迅速铺开，以占领更大的市场份额，对付迅速扩张的肯德基和百富汉堡。　（新闻躯干）

在华美都店旁边，与其曾做了两年邻居的鸿德快餐与乌市商业银行西北路支行的店面也先后易主，而对两家店面进行整体拆除、重新装修的业主正是本地洋快餐巨头百富汉堡。百富餐饮有限公司企划部经理张斌介绍，早在去年就瞄上了西北路口，当得知德克士与华美都联手的消息后，百富更坚定了占据此地的决心，声称400余平方米的百富烤霸第二店将投入几百万元。　（新闻躯干）

与此同时，原友好平价超市的四层大楼现在也开始进行内外新装修，麦趣尔有限公司总经理李勇称，将把麦趣尔西点总部由昌吉搬至西北路，可以面对更大的市场空间，营造更高的平台。　（新闻躯干）

重新洗牌

此前，肯德基与百富烤霸分别以首日营业额“创造”出惊人业绩引起业界关注。据称，世界洋快餐另一巨子麦当劳已几次“探路”首府。　（新闻背景）

西北路作为首府公交车来往最多的地带之一，众多的流动人口成为洋快餐、西点业的商家必争之地。　（新闻背景）

对于德克士与华美都的合作，百富烤霸似乎并不太在意。张斌说，百富烤霸具有中西结合的特色，顺应了洋快餐由油炸食品向蒸烤食品过渡的新潮流，他相信百富烤霸西北路店也会创出惊人之举。　（新闻躯干）

麦趣尔的西北路西点总部则更为平静。该公司总经理李勇称，他们经营的产品与德克士、百富烤霸基本上不产生冲突，因此他们更没必要担心。　（新闻躯干）

华美都经营的面点产品在价位上仍然比麦趣尔便宜20%左右，华美都的宋经理称，与德克士的合作将来不会仅停留在加盟的层次，参股德克士目前已在双方的洽谈之中，他认为，洋快餐与西点的联手也会成为今后在首府发展的一种趋势。　（新闻躯干）

业内人士分析，首府洋快餐、西点业的割据称雄局面仍将处于洗牌阶段，其他首府的各人流汇集地将成为洋快餐下一步争夺的焦点。　（新闻结尾）

请分析以上这篇新闻报道躯干、新闻背景所补充说明的内容。

使用扩展小组法进行实训：

第一步：独立思考（8分钟）。

每位同学独立思考上述问题，并记录下自己的答案，注明该篇新闻报道的新闻躯干、新闻背景和新闻结尾之处。

第二步：两人合作（10分钟）。

两位同学组成一个小组，比较你和搭档的答案，将你们共同认可的该篇新闻报道的新闻躯干、新闻背景和新闻结尾之处并注明。

第三步：4 人一组（10 分钟）。

小组成员比较答案，选出你们共同认可的该篇新闻报道的新闻躯干、新闻背景和新闻结尾之处并注明。

第四步：小组合作（20 分钟）。

（1）一个 4 人小组与另一个 4 人小组组成大组，在大组中比较答案，并选出大家共同认可的该篇新闻报道的新闻躯干、新闻背景和新闻结尾之处并注明，并分析补充说明的内容。

（2）在展板上展示每个大组的讨论结果。

第五步：教师点评（20 分钟）。

教师针对每个展板的讨论结果，告知学生最佳的答案及理由，以便学生加深印象。

评析：在该篇新闻报道中，新闻躯干补充了事件发生的地点、原因；新闻背景则更多地解释、说明了“洋快餐”与“土快餐”在乌鲁木齐快餐市场中的地位与来龙去脉。由于文中的市场竞争并没有最后的结果，所以，结尾只是引用卒章见义法——“业内人士的分析”对该文作了一个简短的收束。

2. 开放式实地新闻躯干、新闻背景写作训练

运用参与式教学法进行实训：

第一步：组成基础小组（8 分钟）。

每 6 人一组，选定负责人，研讨实地新闻采访选题，撰写新闻躯干、新闻背景，职责分工明确。

第二步：每个基础小组经过研讨，分别到生活中选定新闻事件进行采访（150 分钟）。

第三步：采访结束后，分组讨论，教师要求每个基础小组陈述采访的新闻事件、这个事件中的新闻六要素，选出最重要的要素，写作新闻标题和新闻导语（15 分钟）。

第四步：每个基础小组选出最重要的要素，写作新闻标题和新闻导语（15 分钟）。

第五步：构思新闻背景、新闻躯干的补充说明位置及内容，小组成员相互补充研讨，教师指导取舍，最后形成该小组新闻躯干、新闻背景的定稿，形成新闻消息（60 分钟）。

第六步：每个基础小组的消息展板长期挂在教室内供全班观展。

3．案例补充新闻躯干、新闻背景写作训练

以下是《都市消费晨报》的一篇新闻消息。

白雪皑皑是新疆冬季特有的景色，冬季也是一些季节性产品的畅销时期。可是今年冬季到了十一月中旬还未下一场雪，这给市场带来了方方面面的影响。一个报社的记者运用逆向思维方式写出了如下选题的稿件。请同学们根据他报道中的新闻标题与新闻导语所确立的新闻主题，思考应该在新闻背景、新闻躯干上面补充说明什么内容？

暖冬让冬季市场未见暖意

晨报讯（记者　陈才） 11 月 15 日，本来应该在一个月以前便火爆的冬季商机，由于暖冬之故，至今也没有火爆起来。

运用探究式方法进行实训：

第一步：组成基础小组（6 分钟）。
每 6 人为一组，选定负责人，教师在机房将该新闻消息分段发放到每位学生的电脑页面上。

第二步：每位同学先独立完成从新闻导语至新闻结尾的新闻躯干、新闻背景、新闻结尾等补充说明内容（20 分钟）。

第三步：分组讨论，教师要求每个基础小组在讨论后陈述该新闻事件的新闻躯干、新闻背景需要补充的内容（20 分钟）。

第四步：小组与小组组成大组成员，相互补充研讨，教师指导取舍，最后形成该大组新闻躯干、新闻背景的补充定稿，形成新闻消息（30 分钟）。

第五步：每个大组将这条新闻消息挂在展板上，选派一人进行讲解；展板长期挂在教室内供全班观展，教师将发表于报纸的该新闻稿一并展出，以作对比讲解。

下面是补充、完整后的该报道稿件(教师做评析)。

暖冬让冬季市场未见暖意

晨报讯(记者　陈才)　11 月 15 日，本来应该在一个月以前便火爆的冬季商机，由于暖冬之故，至今也没有火爆起来。

(对比式导语的后面应怎样补充新闻躯干和新闻背景部分?)点评：由于标题是“暖冬让冬季市场未见暖意”，所以，在新闻导语之后应首先补充由于暖冬给冬季市场带来的冬季产品滞销局面。

记者了解到，由于首府今年冬季初期已经在暖冬中度过了一个月，所以，中山路、友好路的一些服装大卖场上的冬衣并不十分走俏。最难卖的是羽绒服，一些商家抱怨，一个月前他们就上货了，但是现在，除了个别特价的羽绒服卖掉 1—2 件外，其余的新款羽绒服几乎无人问津。往年的这个时候，则是羽绒服销售市场人头攒动的时候。

一位前来购买羽绒服的王女士告知记者，这里的羽绒服简直太便宜了，有的甚至几十块钱，往年的这个时候要买一件品牌羽绒服至少比现在的价格高出 3—4 倍。

(接下来补充什么?)

分析：继续补充其他因暖冬给市场带来的萧条，以此来说明冬季商品市场的冷清。因为仅一个羽绒服市场的冷清并不能完全说明由于暖冬给冬季市场带来的冬季商品销售的冷清局面。

与羽绒服同病相怜的还有保暖品、暖风机等商品的滞销。而眼巴巴等着下雪的还有首府的滑雪场，据雪莲山滑雪场有关负责人介绍，因为今年暖冬时间较长，他们的滑雪收入至少比去年少赚一成；如果到本月 20 日还不下雪的话，他们这些滑雪场的损失就太大了，最主要的是温度太高，达不到滑雪的要求；如果室外温度低了可以使用人工降雪，这样也可以带来一部分商机，减少点损失。

(接下来补充什么?)

分析：下一段要对新闻背景进行补充：暖冬形成的原因；以前有过的暖冬背景。

至于暖冬形成的原因，记者从自治区气象局了解到，由于暖湿气流近一个月来在新疆上空活动频繁，所以今年新疆入冬的气候温度较往年同期高出10—12度，而且干旱少雨雪。现在已进入十一月中旬，往年十月下旬新疆已进入冬季的多雪天气。

根据以往暖冬的经验观测，有关气象负责人预计，进入12月后，新疆的温度会迅速下降10—12度，下雪天气也会变得密集起来。

（最后对新闻躯干进行补充：面对暖冬市场，商家如何应对？）

雪莲山滑雪场表示，尽管现在无雪可滑，但他们还是比去年多购置了100套雪具，现在滑雪场的职工每天都在平整滑雪场地面，一旦温度达到灌水温度，他们会立即实施人工灌注滑雪场。

仁和春天有关负责人也表示，相信过几天温度降下来后，羽绒服的销量会猛增，所以现在他们会做好一切备货准备。

（自然结尾，不需画蛇添足）

4. 校内实训基地实训

学生利用校报和院报进行新闻躯干、新闻背景和新闻结尾综合写作练习，教师公开评报。

5. 校外实训基地顶岗实习

学生利用校外新闻媒体进行新闻躯干、新闻背景和新闻结尾综合写作实习。

六、总结点评

（1）新闻躯干、新闻背景的写作源自于对新闻导语的补充和分析。

（2）新闻躯干、新闻背景写作的"悟性"源自于反复思考和遣词造句的反复练习。

（3）新闻躯干、新闻背景的写作要经受耐挫力的考验。

（4）新闻躯干、新闻背景的写作成功与否，直接关系新闻作品的完整与否。

（5）由于70%以上的新闻作品是用"倒金字塔"结构写成，不需要新闻结尾，因此新闻结尾不作为高职学生的重点训练内容。

七、拓展提高

（1）新闻躯干、新闻背景的内容太多，不知道应该先写哪一段，后写哪一段？

（2）新闻背景都是过去的事实材料，可以运用到新闻导语里吗？

（3）我刚到某报社实习，这次的一个选题我感觉自己写得很好，可是刚写了3000字却被主编打回来了，我是应该继续写，还是要放弃？

（4）新闻报道如果没有新闻结尾可以吗？

（5）由于全球性资产价格上涨，通胀形势严峻，导致某地蔬菜价格同比上涨了40%，请你以此为主题写作一条新闻消息，注意新闻躯干、新闻背景的补充与展开。

任务五　构建新闻结构

讲究结构是写作文章的基本特征，新闻作品也不例外。对于新闻消息这种篇幅短小、信息承载量却非常大的文章，只有结构合理，受众才能在最短的时间读完、读懂大量传送的信息，新闻消息的主题才得以充分的体现。新闻报道具有一种线性结构，“你想说什么”、“把它说出来”这两个看似简单的问题却道出了新闻结构的内质，但这同时对于大多数初学新闻写作的人来讲也是一道较难逾越的写作屏障。

新闻消息的开头包括对最重要材料的概括和提炼。它要告诉受众新闻报道里将会有些什么内容。报道的余下部分——新闻躯干则对开头起着详述、支撑、举例和解释的作用。它还包括新闻背景和次要材料。结尾可以自然结尾，也可以总结全文。新闻结构就是把这些材料用一种合适的结构“组装”起来，使其更适合受众的阅读心理，从而体现新闻价值。

教学目标

通过本任务的学习，学生能够运用适合的新闻结构来写作新闻稿件。

案例导读

盖茨及同窗报恩母校

美联社剑桥10月30日电　微软公司的比尔·盖茨和他在哈佛大学时期的一个朋友合起来将向这所学校捐款2500万美元，用来建造一座计算机科学大楼。

该校将在这座大楼里实施它的计算机科学和电机工程计划。这所学校一直在努力扩大和加强它的计算机科学和电机工程计划。

盖茨和史蒂夫·巴尔默联合捐资的消息是昨天晚上宣布的。这笔捐款的数额在哈佛大学有史以来收到的捐款中占第五位。

盖茨是美国首富，据估计，他现在大约拥有148亿美元的财富。巴尔默是盖茨1980年带进微软公司的，他现在负责销售。据报道，他现在拥有37亿美元的财富。

巴尔默和盖茨1973年在哈佛大学时曾同住过一个宿舍。这两个人决定以他们的母亲玛丽·巴克斯韦尔·盖茨和比阿特丽斯·德沃金·巴尔默的名字为这座新的计算机大楼命名。它叫做巴克斯韦尔-德沃金大楼。

以上这篇新闻报道的结构是怎样的呢？由于比尔·盖茨是世界首富，所以他的一举一动都会引人注目，此次又是比尔·盖茨报恩母校做善事，数目巨大，因此此事具有较大的新闻价值。但是对于这篇新闻稿件的材料应如何安排呢？

首先，人物、事件和捐款数额自然是新闻报道最重要的三个要素。因为这符合了“不平常之人发生不平常之事”的首选新闻原则。

其次，比尔·盖茨捐款回馈母校到底要做什么。这个原因要素能彰显这位世界首富捐赠的价值。

再次，捐款数额占比问题。

最后，盖茨和巴尔默个人的财富数额以及为何两人要携手捐款都是受众关注的背景资料，这些资料的位置要放在最后，因为其与主体新闻事件关联度较低。

上述新闻消息可用图 1-1 标示出新闻消息“倒金字塔”结构的模型。

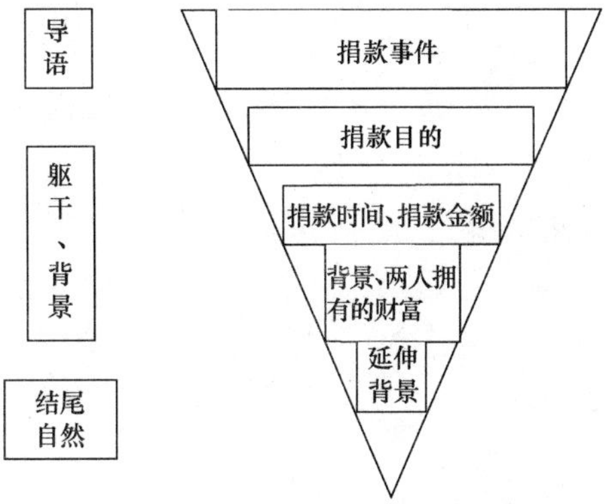

图 1-1　新闻消息“倒金字塔”结构的模型

工作任务

1. 认知新闻作品中的“倒金字塔”结构、时间顺序式结构、悬念式结构和并列式结构。
2. 为新闻消息创建“倒金字塔”结构。

理论基础

一、术语解释

1. “倒金字塔”结构

“倒金字塔”结构起源于 19 世纪 60 年代。美国南北战争期间，当时人们渴望迅速获得战争的消息，记者在发电报时，由于经常中断，因此常把最重要的新闻消息放在最前面，次要的新闻消息放在稍后的位置，这就是“倒金字塔”结构的由来。

2. 时间顺序式结构

时间顺序式结构又叫编年体式结构。它没有新闻导语，只是自然而然地按照事件发生的时间顺序来写作。事件的开端就是新闻消息的开头，事件结束了新闻消息也就收尾了。这种写法适合于那种故事性强、以情节取胜的新闻，尤其适合现场目击者的描述。

3. 悬念式结构

悬念式结构实际上是把“倒金字塔”结构和时间顺序式结构相互结合，彼此取长补短而产生的一种新的结构形式。首先吊住受众的胃口，然后在以后的段落中就基本上按照事件发生、发展的顺序来写作。

4. 并列式结构

并列式结构常常有一个概括式新闻导语，随后的几个自然段所涉及的内容基本上是并列关系。

二、工作要点提示

（1）认知四类新闻结构的特点，重点认知“倒金字塔”结构的特点。

（2）按重要性原则对采访材料进行分类。

（3）构建“倒金字塔”新闻结构。

（4）进行修改、完善。

三、方法技巧

1. 认知“倒金字塔”结构特征的技能

通过已经公开发表、播出的新闻作品，分析研究“倒金字塔”结构的类型和特征，并模仿其新闻结构尝试进行写作。“倒金字塔”结构具有以下特征。

（1）“倒金字塔”结构完全打破了记叙事件的常规，不是根据时间、地点，而是根据事实的重要程度来叙述。

（2）它要求把最重要、最新鲜或最精彩的新闻事实放在新闻消息的开端，即新闻导语里面。其他事实也是按先重后轻、先主后次的顺序来安排的。

（3）“倒金字塔”结构的新闻导语一般采用部分要素导语。

（4）“倒金字塔”结构对于事件过程的叙述往往比较简单，每段文字都比较简练。

（5）各段之间往往有逻辑上的联系。第二段往往是第一段的具体化或补充，第三段又是第二段的进一步补充。

首届中国中青年新闻工作者的最高奖“范长江新闻奖”开始评奖，事件本身具有重要的新闻价值，那么对于该新闻事件，记者所用的“倒金字塔”结构是如何构建的，我们来看看记者组织的报道。

中新社北京9月5日电　中国中青年新闻工作者的最高奖“范长江新闻奖”从今年开始进行评奖，以后每两年评选一次。（新闻导语）

记者从中国记协和范长江新闻奖基金会今天举行的新闻发布会上了解到，凡在评选年度不超过55岁的中青年专业新闻工作者均可参加评选。评选范围包括正式批准登记的报纸、电视台、电台、通讯社等单位的新闻编辑、记者、播音员以及从事新闻理论研究、新闻教育的专业人员。（解释和详述新闻导语的材料）

首届“范长江新闻奖”最多评选采编人员10名，是否设提名奖待定。

（次要的解释和详述新闻导语的材料）

评选结果将在明年第一季度公布。（更次要的解释和详述新闻导语的材料）

据悉，海外新闻工作者参加评选的办法另行拟定。（必要的新闻背景）

范长江新闻奖基金会主席、新华社社长穆青任评选委员会主任。评选委员会由新闻界专家和知名人士组成。（解释性材料中的延伸材料）

编辑可以根据版面大小或者电视播放时间的长短从后往前删去文字。

2. 构建“倒金字塔”结构的技能

“倒金字塔”结构是70%以上的新闻稿件需要使用的新闻结构，也是高职新闻专业教育技能的重点、难点之一。这种结构的特点是要学生学会将采访材料按新闻价值的重要性进行排序，把最重要的新闻材料放在最前面，次要的新闻材料紧随其后，最不重要的新闻材料放在最后。这种技能的掌握是要学生通过在新闻写作中学会思考分析判断—初次练习—思考修改—再练习的方法获得。

组织“倒金字塔”结构新闻报道的八个步骤如下：

(1) 从新闻采访笔录中找出报道的焦点或中心内容；

(2) 简要概括这一中心内容；

(3) 根据这个简要概括，从新闻采访笔录中找出与中心内容相关的材料并将其与其他的材料区分开来；

(4) 根据重要性程度的差别组织其他的材料；

(5) 开始写作，注意在报道的各部分之间的自然过渡；

(6) 审读成稿，注意报道的准确、简洁和明确；

(7) 审读成稿，检查报道的语法、风格和用词；

(8) 必要时重写报道，这种情况时常发生。

用这种方法写成的短报道在新闻导语或两个段落之后可以删节，长报道则可以在几个段落之后删节。

例文选评1-1

深汕高速昨日发生袭警案　凶犯持枪杀害两名交警①

羊城晚报今天消息　记者尹安学、王漫琪，通讯员吉功报道：昨天深夜11时50分，揭阳

① http://www.ycwb.com/ePaper/ycwb/html/2010-07/06/cor。

市两位交警在高速公路查车时，被歹徒枪击中弹，经抢救无效殉职，歹徒驾车逃跑。

今天上午，记者从广东省公安厅获悉，警方正在全力追捕歹徒。

殉职的是：揭阳市公安局交警支队惠来高速公路大队中队长周喜来、民警黄伟江。昨晚，按照“创平安、迎亚运”和省公安厅交管局预防特大道路交通事故的部署，两交警在深汕高速公路惠来段巡逻执勤，最后来到深汕高速惠来服务区。

经现场勘查、调查目击者得知，当晚 11 时 50 分，周喜来、黄伟江在服务区查缉一辆无牌小轿车，准备将嫌疑人带离，嫌疑人趁民警不备，拿起枪就朝民警射击，导致两民警殉职。

据透露，当时两位民警身中多枪，周喜来中队长头部中枪。

从歹徒在现场留下的弹壳看，怀疑歹徒使用的是假五四式手枪。

据介绍，可疑车辆是黑色本田皇冠车。歹徒行凶后，立即驾车逃离现场。事发 9 分钟，惠来县 110 接到报警。有人称，行凶后，疑犯驾车逃往深圳方向。

今天上午 10 时 20 分，记者致电揭阳市交警支队副支队长陈少勇，电话一接通，话筒里传来妇女的哭声。陈少勇心情沉痛，他说，他正在做牺牲民警家属的工作。

案件发生后，省委常委、政法委书记、公安厅长梁伟发迅速批示，并派出省公安厅领导带队到揭阳指导破案。揭阳公安机关已按省公安厅指示，成立专案组开展侦查破案工作，并做好善后处置。

今天上午，记者从揭阳市公安局了解到，案件正在进一步侦查，犯罪嫌疑人正在追缉中。

根据材料的重要性将上述材料由上至下进行排序(如图 1-2 所示)。

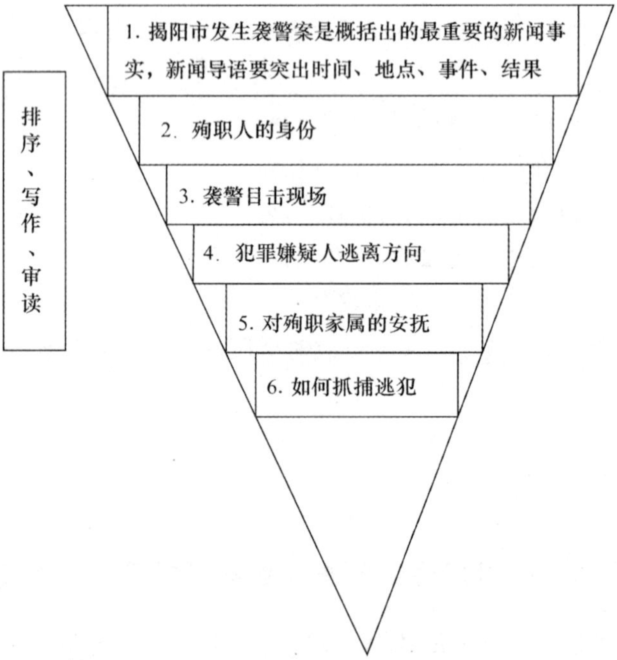

图 1-2　材料的重要性的排序

3. 选用最适合的新闻结构技能

新闻结构形式有多种，一般来说，新闻报道由于其样式的突发性特征，因此在构建新闻结构时多使用“倒金字塔”结构，便于受众在最短时间内阅读到最具冲击力的信息；而在一些新闻特稿等类型的深度报道中，由于这类新闻着重突出新闻的故事性，引人入胜，因此选择时间顺序式和悬念式等类型的结构比较多。不论使用哪种结构，在使用时，我们要注意以下四点。

(1) 要根据新闻本身所具有的特点来选择，确定新闻结构形式。

以下为某记者撰写的一篇关于为新市政厅寻址的报道。她以一个总体观察开头，然后转入重要的行动。

玻璃和钢铁构成的现代建筑是商业区的标志。

但是本市政务却在一栋破旧的砖砌建筑里进行，许多居民把它比作仓库。

昨天晚上，市政官员出去选购一个新的市政厅。他们看了一栋现代化的10层公楼……

前两段好像与主题无关，第三段才是这篇新闻报道的主题所在，但记者在这里选用了延迟式导语和并列式结构以吸引受众的注意。前两段以一种有趣的方式引领受众切入主题。

假如一位记者正在报道市政厅一场导致两人死亡的火灾，那么，这篇新闻报道就必须以死亡的消息开始，选用“倒金字塔”结构。这样的新闻消息是不能延迟的，报道的结构依事件的性质而定。

(2) 要统筹兼顾，上下贯通。布局谋篇要兼顾全盘。行文中不要上一段还没有说清楚，下一段又开始了。

例文选评1-2

俄罗斯地铁爆炸案目击者：多数乘客爆炸前已离开车厢①

据俄罗斯新闻网报道，“文化公园”站代理站长伊琳娜·萨佐诺娃称，爆炸案当天，“文化公园”地铁站车厢内的多数乘客在爆炸前已经离开车厢。

29日早晨，在莫斯科“卢比扬卡”和“文化公园”地铁站发生两次猛烈爆炸。俄安全局资料显示，事件系女性自杀式炸弹袭击者所为。据最新统计，事件共导致39人死亡，87人受伤。护法部门已按照“恐怖主义”条款进行刑事立案。

“文化公园”站的列车司机杰尼斯·别利亚夫斯基讲述了恐怖事件发生时的情形。他说：“当我开到文化公园站时，值班人员走过来让我把乘客都放出去。我把门打开，通过喇叭喊列车不再前行。乘客们开始往出走，这时我看了一下镜子，发出一声剧烈的响声，出现了一片火光。”

① http://news.qq.com/a/20100330/002807.htm。

同样作为目击者之一的"文化公园"站代理站长伊琳娜·萨佐诺娃称，多数乘客已经在爆炸前离开车厢。她说："我走到第二节车厢跟前催促乘客下车，这时第三节车厢发出一声巨响，旁边有很多人，爆炸后形成一团烟雾。"她表示，乘客们没有惊慌失措，他们都安安静静地开始往外走。

萨佐诺娃说："当站台上只剩下地铁工作人员和警察后，我们便开始向受伤者提供医疗帮助。剩下的乘客基本上是腿脚受伤的，我们用上所有的药品，拿出带子为他们缠住伤口。"

记者在报道俄罗斯地铁爆炸案这一新闻事件时，由于是"卢比扬卡"和"文化公园"两处地铁站发生了爆炸，所以他选取了"文化公园"站代理站长伊琳娜·萨佐诺娃和该站的列车司机杰尼斯·别利亚夫斯基两个目击证人，以求客观；虽然写的是两个目击证人各自陈述的新闻事实，但是都是紧紧围绕俄罗斯地铁爆炸案进行的，角度不同，但主题一致；而且前段与后段联系贯通，受众阅读起来非常轻松。

(3) 要照顾受众的阅读心理，句式最好短一些。

例文选评1-3

10岁孩子捡2月垃圾　攒8元给劳苦妈妈买礼物①

10岁的陈普花两个月时间，捡垃圾攒了8元钱。26日，他将钱交给来自江城的义工胡承亮，请他帮忙给妈妈买把二手电吹风。（新闻导语，突出主题）

陈普家住彭水县连湖镇回龙村9组，樱桃小学四年级学生。父亲外出打工后，与家人失去联系，留下妈妈和陈普兄妹3人。（以时间顺序式结构切入，介绍新闻事件的来龙去脉）

陈普妈妈40岁出头，头发浓密。陈普说，妈妈常闹头疼，疼起来不能干活，饭也吃不下。因为没钱，妈妈从没去检查过。陈普说，妈妈是家里唯一的顶梁柱，不能倒下，作为老大的他，得想办法帮妈妈治好头痛。（为何买二手电吹风）

陈普从电视广告上看到，长发洗后，用电吹风一吹，就变得干爽飘逸了，因此，他打算攒钱为妈妈买把电吹风。每天放学或周末放假，陈普就四处转，看见废塑料、废纸块、饮料瓶等就捡回家。妈妈给的零花钱陈普也舍不得用，悄悄存起来。两个月来，陈普积攒了8元钱，可他家离县城有50多公里，最近的乡场也要步行两个多小时，怎样才能为妈妈买回这把吹风呢？（怎样买二手电吹风）

26日，江北区绿叶义工胡承亮去连湖镇樱桃小学走访，顺便去陈普家家访。"叔叔帮帮我。"临别，陈普拉住胡承亮递上8元钱，委托他为妈妈买把二手电吹风。陈普的举动让妈妈惊喜不已，她一把将儿子搂在怀里，喜极而泣。（怎样买二手电吹风）

① 彭瑜，小米：《10岁孩子捡2月垃圾　攒8元给劳苦妈妈买礼物》，2010年5月28日《重庆晚报》。

在例文选评1-3中的这篇新闻报道，由于是人物特稿，因此小人物“陈普”故事的时间顺序就成为报道的主要结构。报道先写陈普要花8元钱给妈妈买电吹风，然后写陈普为什么要买电吹风、怎样买电吹风？句式较短，便于阅读。

（4）要赋形定势，匠心独运。新闻报道应该“定体则无，大体需有”。

即便是同一“倒金字塔”结构的新闻报道，每位记者也各有自己驰骋的天空。尽管新闻报道可能报道的是同一新闻事件，但是每位记者也能彰显自己的写作风格、采访角度和个性特征。写别人写过的东西，用别人用过的句子，是新闻写作的大忌。记者在构架新闻结构时应是“定体则无，大体需有”。

4. 构建时间顺序式结构和悬念式结构的技能

对于时间顺序式结构而言，它符合一般受众按照事件的发生顺序的写作思维和写作心理，让受众了解事件的前因后果；悬念式结构则符合一般受众的阅读心理。由于这两种结构方式在学生以往的写作实践中并不陌生，因此，本项目中不作为重点工作任务进行分析，可参照例文选评1-4进行分析。

例文选评1-4

物业公司状告业主委员会副主任[①]

从来未想过自己这一辈子还会与法庭有缘的自治区劳动社会保障厅干部孙宝祥，在九月底居然因一起物业纠纷坐到被告席上。

（把物业公司状告业主委员会副主任这个最重要的事件要素放进新闻导语）

孙宝祥的身份颇为特殊，他既是区劳动厅的一位很受尊敬的县处级干部，又是位于首府南昌路华美丽景苑小区（以下称丽景苑）的业主委员会副主任。许多丽景苑的业主这样认为，孙是丽景苑业主委员会中真正敢于直面丽景苑小区物业公司——华源物业管理有限责任公司（以下简称华源物业）的强硬派。（介绍冲突双方的身份背景）

纠纷的起因是这样，2002年12月12日，孙宝祥在丽景苑购买了位于6号楼3单元802室的小高层商品房。当时双方签订购房合同时其物业费收费标准为0.38元/平方米；免10年电梯维修费。2002—2003年9月一直是按照这个标准交的，双方和睦有加。然而，这种和睦持续不到一年的时间，当孙宝祥2003年12月再次按0.38元/平方米去交物业费时，却被该小区华源物业工作人员告知2003年9月以后的物业费要按1.15元/平方米收取，并称这是乌市发改委规定的丽景苑作为二档服务的新物业收费标准。（回叙冲突的起因）

孙想不通，他认为市发改委会同有关部门制定的这个物业收费标准自己并不知情，而且他认为丽景苑小区的物业服务达不到二档服务标准，此时，整个小区业主因物业费问题议论

① 唐成荫：《物业公司状告业主委员会副主任》，2005年10月19日《都市消费晨报》。

纷纷,因此在该小区两栋小高层绝大多数业主均未交纳新标准的物业费的情况下,孙也决定暂时不交物业费,等协商好了之后再交。（回叙冲突的原委）

尽管如此,孙与华源物业也未发生什么冲突。（回叙冲突的原委）

然而,事件的直接冲突真正发生在2005年4月丽景苑业主委员会成立之后,孙宝祥那时被丽景苑业主选为业主委员会副主任。（回叙冲突的原委）

据了解,由于前期丽景苑小区在成立业主委员会一事上与华源物业发生了强烈的冲突,故在2005年4月,在“八一”街道办事处居委会的支持下,丽景苑业主委员会名单按选举程序正式向小区业主公布,并同时报请市房产局备案,同时这个业主委员会也得到了华源物业的认可。（回叙冲突的原委）

但是业主委员会正式成立后远不像他们自己想象的那样工作顺利,在解决物业费收取标准这个焦着点问题时,业主委员会一致认为,当时市发改委制定丽景苑二档物业服务标准,许多业主并不知情,因此要求华源物业把市发改委制定物业服务标准的程序以及丽景苑物业费收支情况向全体业主公示,后者要求也是作为二档物业服务所应当向业主提供的。孙宝祥正是业主委员会向华源物业要求送达这两项公示的积极倡导者。

（回叙冲突的原委）

然而华源物业一直没有向该小区业主进行这两项公示,华源物业经理夏岚亭认为,市发改委制定物业收费标准的程序应由市发改委提供,至于丽景苑物业费收支情况夏认为必要时可以向全体业主公布。（回叙冲突的原委）

与此同时,华源物业多次派人与业主委员会协商物业费收费标准问题,一少部分业主委员会委员认为可以协商,而以孙为首的大部分委员则主张,小区业主连小区基本的物业收支情况都不知道,更何谈物业费收费标准？由此孙与华源物业的关系急剧恶化。

一个多月之后,孙宝祥接到了沙区法院的传票。（冲突的结果）

…………

这种时间顺序式结构按照物业公司状告业主委员会副主任这个矛盾的起因、发展和结果来展现新闻,符合受众的阅读心理。突发性新闻事件不适合用此种新闻结构。

悬念式结构的故事性更强,它是要在新闻导语部分就吊住受众的胃口,谜底揭开之时,新闻的全貌也展现完毕。

本报讯　巴西一名婴儿被大蟒蛇吞进肚子里一小时,被救出后竟仍能存活。

（地点、事件、结果——部分重要新闻要素导语）

昨天下午,六个月大的小斯沙正睡在屋前的摇篮里,而他的父亲菲里斯正在附近的田里工作,完全不知道一条蟒蛇正爬向摇篮。菲里斯事后回忆说:“我们忽听到婴儿凄楚地大叫,赶回家中时,看见的景象使我的心也凉了:一条巨大的、黑绿两色的大蟒蛇已爬进摇篮,那条蛇一瞬间便爬到地上,并钻到地下去了。”（回叙事件的经过）

菲里斯呆在那里,一筹莫展,只好咒骂那条蛇。他的妻子比他冷静,跑到邻居家中求助,警方及消防队员知情后不久赶到,消防队员用猛力的水枪射向大蟒蛇藏身之处,将近一小时,终于把它赶到空地上。它大概有2.7米长,腹部隆起。菲里斯立即用斧头把它的头砍下来,紧接着用力把蛇腹剖开。他已经做好心理准备,然而小斯沙奇迹般地未被咬伤。菲里斯

打了他一下,他居然哭了起来,医生检查后证实小斯沙健康无恙。[①]　(回叙事件经过、结果)

记者在写作新闻导语时就以非常吸引人的语言开篇,然后通过小斯沙被巨蟒吞入蛇腹、众人营救、小斯沙奇迹般复活的惊险经历,把受众的胃口吊足。当小斯沙最后奇迹般复活之时,新闻的全貌也就展现完毕了。

四、注意事项

(1) 构建"倒金字塔"新闻结构是一项复杂的新闻写作工程,即便是经验丰富的新闻记者也难免有写作新闻结构重新调整的时候。因此初学者只有多学多练,才能积累写作的经验。

(2) 新闻结构写作的成功关键在于勤于思考、具备坚强的毅力,要避免受挫折之后自信心流失。

(3) 要避免构建新闻结构时的多主题化现象,否则将会打乱结构的统一风格,导致新闻写作呈现出记流水账状态。

五、实训操作

1. 在新闻市场上收集"倒金字塔"、时间顺序式、悬念式和并列式的新闻类型的新闻结构

(1) 要求学生收集"倒金字塔"、时间顺序式、悬念式和并列式等类型的新闻结构(不少于5种)剪贴到《实训报告册》上,其中"倒金字塔"的新闻结构至少收集2条,时间顺序式、悬念式和并列式的新闻结构各收集1条。

(2) 把收集好的新闻结构分类剪贴在《实训报告册》上,对于每一条新闻结构注明收集者对其的分类及写作特点评析。

(3) 实训指导教师对学生收集的新闻结构认真批改、公开评析。

(4) 学生通过指导用正确的方法再次对收集的新闻结构进行分类、评析。

2. 构思"倒金字塔"结构

对新闻报道必备要素的筛选是记者运用"倒金字塔"结构写作新闻报道的一种重要技能。

(1) 对"倒金字塔"结构新闻报道必备新闻要素的筛选训练操作步骤。

使用扩展小组法针对一起小孩被撞的车祸进行新闻报道必备新闻要素的筛选。

① 周胜林等:《当代新闻写作》(第二版),上海. 复旦大学出版社,2005年版,第88页。

第一步:独立思考(8 分钟)。
给每位同学同一篇新闻报道的标题,再给其这篇新闻报道打乱后的内容材料,要求其独立思考,归纳这篇新闻报道中心内容。

第二步:两人合作(10 分钟)。
两位同学组成一个小组,比较你和搭档的答案并简述出来。

第三步:4 人一组(10 分钟)。
根据稿件标题与中心内容,小组成员比较答案,归纳出大家共同认可的该篇新闻的必备报道要素,然后从打乱的稿件内容中找出与必备要素相关的材料,并与其他不相关的材料分开。

第四步:小组合作(20 分钟)。
一个 4 人小组与另一个 4 人小组组成大组,在大组中比较答案,确立报道主题,按照重要性和逻辑性两条主线将大家共同认可的该篇新闻报道要素由上至下排列出来并编号。

第五步:用“倒金字塔”结构写作(20 分钟)。
每个大组在写作时按照编号把最重要的材料放在首位,其他的材料根据其重要性依次放后,各段之间自然过渡形成新闻消息。

第六步:教师点评(20 分钟)。
大组将自己的新闻消息成稿在展板上展出,教师根据项目要求针对每个展板的稿件进行评析,以加深印象。

新闻报道一般采用“倒金字塔”结构的较多,因此,构建一篇“倒金字塔”结构新闻报道的基础是学会梳理报道中的必备要素,然后按照重要性原则由前往后安排报道要素。

(2) 车祸报道和火灾报道的必备报道要素。

① 车祸报道必备要素的筛选经过。

对于车祸报道来说,什么是必要的报道要素呢?让我们假设汽车撞了一个小孩,这篇新闻报道必须包括什么内容?它的必备要素应该包含:

① 孩子的姓名、年龄和地址;

② 司机的姓名、年龄、地址和职业;

③ 出事地点的环境和位置;

④ 小孩的伤势,对司机提起的诉讼(如果有的话)。

此外，还有其他必需的要素吗？

记者得到一个任务后，头脑里应该有一份新闻报道必备要素的清单。必备要素指导记者进行有效的观察，指引其询问消息来源。但是在这个过程中可能仍存在一个问题，除非记者能够识别出相似类型报道间的显著区别，否则有关事故的报道会彼此类似，如在写“汽车撞小孩”这类新闻报道时，记者需要努力去发现该事件不同寻常或独特的方面，这些方面应该放在优先位置(新闻导语)。我们试着做这样的思考：或者小孩正在追赶一个皮球或者在玩捉迷藏的游戏时被撞？或者小孩正在寻找小弟弟？或者小孩正在横穿马路上学时被撞？小孩的伤势多重？小孩还能正常行走吗？

一旦记者思考了这些报道任务的必备要素，而且找到了这篇报道不同于其他类似报道的独特事实，那么，这篇报道就已经组织得差不多了。然后记者按照重要性原则安排新闻导语及新闻躯干、背景等。

②火灾报道必备要素的筛选经过。

一场火灾烧毁了一家价值3000万美元的旅馆，夺走了14条生命。

以上是一篇关于火灾报道的新闻导语。记者在一篇火灾报道的新闻导语中首先应该关注生命的损失，而不应该是旅馆的毁坏，无论它值多少钱。记者要想到，生命是不能用金钱来衡量的。如果火灾中无人员伤亡，那么就有充分的理由认为，报道的重点应集中在该家旅馆的价值不菲上面，而不是这家三层高的旅馆曾经辉煌一时的历史，因为历史是过去的东西，只能作为新闻报道的背景进行对比、衬托。其次，假如在这场火灾中既没有人员受伤，而旅馆又有许多的历史古迹，那么新闻导语或许应该是该镇的一个标志性建筑毁于一场火灾。最后，如果在这场火灾中没有人受伤，旅馆也和镇里许多其他的建筑一样规模小而破旧，那么，这篇火灾报道也许只需要两三段的篇幅或者两句话足矣。

3. 写作“倒金字塔”结构

(1) 把最重要的新闻要素(3个左右)先放进新闻导语部分。

(2) 把与新闻导语有内在逻辑联系的材料作为第二段，成为新闻导语的补充部分。

(3) 把次要材料放进第三段。

(4) 把新闻事件的背景性材料放进第四段。

(5) 按材料编号逐步向后排序。

我们也可以借鉴一下《华尔街日报》有关新闻结构的报道套路。

(1) 趣闻轶事：以一个事例或对主题的解释开篇(橱窗式导语)。

(2) 对主题的清晰陈述：即展开新闻导语。它应该在第六段之前进行，有时候这一段被称为核心段。

(3) 对主题重要的陈述：回答受众的问题“为什么我应该读它”。在细节上应对主题进一步展开。

(4) 对受众问题的回答：这件事为什么会发生？对该事件正在采取什么行动？

运用案例研讨法对构建“倒金字塔”结构进行分析训练如下。

构建一个有关“罢工威胁”新闻报道的“倒金字塔”结构

让我们来看一看《华尔街日报》一位从事教育新闻报道的记者被要求去核实一个报告。该报告说，公立学校的教师可能在下个秋季不去报到上班，她想出多个精彩的问题来构思这篇新闻报道的“倒金字塔”结构：

(1) 这个报告是真实的吗？

(2) 该事件何时何地发生？

(3) 有多少老师与此有关？

(4) 罢工的原因是什么？

(5) 罢工的决定将在什么时候做出？

(6) 当局对这种威胁的反应是什么？

(7) 如果出现罢工，应该为学生做出什么样的计划？

对以上这些问题的回答和她在报道期间所做的其他观察为新闻报道搭起了框架。从该记者接受任务的一刻起，她就应该知道新闻导语写些什么内容——教师可能罢工，学校可能无法正常开学，因为这些才是整个事件中受众最为关心的核心问题(贴近受众)。一位记者在寻找报道的基本主题时需要运用一个简单的公式：今天，我知道了多少我昨天所不知道的而又是每个人都想知道的东西？

运用这一方法，上面那位记者在《华尔街日报》上写的报道的头几段可以是这样的：

本市 15 所公立学校的全体教师今天威胁说，除非有关方面在明年的合同中为他们增加 8%的工资，否则他们将在即将到来的 9 月份举行罢工。（时间、事件——新闻导语）

代表 780 位弗里波特学校教师的美国教师联合会当地分会的发言人说，罢工示威状将在星期四的谈判会上提交给市教育委员会。（解释新闻导语）

“如果合同中的薪金水平无法反映增加的生活开支，我们 9 月份就不会报到上班，”分会主席赫伯特·韦克斯勒说，“不签约，不上班。”（用典型人物进一步补充新闻导语）

如果事后这位记者追踪到星期四的会议对上述问题没有决议，那么关于这一事件发展的报道将会以以下方式追踪展开：

今天，持续 6 小时的合同谈判未能解决工资问题，弗里波特学校教师在接下来的 9 月举行罢工的可能性增大了。（把谈判未果的最新事实放进新闻导语）

教师工会试图争取在明年的合同中，工资水平比目前增加 8%。教育委员会提议增加 4%。（工资冲突——解释新闻导语）

美国教师联合会当地分会主席赫伯特·韦克斯勒说，联合会和市教育委员会之间不断地讨论并没有产生一个解决办法。该会代表全市 780 位弗里波特学校的教师，它在星期二曾提出要举行罢工示威，并且在今天正式提出这一计划。

（用一方权威人物的话语补充新闻导语）

州教育部长约瑟夫·福尔曼出席了邀请双方参加的合同谈判会，他说：“双方分歧很大。我们需要一个冷静的时期。如果一方或另一方不做出某种让步，9月9日学校里就没有老师。现在，让步是他们的头脑最不愿意考虑的一件事。”

（用另一方权威人物的话语延伸补充新闻导语）

在这样两篇系列的关于公立学校教师罢工的新闻报道中，我们可以感受到，记者总是把最新的与受众关联度最大的事实放进新闻导语里。尤其是第二篇追踪报道里，在第一篇报道已经提到过“工资水平比目前增加8%”、“该会代表全市780位弗里波特学校的教师”等事实，所以在第二篇追踪报道里只是作为新闻躯干和新闻背景部分在新闻导语之后逐步补充，寥寥数笔，点到为止。这就是由大到小、由重要到不重要的“倒金字塔”结构的具体体现。

4. 修改调整新闻结构

在写作当中或写作完毕之后记者要再次审视新闻文章，对不合适之处进行修改调整，尤其对于构建新闻结构中材料重要性的排序、对话、动作和描写等技巧的运用需要重新审视。

运用案例研讨法对构建“倒金字塔”结构进行分析训练如下。

安托瓦妮特·特罗特不知道她的小男孩出了什么问题。肖恩看上去如此笨拙，他拿不住盘子，杯子也经常掉落在地。他很不安宁，吃饭时总动来动去，无法安分地坐着。

（由典型事例构成橱窗式导语）

斯蒂法妮·阿穆尔在《今日美国》的报道就是这样开头的。这篇新闻报道主要讲述工人无意中将工厂的毒素携带回家，使全家人处于危险之中。这篇新闻报道接下去是这样写的：

这位焦虑的母亲带她6岁的孩子去看医生。经过一系列检测，医生告诉母亲，肖恩血液里的铅是普通儿童正常含量的4倍。（典型事例的展开）

安托瓦妮特很惊讶，但是，当调查者告诉她为什么会发生这种事情时，她甚至更为震惊。

（典型事例的进一步展开，描写人物的表情、心理）

他们告诉她，这个孩子的中毒是因为他父亲的工作。（原因）

肖恩的父亲拉希拉从事修理电池的工作，这个工作使他接触到铅废物。

（原因进一步展开——新闻背景）

记者斯蒂法妮·阿穆尔用7个自然段介绍了安托瓦妮特·特罗特一家的具体问题之后提出了一般性结论：这是一种经常被忽略，从未被记录在案的危险，任何年龄段的人都暴露在工厂危险之中，它们是如此强大，能改变人的细胞结构，延缓精神发育，引发恶性肿瘤。但是，这些遭到毒害的人们从未想到是工厂所致，侵害他们的毒素竟是自己的家人无意中从工厂带回家的。

该报道用先具体后一般的方法安排报道结构，特别是一些人物的动作和神情的描写使得报道非常流畅。

5. 案例训练

请分析下面三篇新闻报道的新闻结构是属于时间顺序式结构、悬念式结构还是并列式结构？其报道结构具有怎样的特点？

报道一 “儿子娃娃”成特色酒商标[1]

本为新疆地方俗语的“儿子娃娃”，近日成了伊力特系列酒类的一个贴牌商标。

价格为 30 元一瓶的“儿子娃娃”酒最近在首府悄悄上市了，这个酒的商标透出一种浓郁的新疆特色。

“儿子娃娃”酒是乌鲁木齐“儿子娃娃”工贸有限公司总经理徐勇于 2001 年 3 月花 800 元到北京申请注册的商标，2002 年 4 月被正式批复注册成功。

徐勇注册“儿子娃娃”商标的灵感缘于他的一次经历。

1999 年，还在鄯善某公司任副总经理的徐勇因公司一次用人问题与总经理发生了“摩擦”。当时总经理拍着桌子问他，“你是不是儿子娃娃?”徐勇针锋相对称：“你才不是儿子娃娃!”

那次争吵之后，徐勇离开了原单位，也使“儿子娃娃”这个词给他留下极为深刻的印象。因此当徐勇后来为几家酒厂做代理商时，便萌生了将“儿子娃娃”作为地产白酒商标的想法。

当记者问及徐勇为何要注册“儿子娃娃”商标时，徐坦言：“‘儿子娃娃’可以挖掘出新疆人的文化内涵，‘儿子娃娃’中有‘说话算数’、‘豪爽’、‘勇敢’、‘有成就’等许多内涵。”

另外，徐还认为，“儿子娃娃”商标富有地域文化特色，名称带有相当大的商标增值效应。

于是，徐勇在 2001 年还不允许以个人名义注册商标之时，便以自己所开的鄯善福利商店之名申请注册了“儿子娃娃”、“大红驼”等商标。

如今，首府有客商想花 20 万元买断“儿子娃娃”所有权及使用权，都被徐回绝。

而当内地一浙商投资与其合作开发“儿子娃娃”系列酒，并直接挂靠新疆伊力特系列酒类的“贴牌商标”时，他们便一拍即合。

然而，徐勇现在对“儿子娃娃”这一商标的健康延伸还存有一丝担忧。

他认为，一旦使用“儿子娃娃”商标的某项产品与“儿子娃娃”本身内涵相背，那么必将会影响“儿子娃娃”系列产品的延伸开发。

自治区商标事务所副所长韩国安认为，“儿子娃娃”商标就其新颖性和文化性来说会受到新疆消费者的认同。越是民族的富有特色的品牌，就越有价值回报的效应，不过这必须取决于对品牌的有效经营和开发。

报道二 医院将活婴当死婴扔掉 被判违规操作[2]

这个经历了生死的男孩，躺在保温箱里，现况尚好。

---

① 唐成荫：《“儿子娃娃”成特色酒商标》，2003 年 6 月 24 日《都市消费晨报》。

② 杜娟，晴雨：《医院将活婴当死婴扔掉 被判违规操作》，2011 年 11 月 4 日《广州日报》。

10月26日清晨，南海区红十字会医院，孕妇刘冬梅诞下一婴儿，护士告知是女婴，生下来已死亡。婴儿被装进塑料袋、打了结、扔进厕所。近40分钟后，亲属赶到查看竟发现，死婴没死，仍在吐泡、活动，而且是一名男婴。昨日记者回访事发现场，采访事件中的多名核心当事人，调查还原这起"被死亡""再复活"的离奇事件。

昨日，南海区卫生部门就此事予以通报。

10月23日，23岁的刘冬梅住进南海区红十字会医院(原罗村医院)妇产科609号房21床。刘冬梅回忆，26日凌晨3时许和4时许，她两度腹痛难忍。第一次，她站在病房斜对面的处置室给值班医生曹晓峰(音)检查。第二次，被告知"已经检查完了"。5时10分许，曹医生再次赶来病房发现，刘冬梅马上临产已来不及去产房。孩子很快生了出来，她隐约听到护士说"这样生出来的孩子是不行的"。

新生儿"死而复活"

刘冬梅奄奄一息，婴儿就躺在她的病床上。丈夫王海章很快走进来，他看了下手机，孩子诞生时间是清晨5时17分。奇怪的是，躺在床上的孩子没哭声。

在王海章的注视下，护士将婴儿放进一个黄色塑料袋里，径直拎进了对面的处置室。王海章傻了眼，护士告诉他，"孩子没了""是女孩"。王海章马上打电话告知家住附近的姐姐王和平。

6时许，护士带王和平走进处置室厕所。"塑料袋就在厕所角落，袋子上打了个结，一打开，孩子嘴里吐着白沫，手、肚子都能动。"王和平马上返回病房喊弟弟，十几秒钟后二人重返厕所，此时那名护士仍怔怔站在袋子前……

美国《每日新闻》投入5个月的时间调查纽约市的餐馆检查。它发现，一些常常不能通过检查的餐馆并未被关闭，一些富人和上流人士经常光顾的高档餐馆竟然在卫生状况上拥有最差纪录。在众多的餐馆中，1/4以上餐馆未按法律规定接受检查。这篇系列报道的开头是这样写的：

报道三　不洁的餐饮

纽约市内数百家餐馆——从曼哈顿最体面的餐厅到街角的小馆子——普遍违反食品卫生规则，对市民们的身体健康造成极大威胁。

老鼠、蟑螂和其他害虫在这些餐馆中乱窜。

它们的食物已在容易繁殖有害细菌的温度中放置了数个小时。

它们贮存食物的地方毗邻有毒化学物质和肮脏的下水道。

它们的厨房工作人员不洗手，不戴手套，他们认为自己可以随意触摸食品。

在奢华的沃尔多夫-阿斯托里亚中要求客房服务时，你可能会发现咖啡有股怪味，因为鱼汁从碟中滴入牛奶箱。

在位于E.第49大街的高级餐厅ChinChin中用餐，你可能会在食品室中发现蟑螂。这家餐馆还曾得到扎加特餐馆向导的推荐。

在位于百老汇第43大街的时报广场餐馆吃午饭，你会发现，刚刚在现金出纳台收款的那个女人正在切冷盘——而她没有戴手套。

冲进E.第59大街的卡普兰餐馆，你会发现这里的鸡、金枪鱼和小虾沙拉都曾在高温下存放了不少时间。

这些事件并非是孤立的、特别的……

运用旋转木马法进行实训：

第一步：给出上述3篇新闻报道的稿件。全班学生先自学，要求将自己分析的这3篇新闻报道的结构类型和类型依据用3～5分钟讲述完毕。

注释：培养学生的阅读能力和做笔记的能力。

第二步：教师根据本部分训练内容难易程度，讲解几个关键词或关键点(8分钟)。

第三步：学生到大厅，站成内外两圈，两两面对面，要求：内圈学生在5分钟内将自己分析的这3篇新闻报道的结构类型和理由尽量详尽地讲述完，外圈学生只准听和记录，即使有不同的观点也不许相互交流。

注释：培养学生倾听的能力，让对方把问题讲完，而不是主观臆测。

第四步：外圈学生顺时针旋转5个人，外圈学生讲述自己分析的这3篇新闻报道的结构类型和理由，不讲自己听到的内容，内圈学生只准听和记录。

注释：学生刚开始时集中精力讨论课程内容，一会就会聊课外的东西。旋转不仅是一种调节学生兴趣的形式，而且可以训练学生与不同类型的人打交道的能力(5分钟)。

第五步：外圈学生再顺时针旋转3个人，交流自己学到的、听到的、记录的内容(5分钟)。

第六步：学生回到教室，按照6人一组将刚才自己听到和学到的这3篇新闻报道的结构类型和类型依据写到卡片上，最后把经过小组讨论而形成的最终结果张贴到展板上(20分钟)。

第七步:教师点评(20分钟)。
教师在学生运用旋转木马法进行学习时,深入学生交流组中,观察并倾听学生交谈的内容,但不做讲解,即使学生的讲述是错误的也不更正,记录下学生存在的问题。
最后,教师针对展板里学生的讨论结果,告知学生正确答案及理由,以便学生加深印象。
《"儿子娃娃"成特色酒商标》这篇新闻报道为时间顺序式结构,记者从"儿子娃娃"成为一种酒类商标的时间顺序着眼,叙述了该商标注册的全过程。这种结构特色符合受众的阅读习惯。
《医院将活婴当死婴扔掉被判违规操作》任何看到这篇文章的人都会为每一个字所深深吸引。请注意记者提供的悬念:孕妇产下一个婴儿,医院认定其为死胎,丢弃于厕所后,婴儿被亲属发现,竟仍然存活,对其救治的事件。记者以死婴复活的事件开头,给受众留下悬念,紧接着一步一步为受众揭开了谜底。
《不洁的餐饮》这篇新闻报道为并列式结构,该报道以纽约市内数百家餐馆普遍违反食品卫生规则为主题,叙述了纽约多家餐馆普遍违反食品卫生规则的要点事实(并列),表面上看上去有些无序,事实上都是按照纽约多家餐馆普遍违反食品卫生规则这一条主线进行的。

6. 校内实训基地实训

学生利用校报和院报进行新闻稿件的结构构件综合写作练习,教师公开评报。

7. 校外实训基地顶岗实习

学生利用校外新闻媒体进行新闻稿件的结构构件综合写作实习。

六、总结点评

(1) 新闻结构的写作首先源自于向优秀新闻结构的学习。

(2)"倒金字塔"结构写作的"悟性"源自于对新闻材料重要性的思考和遣词造句的反复练习。

(3)"倒金字塔"结构的写作要经受耐挫力的考验,它是所有新闻结构中难度较大的一种,却又是新闻工作中用量最大的一种新闻结构。

(4) 新闻结构写作的成功与否,直接关系到新闻作品写作的成败。

七、拓展提高

(1) 经过很长时间的思考,我还是分析不出新闻材料的重要性,怎么办?

(2) 想写的东西实在太多了,我就是下不了笔,因为对"倒金字塔"结构把握不准,怎么办?

(3) 我写了数千字的新闻特稿,被主编打回来了,主编说要么重写,要么重新调整新闻结构,我是该重新调整,还是要放弃?

(4) 为什么媒体主管领导在报道突发事件时就是青睐"倒金字塔"结构,对其他类型的新闻结构却总是封杀?

(5) 思考温州“7·23”动车事故与“李一造假事件”各适合用哪种新闻结构进行报道?请你画出有关上述新闻事件的报道结构图。

① “7.23”动车事件。

时间：7 月 23 日 20 时 34 分。

地点：温州方向双屿路段下岙路。

事件：动车遭到雷击后失去动力停车，造成追尾。此次事故已确认共有 6 节车厢脱轨，即 D301 次列车第一节至第四节车厢，D3115 次列车第十五节和第十六节车厢。

原因：初查称脱轨原因是 D3115 次列车遭到雷击后失去动力停车，造成 D301 次列车追尾。

7 月 28 日，动车追尾事故国务院调查组全体会议召开，上海铁路局局长称信号灯错误导致动车追尾。

② 李一造假事件。

缙云山，道士李一，号称信众 3 万，名人追随，一时间他走上了神坛变成了“神仙”。他说自己是道长，讲的是养生和修行，神鬼莫辨。他号称弟子三万，信徒无数，传说是众多商界、演艺界名人的师父。但他履历多处造假、水下闭气、通电疗法也皆为骗术，他的大起大落，可谓神奇。

走向神坛：贵人相助，媒体热捧，弟子云集。

揭开骗局：履历造假，水下闭气，通电疗法皆造假。

而今，李一倒了，但普罗大众的神仙崇拜倒了吗？李一造假，我们造神！

任务六 提炼新闻主题

虽然新闻是用事实说话，新闻写作不主张主动宣泄记者的主观情感，但并不等于说新闻没有主题。新闻主题存在于客观事实当中，经过记者的精心选材和结构安排，新闻作品的主题在受众接收信息的同时自然而然地流露出来，并被受众接受。

教学目标

通过本任务的学习，使学生能够从纷繁的材料中提炼出新闻报道的主题。

案例导读

韩国 SK 携“大唐”“天地”进军西部电信①

正是由于大唐电信的加盟使得新疆电信市场年内能用上韩国 SK 手机不再有悬念。8 月 4 日，大唐电信(600198)发布公告称，将与韩国 SKTeletech 株式会社和新疆天地集团电信产业有限公司，在新疆成立中外合资企业，从事移动通信终端产品的研发、生产和销售。

8 月 5 日，韩国 SK 总裁金日中一行悄悄抵达乌鲁木齐经济技术开发区，在为今年 3 月已牵手的中外合资 SK 天地电信产业公司 200 亩左右的用地做最后定夺之时，金日中无意中透露，8 月 6 日将速飞北京与大唐电信签署股份合作协议；同去的还有中国新疆天地集团最高层领导。此事恰恰被刚刚离开新疆而赶飞北京的大唐电信高层得以证实。

知情人士透露了这个不争的事实是，8 月 6 日，韩国 SK、新疆天地集团、大唐电信三方签署成立中外合资通信股份公司，SK 以 60% 的股份控股，天地集团占 25%，大唐电信占 15%……

以上这篇新闻报道的新闻主题是怎样提炼出来的？它是记者通过一个新闻发布会获得的。该新闻发布会是关于“韩国 SKTeletech 株式会社和新疆天地集团电信产业有限公司，在新疆成立中外合资企业”的签约仪式。由于新疆的经济发展在传统上以第一产业和粗放

① 唐成荫：《韩国 SK 携“大唐”“天地”进军西部电信》，2004 年 3 月 25 日《都市消费晨报》。

型资源性产业为主，基础工业的发展比较薄弱，因此具有世界一流水平的韩国通信知名企业SKTeletech株式会社能在新疆落户，并与新疆本土知名企业联手在新疆市场上大造手机，这种主题在新疆经济界不能不说是具有显著的、重要的新闻价值，记者正是根据这种思路提炼出“韩国SK携‘大唐’‘天地’进军西部电信”的主题。

工作任务

1. 认知新闻主题。
2. 从新闻事实中提炼新闻主题。

理论基础

一、术语解释

1. 新闻主题的含义与特性

新闻主题就是一篇新闻报道的主旨。

新闻主题具有以下三个方面的特性。

(1) 新闻主题是客观性与观念性的辩证统一(反对“主题先行”之说)。新闻主题是在对大量的新闻事实、社会现象进行观察、分析、综合、筛选的基础上产生的；是先有社会生活，后有新闻主题，先有新闻事实，而后产生新闻主题。

(2) 我们也应该看到，任何材料所能显示的思想意义都是受客观情势制约的，一定的材料只能提炼一定的主题。有时候，一个新闻事件可以从不同的角度来看，显现出或深或浅的新闻主题，但不能随意“拔高”。

(3) 对一位记者来说，新闻主题虽然源于现实生活，产生于其所掌握的全部材料之中，但新闻主题的形成始终受记者自己的思想感情与认识水平的影响和制约。

2. 新闻主题基于事实、高于事实

新闻主题是在分析、归纳、综合新闻事实本身的基础上产生的，然而它又比新闻事实本身更深刻。

3. 新闻主题既有丰富性又有集约性

新闻主题的丰富性是由客观事物本身存在的丰富性所决定的，有多少种事物以及事物本身蕴涵了多少意义，就有多少种新闻主题。因此，同一新闻主题往往可以从不同的角度、不同的侧面去认识它，从而提炼出多种新闻主题。

然而就一篇主题业已确定的新闻报道而言，新闻主题又显示出其“集约”的特性。一方面，就内容而言，新闻主题是记者手中所掌握的全部材料的思想意义的集中概括；另一方面，就表现形式而言，新闻主题必须“明确”、“单一”。也就是说，在一篇新闻报道中只能有一个新闻主题，否则就会造成叙事的混乱，受众在理解上会产生模糊不清或言而未尽的感觉。

二、工作要点提示

1. 确定具有显著性、重要性、受众最关注的新闻价值提炼视角。

2. 提炼新闻主题。

三、方法技巧

1. 认知新闻价值的技能

一方面通过公开发表的新闻作品，分析其新闻主题提炼的方法；另一方面，通过户外采访现实中的新闻事件，以小组形式研讨新闻价值确定的方法技能。

2. 提炼新闻主题的技能

在选择和确定新闻主题时需要注意以下三点。

(1) 审时度势，根据手中所掌握的材料的特点以及最能实事求是地反映实际情况的角度确定新闻主题。

《中国记者》1996 年第 6 期上有一篇采访心得，讲的是一位记者在采访过程中了解到往年的化肥滞销，今年却供不应求，农民要起大早、排长队才能买上化肥。有人建议他反映一下“买化肥难”的问题。这位记者认为这确实是一个角度，但往深处想一想，这条新闻深层次的原因还是由于党的农村政策到位，农民种粮的积极性提高了，舍得向土地投资，这不是一个更新、更有高度的主题吗？透过表面的新闻事件，这位记者提炼了一个切合党和国家政策的重大主题。

2008 年春天，中国南方城市遭遇了百年不遇的冰雪灾害，全国煤价上扬，市场上用煤吃紧，一位记者在了解了全国市场的情况后，由于惯性思维也想了解一下新疆用煤市场的情况是否也吃紧，结果新疆用煤市场比较平稳。根据实际情况，这位记者最后确定以“全国用煤市场吃紧，新疆市场供应平稳”为主题，报道了这篇新闻。这也体现出新闻主题的选择与提炼最终要受到新闻事实制约的特性。

(2) 新闻主题的选择因人因事因时而异，但总的原则应是不落俗套，以独辟蹊径为上。

下面是有关肯德基进入新疆市场的系列报道，从中我们可以看出记者在新闻主题方面的提炼角度：

《肯德基今日入疆》

《肯德基在疆创造首日营业额之最》

《肯德基在大十字开设第二分店》

《肯德基、德克士、百富汉堡演绎洋快餐三国争霸》

《肯德基退出××市场》

虽然上述五篇新闻报道与同一个新闻主体有关，由于新闻主题选择的角度不同，所以报道所呈现的新闻主题也不相同。同时每个新闻主题均能不落俗套，富有新意，使受众能够全面、完整地了解这个新闻事件。

(3) 选择和确定新闻主题要兼顾受众的阅读心理，要选择受众最关心、与受众有利害关系或能引起受众共鸣的内容作为报道主题。

例文选评1-5

首府公交大变局①

是香港珍宝巴士集团公司(以下简称香港珍宝)的入主与控股让乌鲁木齐公共交通总公司(简称首府公交)产权经营多元化再没有任何悬念。

元月19日，香港珍宝以及其旗下的广州珍宝巴士有限公司(以下简称广州珍宝)联合首府公交在市政府会议中心举行签约仪式，曝出香港珍宝和广州珍宝以1.81亿元的现金资本全面控股、介入首府公交公司运营的一大消息。

这次首府公交改制是一分为二。其中香港珍宝、广州珍宝和乌市城建投资公司(简称城投)三家重组原首府公交的第二、第三、第五分公司及公交广告公司，并以此命名为乌鲁木齐市公交珍宝巴士有限责任公司(以下简称乌市珍宝)。其注册资本为13088.7万元，其股权比例分别为：香港珍宝40%，出资额5235.48万元；广州珍宝40%，出资额5235.48万元；城投20%，出资额2617.47万元；剩下乌鲁木齐市公共交通总公司的公司机关，第一、第四、第六分公司，劳服公司，七个辅业单位，两个控股公司与香港珍宝和广州珍宝共同出资组建国有控股的乌鲁木齐市公共交通(集团)有限公司(以下简称公交集团)。公交集团注册资本为19030.63万元，其股权比例为：城投占60%，出资额11418.38万元；香港珍宝占15%，出资额2854.59万元；广州珍宝占25%，出资额4757.66万元。

据了解，乌市珍宝成立后对原首府公交第二、第三、第五分公司及公交广告公司的职工采取全员接收、全员安置的方式妥善安排，因新成立的公司为港方控股，其原有职工国有身份全部置换，安置费按八年平均发放。

公交集团成立后，对原有职工采取全员接收、全员安置的方式妥善安排。

在这次签约仪式上，三方除了签署《乌鲁木齐市公共交通集团有限公司合资经营企业合同》、《乌鲁木齐市公交珍宝巴士有限公司合资经营企业合同》之外，三方还签署了《乌鲁木齐市城市公共交通特许经营协议书》及《股权质押合同》。

市交通局有关负责人告知，此次所引进的合资公司资金，将首先购买更新大容量、环保型、高质量的新型公交车约800辆，这将使我市的城市客运硬件得到进一步的加强与改善。届时将会有统一标识的香港巴士车，奔跑在乌市的大街小巷。

---

① 唐成荫：《首府公交大变局》，2005年1月20日《都市消费晨报》。

至于首府市民所享受的公交公益性服务，合资公司成立后，仍然执行去年12月底由市发改委召开的公交车车票价格调整听证会所作出的一切决定；即使合资公司因运营成本增加需要相应地调整公交票价，也需经市政府召开听证会后，经市政府决定方可调价。

市交通局有关负责人认为，首府公交通过改制，使企业以客运市场的需求为导向，内强素质，外塑形象，继续承担各项社会公益性义务，积极创新服务方式，不断提高服务水平，为首府市民的出行提高安全、舒适、及时、快捷的服务，创造一个良好的服务环境。

首府公交竞引群雄逐鹿

虽然香港珍宝是最终一个吃到“首府公交”这个“螃蟹”的人，但有着同样投资眼光想吃却没能吃上，或者只吃到公交这只大蟹一个“蟹钳”的企业三年来已经不下数十家。

引领这场群雄逐鹿的是源自于2002年年底，建设部一纸《关于加快市政公用行业市场化进程》的红头文件，它让全国各地公用行业终于迈出了接受市场考验的重要一步。这纸红头文件也让首府公交产权经营多元化走入正轨。

凭着灵敏的政策嗅觉，最先抢滩的是来自区外的民营资本：深圳华乐有限公司和浙江蓝天有限公司。

据乌鲁木齐市交通局知情人士透露，浙江蓝天与深圳华乐都曾在2003年与首府公交达成过框架协议。浙江蓝天对首府公交的第一分公司和第二分公司情有独钟，深圳华乐则对首府公交第五分公司频频发出友好的信号。

首府的企业虽然迟到一步，但凭借天时地利，也不甘人后。新疆宏大集团（以下简称宏大集团）和新疆聚天房地产公司（以下简称聚天房产）便是其中的代表。宏大集团意欲将公交第三、第四分公司收入囊中，聚天房产则相中在首府公交小有名气的中巴公司。

据知情人告知，当时所有想分割首府公交的区内外资本均为参股。公交公司仍具有51％的控股权。这正与市政府循序渐进改制首府公用行业的思路不谋而合。

对此，新疆聚天等想介入首府公交的各路资本并不否认，交通局也对各路“来访者”的进进出出并不陌生。

然而2004年伊始，事态的发展却完全出乎人们预料。有消息传出，上海大众空降乌鲁木齐，其行有整体介入首府公交的想法。此事也得到首府公交相关负责人的证实。

对于上海大众的实力，首府公交从不轻看。虽其主体为汽车制造商，但上海大众近几年对上海公交市场的整合颇为得心应手。特别是其占据上海公交40％的市场份额让上海大众在公交市场整合中美名远扬。此次上海大众欲整体介入之势，让首府公交颇为在意。

自此在首府公交改制的进程中，从前期各路资本的“分而治之”，到2004年的整体购并，完成了一个思路概念上的大跨越。首府公交整体改制已成为参与者的一个共识。由此，最早那些“分而治之”的参与者慢慢淡出公交改制的视野。

越是板上钉钉的事情，就越是让人大跌眼镜。三个月之后，上海大众似又悄声无息了，当记者再次就此向首府公交有关知情人士探寻，该人士没有透露具体情况，只告知又在与其他的投资方谈。这块波澜四起的水面又陷于暂时的平静。

但是想吃螃蟹的投资方，并不是个个都无动于衷。

2004年8月30日，聚天房产第一个让首府公交改制破题。

据悉，8月30日聚天房产联合首府公交在新疆昆仑宾馆会议中心召开新闻发布会，曝出聚天房产以近2000万元的现金资本入主首府公交中巴公司的消息，双方重组的名为乌鲁木齐市兴盛巴士有限责任公司中，首府公交持股比例为51%，聚天房产持股比例为49%；一时间，首府公交在两年的改制风潮中，终因聚天房产的介入而有了实质性的进展。

虽然聚天房产破题成功，但这毕竟只是首府公交改制的冰山一角，它让欲介入首府公交整体改制的投资方又重新活跃起来，也就是在这个时候，香港珍宝的名字进入了首府公交改制的视野。

香港珍宝 VS 深圳公交

2004年的8月26日，就在记者因聚天房产入主首府公交中巴公司一事前去首府公交采访时，正巧撞见首府公交高层在开有关改制的会议——但是这次改制与聚天房产无关，而与香港的一家公司有密切关联，这个公司就是香港珍宝。

香港珍宝与首府公交的接触得益于广州珍宝。这个香港珍宝最为得意的“样板之作”，在20世纪的1996年，被香港珍宝控股。紧接着，香港珍宝在2002年又马不停蹄地圈地安徽的合肥公交、2003年圈地广西的白马公交；2003年下半年，香港珍宝又把目光投向了远在西北的乌鲁木齐。

据市交通局有关负责人告知，该公司在香港从事了多年的公用行业。这样一个有深厚港资背景和在国内整合公交行业的雄厚实力与经验的企业来参与首府公交的改制竞争实在令人鼓舞。

当香港珍宝刚踏上西北大漠首府公交这块宝地时，记者就此事向首府公交的上级主管单位——乌鲁木齐市交通局主管领导求证，该领导只认同首府公交正在与这家公司谈。但是否能谈成，还没有定论。

然而事实上市交通局的有关负责人以及首府公交的相关负责人在香港珍宝到来的半年时间内，已多次“造访”香港珍宝以及香港珍宝控股的国内“样板”公交公司，对它们的运营现状、近三年的盈利状况都作了一个较为详细的“勘察”，心里有了底。

可就在香港珍宝与首府公交谈了一年还没谈出个“结果”之时，去年夏季，半路上又杀出个深圳公交有限责任公司（以下简称深圳公交）与香港珍宝分庭抗礼。

深圳公交也是一个在业内颇有实力的公司，它的大手已经伸向内地的西安公交等市场。它对首府公交改制的开价与香港珍宝差不多，主题却是承债式收购；然而在这个深圳公交的背后，令记者和业内人士却更感兴趣的是它的引见者，那正是已成功入主首府公交中巴公司一年的聚天房产。

聚天房产为何要引见深圳公交整合首府公交？已经入主首府公交中巴市场的聚天房产欲借深圳公交下一步将要对首府公交整体市场有何想法，一时间又成为业内人士关注的焦点。时隔两个月，记者却得到了一个与刚来时的躁动相反的消息，聚天房产一位主管、引见之事的知情人士告知记者，深圳公交与首府公交没能达成最后共识，深圳公交撤人。

由此，首府公交整体改制最终花落香港珍宝。这个历时三年有余的公交改制之事，终于一锤定音。

市场诱惑巨大

让香港公司和各路资本不惜千里迢迢到首府驻足的巨大诱惑，是公交市场稳定而现实的利润。

有关资料显示，每年我国都将有1500万～2000万的农民移师城市。这背后的影响是——每年公交市场也将以惊人的规模扩张。

首府公交由最初的3辆车，扩张到现在的约2700辆车，日发送乘客30余万人次的事实，就足以说明公交市场空间的巨大。

而就首府的乌鲁木齐来讲，作为新疆的政治经济文化中心，它所营造的是一个现代化的国际商贸城。因此乌鲁木齐现有的200多万人口，除了自身的人口增长速度惊人外，周边的米东新区城郊人口与首府的紧密依存度，都让这个潜在市场的增值诱惑力相当大。

一个首府公交的统计数据足以显现这种潜力。每年首府有35%的人出行选择坐公交车，这个数字在内地的发达城市也只有20%；因为内地人出行还有4/5的人会选择骑自行车和乘地铁、出租车以及乘私家车出行等方式。

乌鲁木齐由于其特殊的气候原因与生活习惯，骑自行车者相对较少；也由于收入水平相对内地较低，乘出租车以及乘私家车出行的人数之和占总出行人数的1/3。

聚天房产也丝毫不隐晦对公用行业的看重。他们认为，在首府日益扩大的城市经营建设中，公交潜在的市场还相当大。在乌鲁木齐这样一个“两山夹一沟”特殊的狭长地带，修铁路、城市列车的可能性较小，城市公交车仍然是市民出行的首选。

一位参与公交改制角逐的高层人士对记者坦言，虽然公用行业的回报率不像房地产那样“暴利”，但回报率却很稳定。在现在这样一个利润平均化的时代，稳定的回报率已是众多企业追逐的目标。

这种种天时地利给首府公交行业带来的稳定收益，是各路资本都青睐有加的根本原因。毕竟对于首府及首府周边市郊的市民来讲，有私家车的人还在少数。公交车还是大部分人日常代步的工具。

另外，据一位曾参与公交改制的角逐者这样透露，公交公司日平均上百万的现金流量，无论对哪一个公司而言都是绝对有诱惑力的。尤其在现在国家宏观政策调整，各商业银行银根紧缩的形势下，这样的“现金流”就更加魅力四射。

再者就香港珍宝而言，一个它控股的内地公交公司收益数字摆在我们眼前，去年，它控股的广州珍宝收入2.3亿元；广西白马公交收入1.2亿元；安徽合肥公交收入近亿元。应该说，在内地公交市场的屡屡“得手”，确实让香港珍宝尝到了甜头，首府公交的100多条公交线路，加起来比香港珍宝控股的上述三地的公交线路总和还要多。除了民营商自营之外，近百条主干道，汇集了首府公交80%以上的人流，这也充分树立起它能成功运作首府公交的强大自信。

况且，通过与深圳公交的角逐，香港珍宝更加意识到乌鲁木齐在西北制高点的战略意义，它的成功运作，内可辐射西北五省，外可辐射中亚，是香港珍宝延伸内地市场的重要一棋。

一位资深人士分析，公交除了看得见的盈利线路外，还有看不见的公交产业链在补充加大着利润。

记者发现，现在有许多公交车上的车载屏幕广告正在悄悄锁住乘客的目光。30余万人的广告效应已不是一个小数目，另外，随着油价的逐日攀升，公交加气站不仅供自己加气，还可以向出租车等其他车加气，这样，省的就是赚的，公交利润又多了另外的增值点。

公交心系百姓，是民企等提升自身形象、地位的好机会。香港珍宝借此享有更多的无形资产，何乐而不为呢？

市场与消费者接轨

王若水是在南湖市政府上班的工薪一族，由于家住北园春附近，他常常乘坐23路公交车上班，但是他也常常为此苦恼。前一阵子，首府受寒流影响降温至零下24度，23路公交车足有20分钟没来，当他好不容易挤上一辆23路车后，车体的破旧，让阵阵寒风吹拂下的乘客瑟瑟发凉。王若水到办公室后立即打电话投诉23路车，可得到的回复却是无奈的叹息。首府公交有关接待投诉的人员告知王若水，确实23路公交线路应该投入很多的新车，但是首府公交自身没有新的能力投入。

还有像14路、29路（部分车辆）等这类车辆老化的问题十分普遍。一位老公交曾无奈告知，并不是他们不愿意更新车辆，而是因为各方面的原因，公用行业的投入受到了诸多限制，公交行业也不例外。

据悉，首府公交每年的补贴只有300万元左右，离世界发展中国家每年5%的公交投入相距甚远，离我国每年2%～3%的公交投入也有一段距离。

资金缺口成为首府公交进一步发展的“瓶颈”。

要想更换新车，给乘客提供更舒适的环境，多开辟线路，方便乘客就要加大资金投入；而在入世后，为了面对外资的侵入，我们必须“强身健体”。

因此，吸纳各路社会资本（包括外资），走市场化经营之路，是解决公交“瓶颈”的好办法。这既缓解了政府压力，解决了资金投入重负问题，又真正让公交行业在现行的市场经济中得到历练。

聚天房产投资的近2000万元中，有1000多万元多用来更换旧车，在原公交中巴公司跑的902、912等线路上，一辆辆标有兴盛巴士统一标识的漂亮气派的大公交车，不仅让市民享受到车体的宽敞舒适，还享受到使用月票的实惠。

香港珍宝运行首府公交后，也将有800辆标有香港珍宝特殊标识的公交车出入在首府的主要公交线路上。

要说受益最多的恐怕是市民了。有关资料显示,早于1993年公交行业便开始放开试点的上海、佛山等地,目前已形成"投资—经营—回收—建设"的良性循环机制。

不过,这种市场化的运作还有一个企业收益与其所承担的社会公益性义务的"磨合"过程。市交通局有关负责人告知,首府公交走向市场化运作,这一步迈得稳,首先应出于对市民利益的考虑。

对此,香港珍宝坦言,他们首先考虑的是为市民提供更加优良的服务。因为车辆更新后,才有更多的乘客来"消费",市政府为市民所提供的一切乘车公益服务如老人乘车、学生乘车等,香港珍宝在入主首府公交后依然如旧。只有公司和消费者的利益有相一致的一面,自己的利益才会得到保障,古话说得好,皮之不存,毛将焉附?

至于市民最关心的月票价格问题,市交通局有关负责人告知,月票价格仍按听证会制定价格执行,公交车票价的上浮或下调,都由市政府组织市民听证会来决定,而不会由运营企业单方决定。

不过,这位负责人也透露,香港珍宝将会用一种全新的公交运营模式来运营首府公交;同时它在公交车候车厅上拥有广告经营权,以后在首府新增公交线路上有优先运营权。

业内人士分析,各路资本给首府公交的输血将带来公用行业经营的多元化。而首府公交也将由传统的福利性、公益性部门变为具有合理利益的产业部门。将公用行业所有权或经营权移师民间,将大大提高公交市场的经营效率和规模,缓解政府的压力,也使消费者拥有更多的选择机会。

公交话题由于贴近老百姓的生活,历来就是新闻媒体所关注追逐的话题。本文所报道的是原乌鲁木齐公交公司整合重组的新闻事件,而报道该事件更重要的意义在于:新公交车代替残旧的公交车,何时更新?更新后票价涨与不涨?这种主题角度的选择提炼更加贴近生活、贴近百姓。越是贴近百姓生活的话题,受众的关注度就越高,因此这种报道主题的确定更多的是考虑了民生的角度,引起受众共鸣。

3. 新闻主题深化的技能

有些新闻事件的内涵与意义不是受众通过事件表面就能一眼看出来的,这就需要提炼和深化,挖出新闻背后的新闻。

新闻主题提炼的方法有追根究源法、对比联想法和见微知著法。

(1) 追根究源法。

很多新闻事件的报道,最初记者只是得到一个只言片语、模糊的线索,随着其奔赴现场,可能看到、听到的也仅停留在表面现象(因为多数主动希望记者采访的人都会事先准备好材料)。这时记者所提炼的新闻主题还是肤浅的,没有达到新闻价值的最大化;最后伴随着记者的深入、细心采访、调查,他会挖出深层次的内在原因。这就是追根究源法。

例文选评1-6

紫金矿业遭遇污水渗漏重大污染事故　9天后披露[①]

在造成福建汀江重大污染9天后，紫金矿业(601899.SH)最终于昨日披露了位于上杭的紫金山铜矿污染事件状况。目前这一事故已导致当地棉花滩库区死鱼和鱼中毒约达378万斤。

昨日紧急停牌的紫金矿业昨日晚间公告称，7月3日，紫金山铜矿湿法厂污水池突发渗漏环保事故，起因于前阶段的持续强降雨。公司目前已经停止铜矿堆场入堆新的矿石。本次事故将对紫金山铜矿湿法厂铜的生产产生重大影响。

位于紫金矿业总部所在地福建上杭的紫金山铜矿是紫金矿业旗下最大的铜矿。目前，紫金山金(铜)矿探明黄金储量约200吨，探明铜储量约200万吨，是紫金矿业的利润中心之一。

根据紫金矿业2009年年报，其第一大股东为上杭县国资委旗下的闽西兴杭国有资产投资经营有限公司，占比28.96%。唐骏任CEO的新华都集团为第二大机构股东，占比11.69%。

福建省环保厅公布的初步调查结果显示，7月3日15时50分左右，铜矿湿法厂岗位人员发现储存待处理的污水池水位异常下降。调查发现，污水池中酸性废水(主要含铜、硫酸根离子)外渗，通过排洪涵洞排入汀江。事故发生的原因初步查明为：含铜酸性污水池防渗膜多处开裂，引起池内污水泄漏。

据新华网报道，截至目前，汀江流域和位于永定县境内的棉花滩库区出现了大面积的死鱼和鱼中毒浮起现象，据初步统计，仅棉花滩库区死鱼和鱼中毒约达378万斤。

据新华社现场记者对《第一财经日报》记者描述，截至12日，永定县洪山乡码头多达二三十人的打捞队正将打捞上来的死鱼统一过秤后装入麻袋，用车辆运往填埋场填埋。

紫金矿业副总裁刘荣春昨日接受《第一财经日报》采访时辩称，此次渗漏主要与自然灾害有关，不可预料。刘荣春表示，目前上杭县政府已对水库死鱼按每斤6元进行回收，对鱼苗按每斤12元回收。回收款由县政府暂时垫资，待实际损失核查清楚后最终由紫金矿业承担支付。

这已经不是这家矿产企业第一次发生类似的污染问题。《新世纪》周刊此前的报道称，环保部今年5月的通报则显示，上杭县紫金山金(铜)矿下田寮渗滤液污水处理系统在未经环保部门批准情况下，自2009年9月停运，现场检查时仍处停运状态；尾矿渣渗滤液经收集池收集后，未经处理直接排入后库。

今年5月，环保部曾经发文通报批评11家存在严重环保问题的上市企业，紫金矿业为第一家。通报称，紫金矿业7家子公司存在着不同类型的环保问题。“这些公司不仅背离了

---

① http://business.sohu.com/20100713/n273460401.shtml。

上市公司作为公众公司应诚实守信的原则，而且放任环保问题可能酿成重大的环境风险，污染环境，损害投资者利益。”环保部的新闻通稿说。更早的2007年，在首批“绿色证券”试点被核查的37家企业中，有十家未能通过或暂缓通过，其中便有紫金矿业。

除了对于紫金矿业污染的质疑，此次事件更指向紫金矿业迟缓的信息披露机制。此次污染事件发生在7月3日，但紫金矿业一直未对此做出公告，直到昨日被媒体披露，才在晚间发出公告。目前，紫金矿业A股报价5.98元。

值得注意的是，自紫金山铜矿7月3日发生污水渗漏以来，上周末通过公开渠道向投资者公告，且股票继续正常交易。在7月5日至9日这5个交易日里，紫金矿业A股连续上涨，从7月5日的最低价5.64元一度上摸至7月9日的最高价5.99元，最大涨幅为6.2%。

业内人士指出，虽然该涨幅与此期间大盘上涨有一定相关性，但在出现如此恶劣的环保事故之后，公司未正常公告且停牌，是对投资者不负责任。

昨日，紫金矿业停牌一天，今天复牌。该人士说，上周追涨买入紫金矿业的投资者可能遭遇风险，因为紫金矿业昨晚发布的公告指出，紫金山铜矿的生产将因为此次事故受到重大影响。

例文选评1-6中的新闻报道来源于2010年7月3日紫金山铜矿湿法厂污水池突发的渗漏环保事故，由于记者写这篇新闻报道时已经是在事发10天后，同行媒体已就该突发事件作了大量的报道，因此要继续延伸这个事件报道，记者就必须选择新的角度，另辟蹊径。正好发生该事故的紫金矿业上市公司在7月12日刊发了有关事故的停牌公告，于是记者就此最新的报道角度运用追根溯源的方法选择了紫金矿业虽然发生渗漏环保事故，为何在9天之后才在上市公司公告中披露的主题，这样的角度比起单纯只报道突发事件显得更有深度与高度，从而挖掘出新闻背后的新闻。

(2) 对比联想法。

对比联想法是记者在采访某一个新闻事件时，要运用发散思维对与其有联系的彼类事件进行联想，在联想中扩大了新闻视野，所提炼的新闻主题才能价值最大化。

2003年7月一位记者来到了被称为东方瑞士的中国4A级景区——喀纳斯。针对喀纳斯的新闻报道在媒体已屡见不鲜，再次报道喀纳斯这位记者必须寻找一个新的角度，也就是要寻找新的主题。就在与阿勒泰地委书记的一番闲聊中，这位记者得知为了保护喀纳斯景区资源，该景区项目设定了“投资过亿尚能立项”的高门槛，由此以温州商会为首的在距喀纳斯30公里处的贾登峪投资4.5亿元，准备建设喀纳斯旅游接待基地——伯爵山庄。记者听到这个信息之后立刻联想到最早开发喀纳斯的大西部旅游股份公司对此会有什么动作？于是在记者的追问下，阿勒泰地委书记告知，大西部旅游股份公司也打算在贾登峪投资数亿元建设喀纳斯山庄作为接待基地。于是一个以“十亿元锁定喀纳斯”，两大企业财团投资建设喀纳斯旅游接待基地为主题的经济报道呈现在受众面前。

例文选评1-7

十亿元锁定喀纳斯[1]

坐落于距喀纳斯湖30公里处的贾登峪“伯爵山庄”在这个夏季里显得颇为热闹。温州商人们将4亿元抛洒在这座占地640亩的别墅群落上，他们获得的是40年的经营权和盆满钵溢的无限希望。

就在温州商人们觊觎贾登峪的同时，2001年便渗透喀纳斯的德隆麾下又一力作——大西部旅游股份公司（以下简称“大西部”）的高层人士也没闲着，其总经理陈江那被高山紫外线晒得黑里透红的皮肤，足可以印证他往返于贾登峪的频率。

后撤30公里

据了解，贾登峪地处登上喀纳斯湖之咽喉约30公里处，今年被立项为喀纳斯景区开发的旅游接待基地。

为此，阿勒泰地委不惜花费500万元，重金聘请中国城乡规划设计院组织的中外专家来完成阿勒泰地区及喀纳斯旅游的总体规划。其中，贾登峪接待基地详规正是这部总体规划中最先出炉的“成品”。

之所以几经周折，用阿勒泰地委有关负责人的话讲，就是借鉴张家界先期开发之乱局，将湖区所有生活设施建设下撤30公里，还喀纳斯一个景区与生活区分离、生态先行的世界级旅游精品之本来面目。

于是，2003年，贾登峪基础设施建设和经营设施建设基本完成，并逐步将喀纳斯湖区的生活设施建设拆除；2004年始，旅游接待将由湖区向贾登峪大本营转移；2005年实现完全交换切割。这三部曲被写进阿勒泰2003年度的工作要点，也成了喀纳斯详规2003版的力作之笔。

于是，贾登峪旅游接待大本营的敏感系数，率先捕捉住各种资本的目光。

今年4月底至5月底期间，正是各路资本在贾登峪来往穿梭、斗智斗勇的“赛点”。有20多家中外资本云集贾登峪，争食这块“美味大餐”。中间不乏外国资本的咄咄逼人之势。最后还是“温州商会”的一纸“整体开发喀纳斯”标书及其4亿多元的强大资金垫底，从这场标局中胜出。其结果便是那些资金不到上亿元的贾登峪猎食者均被阻隔于准入线之外，转至离湖区更远的布尔津县，贾登峪需要的是大而精的“实力”。

另一家实力派“大西部”早在去年便以3000万元涉足贾登峪地产。

温商介入的力度与速度让大西部表面看上去仍是处变不惊。今年9000万元的续建费用也让人感受到“大西部”在暗暗“摩拳擦掌”。

最后的格局是，贾登峪一区、二区总体规划面积315亩由“大西部”开发，三区、四区总体

① 唐成荫：《十亿元锁定喀纳斯》，2003年9月10日《都市消费晨报》。

规划面积640亩由浙商——新疆新乐投资股份公司(简称新乐)开发。

近千亩的旅游接待基地最后定名为“伯爵山庄”,可容纳近5000人的床位。

有关资料显示,1999—2002年,喀纳斯累计投资3.3亿元,完成了景区部分道路、通信、电力以及经营设施的建设。今年喀纳斯的基础设施和经营设施建设投资达4.03亿元,至明年年底,喀纳斯景区总体投资可达10亿元。

…………

例文选评1-7中的新闻报道正是记者由访谈中联想所启发出的报道灵感。许多的记者在获得新闻线索时,常常是通过当时正在采访的事、景、人、话而联想到另一篇新闻报道的新闻线索,这种方法可以使记者的新闻线索始终处于充盈状态;同时,这种联想发散的思维方式能使记者的思维能力经常性地处于活跃的职业状态之中。

(3) 见微知著法。

从某种意义上说,“小”是记者发现新闻线索的起点,勿以“小”而不为。从新闻事件的线索起步,逐步采访到新闻事件概貌,再挖掘出新闻背后的新闻,于是小线索就成就了大主题。

例文选评1-8

新疆的土豆“洋”起来[①]

就在时下的新鲜土豆收获季节,曾经价贱不起眼的小土豆,现在成了出口中亚商品中的“金蛋蛋”,全球性粮荒的大背景让“土豆”这种粮食的替代品,披上了价格翻番的盛装。

玛纳斯农民捧上“金蛋蛋”

陈万虎是玛纳斯县兰州湾镇王家庄村的一个地地道道的农民,他也是这个村的农户自发选举出来的玛纳斯县兰州镇王家庄村金土豆专业合作社的社长。

玛纳斯县兰州湾镇王家庄村,这个在地图上小得都找不到的村落却在今年的土豆热销中出了名。由于这里的光资源特别适合种植土豆,所以6月中旬,当第一筐新鲜土豆刚被收购上来,田间地头已围满了来自全疆各地的是十余家待收土豆的外贸公司代表。这些代表头顶烈日,对这些刚收上来的土豆大小、光泽度评头论足,不时地在与合作社社长陈万虎讨价还价。

之所以兰州镇的王家庄村能引来多家外贸收购商的另一个原因是,王家庄村专业合作社的土豆于去年的6月10日在自治区商检局办理了土豆种植基地备案。别小看这个小小的备案手续,它就是今年土豆出口的商检标,没有它,新疆的土豆,一律出不得中亚。

所以王家庄村的金土豆,今年的身价整整翻了一番多,最后在多次撮合之下,收购价

---

① 唐成荫:《新疆的土豆“洋”起来》,2009年3月3日《都市消费晨报》。

格订在1.85—1.92元/公斤，而去年这个时候王家庄村同等品质的土豆价格仅为0.60元/公斤。订完价格之后，陈万虎和其他王家庄村合作社的土豆农户显得异常兴奋，因为今年，他们仅在土地上的收入就同比去年多收入了1倍。陈家虎告知，他自己种了20亩土豆，去年1亩收入达到1000元，照今年的价格算，1亩收入可达到2000元，全村2500亩土豆，收入总计在500万元左右。王家庄村的农民怎么也不会想到，这些3个月种植周期的小土豆竟让他们能发家致富，收入增加了3成以上。再加上下半年的种植，今年的收入至少应增加50%左右。

外贸商接到大批来自中亚的订单

不仅玛纳斯县的土豆受到市场热捧，全疆盛产优质土豆的阿克苏、库车等地也同样受到收购商的追逐。而与往年不同的是，今年这些收购商大都冠有外贸公司的桂冠，因为他们手中握有大量的来自中亚和俄罗斯需求土豆的订单。专做蔬菜出口的塔城永利商贸公司就是这样一家专做蔬菜出口的公司。自春节过后该公司就一直接到来自中亚及俄罗斯的土豆出口订单，而且这种订单的量进入5月以后整整比3、4月翻了一倍。

张世明——塔城永利商贸公司的收购部负责人从6月22日新鲜土豆下秤那天起，已经在玛纳斯县兰州镇蹲伏了10天。7月1日晚上至7月2日上午的16个小时里，他为公司送走收购上来的80吨土豆，整整一夜未合眼。他告知记者，如果他不这样亲自督阵，有可能这80吨土豆就会被别的外贸公司用更高的价格抢走。今年让张世明感触最深的莫过于土豆价格的飞涨，张告知，去年同期王家庄村的土豆优质的不过0.70元/公斤；现在已涨到近2元/公斤，好在公司在6月18日就与王家庄村签订了土豆收购合同。但他仍然不敢掉以轻心，稍不留神，自己公司剩下的200吨土豆的价格很可能会高出2元/公斤以内的收购价，这是公司所不允许的。

而与塔城永利商贸公司联手向永利商贸公司供货土豆的一方则是北园春蔬菜产业经营管理公司董事也是北园春蔬菜市场最大的经营户许强。许强凭着15年经营蔬菜的嗅觉，在今年鲜土豆上市之前的6月初就把土豆收购的利爪铺设至包括玛纳斯在内的新疆土豆产区。因为，玛纳斯的土豆在7月10日前收购将全部结束。可是永利商贸公司自今年年初之始求购土豆之量越来越大。许强告知，至目前，他已经把5000多吨储藏土豆和2000多吨新鲜土豆输送到永利商贸公司。而在此之前，许强收购土豆的足迹已经从山东、云南又遍布了新疆的阿克苏、泽浦、库车、喀什等十余个地区。

许强还告知，他们与永利商贸公司联手出口到中亚及俄罗斯的土豆要卖到近3元/公斤，这是他做土豆生意以来所卖出的最高价格，而到他货场上来看货的一些中亚客商则告知许强，这些土豆在中亚市场上的价格现在可卖到5元左右/公斤。

土豆替代粮食缓解粮荒

全球性的粮荒改变了小土豆的命运。

近日，国际粮食期货价格一涨再涨，全球性的通胀困扰着世界经济的发展。东印度及非洲的一些国家已经闹起了粮荒，联合国不惜大动干戈在罗马召开世界粮食高级别会议，而且一开就是三天。有关数据显示，仅2007年，国际粮价就上涨了42%，联合国预计，到今年年末，世界谷物库存将下降到25年来的最低水平。

粮食涨价了，中亚及俄罗斯与世界其他国家一样感受着粮价上涨的困扰。因此，能替代粮食的土豆在中亚及俄罗斯炙手可热起来。

有关资料显示，马铃薯位居小麦和水稻之后，是世界第三大重要农作物，由此，作为中亚人们餐桌上的必备土豆泥、薯条等食品，其替代的需求量一下子大起来。过去它一直其貌不扬，身价很低，可是，在粮食短缺的时候，马铃薯廉价、高产的优点就显现出来了，联合国把今年定为国际马铃薯年，许多国家也在倡导用马铃薯替代粮食，让人意想不到的是，国际粮食市场的这种变化，也让新疆本来让人遗忘的土豆也“洋”了起来。

记者从自治区外经贸厅了解到，多家出口蔬菜的外贸公司，其今年土豆的出口量占据了蔬菜出口总量的半壁江山。同时记者又从乌鲁木齐海关有关处室获悉，前5月新疆土豆的出口量同比去年增加5%，虽然6月的海关统计数据尚未出来，但区外经贸厅有关负责人预测，6月全疆土豆的出口量同比会有相当幅度的增长。

记者还从另一家塔城绿源农副产品有限公司获悉，由于今年他们在口岸上建造的储藏库发挥了大作用，所以至目前储藏土豆的出口量达到6000吨左右，同比去年高了2倍。总经理牛保江说，没想到今年的土豆让公司获得这么好的收益。北园春蔬菜产业经营管理公司董事许强虽然不愿透露仅靠出口土豆他今年的收入几何，但他预测，全年仅从他们公司这里出口的土豆就可以达到上万吨，现在鲜土豆的收购已经呈现紧俏之势；玛纳斯县兰州镇王家庄村金土豆专业合作社的社长陈万虎则告知，明年，他们要在今年2500亩土豆的种植面积上再增加1倍，明年他们的土豆不仅要原装出口，还要进行深加工做成淀粉出口，那时他们靠种植土豆挣的钱就更多了。

有关土豆的话题虽“小”，也并不新鲜，可是在全球农产品价格飞涨、出现全球性粮荒的背景下，从一个小土豆在人们餐桌上的身价扶摇直上的变化事件这个点，记者让受众了解了整个全球性粮荒的大主题。这就是以点带面、窥一斑而观全豹的选择提炼新闻主题的方法。

四、注意事项

新闻主题只能有一个，多主题齐头并进容易导致新闻写作层次的混乱。记者在进行写作时也只能构思一个主题，如果其所采访的材料包含多个主题，那么在写作时就要分别按照不同的新闻主题来写作。但可以由一个大主题包含若干个小主题，这种情况只适用于新闻特稿类的深度报道，不适合于消息报道。记者选择新闻主题的角度，一定是新闻价值最大、最受受众关注的角度。

记者不可以拔高新闻主题或者主题先行，二者都是对新闻的本源——新闻事实的不尊重。

五、实训操作

1. 在市场上收集当天的报纸，分析其新闻主题选择、提炼的方式

（1）要求学生收集不少于3篇公开发表的新闻报道，剪贴在《实训报告册》上。

（2）分析这3篇新闻报道的新闻主题，写出分析报告。

（3）小组讨论。

（4）教师对本次收集的新闻主题进行指导和评析。

（5）学生再次收集新闻主题并进行评析。

2. 构思新闻主题，寻找最佳报道角度

新闻角度或者新闻的切入点是记者发现新闻事实、挖掘新闻事实、表现新闻事实的着眼点。好的新闻角度是对一个记者新闻敏感能力的考验。一般来说，记者在一个新闻事实中能选择出最佳的新闻角度往往与新闻的“时效性”要素特征紧密相连。

使用扩展小组法对以下这篇新闻报道的新闻主题进行提炼实训，操作步骤如下。

百万人争考国家公务员　皆因稳定背后的高福利①

目前，2011年度国家公务员考试公共科目的笔试正在进行，跟往年不同的是，今年第一次有171位来自一线的工人、农民参加考试，而且国家行政机关的招考职位也要求报考者具备两年以上的基层工作经验，之前要求比例为70%，今年第一次提高到85%左右。对此，中国之声特约观察员张春蔚作如下点评。

从数字的角度来解读，目前正在进行的国考说它是千军万马过独木桥一点不足为过。今年的数据显示，已经连续三年具有笔试资格的考生过百万人了，而在七年以前这个数据仅为8.7万人，七年之后考生已经增加了16倍。

国考人数急剧扩容，主要是考生真的都想吃皇粮，都想端上金饭碗。真正让大家趋之若鹜的其实稳定，是一个稳定的预期，是稳定背后的高福利，以及所从事的这个国家官职所延伸出来的一些灰色地带。对于公务员具有诱惑的是他可以走向仕途，可以有机会成为相应部门的负责人，这是对于权力热衷。

我们看到公务员考试具有三方面的作用，首先是在就业严峻的情况下，公务员考试成为缓解就业压力的一个有效的途径，第二是相应的产业调整没有完全到位的话，一些相应的岗位成为考生的目的所望，而且更重要的一点是公务员的金饭碗可以保证自己未来的稳定。在公务员考试万里挑一的背后，其核心就是我们的就业渠道不够多，而且稳定的预期已经成为考生就业当中最主要的考虑因素。

此外，在今年的考生当中有一个亮点，就是出现了171名一线工人和农民工的考生，虽然从总体的考生数量来说他们也是万里挑一的机会，但是我觉得这171名的一线工人和农民工已经成为国家公务员考试当中的一个亮点。

---

① http://news.xinhuanet.com/politics/2010-12/05/c_12849276.htm。

第一步：独立思考(8 分钟)。

每位同学根据上述新闻报道中的新闻事实思考该报道所选择的主题角度，是否还有其他的主题角度？

第二步：两人合作(10 分钟)。

两位同学组成一个小组，比较你和搭档的答案并简述出来。

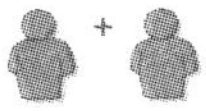

第三步：4 人一组(10 分钟)。

根据新闻报道，小组成员比较答案，归纳出你们共同认可的有关上述新闻报道中的新闻主题选择的角度以及别的主题角度。

第四步：小组合作(20 分钟)。

一个 4 人小组与另一个 4 人小组组成大组，在大组中比较答案，归纳你们共同认可的上述新闻报道中的新闻主题选择的角度以及别的主题角度。

第五步：教师点评(20 分钟)。

在这篇新闻报道中，其主题选择角度在“百万人争考公务员背后的原因”；其实这篇新闻报道还可以有“171 位来自一线的工人”、“农民工第一次参加公考”、“招考要求具备两年以上的基层工作经验的单位超 80%”等三个主题角度可供选择。

3. 提炼新闻主题案例分析训练

1995 年年底，许多记者都聚集在中国最大的海上天然气田投产庆祝仪式上。一位新华社记者却敏锐地发现，该气田除了开工投产的事实信息之外还包含着一个重要信息，即这个气田的大部分天然气将要向香港输送。当时距香港回归还有一年多的时间，在洞悉了这种政治背景的情况下，这位记者改变了常规的新闻报道角度，把受众从对内改为既对内又对外，把报道主题由“一般投产”改为向香港输气的重大主题，从而使得这条新闻有了更大的价值、更高的角度，充分展现了这位记者的政治敏感嗅觉，因此，从标题到新闻导语再到全文的内容都展现了一个与其他记者的不同报道角度。下面是这位记者的报道：

今日凌晨在海南岛以南 91 公里处的海面上，一座天然气平台通过 778 公里长的海底管线，正式开始向香港输送发电燃气……①

① 周胜林等：《当代新闻写作》(第二版). 上海. 复旦大学出版社，2005 年版，第 96 页。

4. 写作新闻主题

据有关资料显示，从 1998 年 9 月日起，我国天然林资源保护工程在四川西部林区率先启动。这个林区包括阿坝、甘孜、凉山三州、攀枝花、乐山粮食和雅安地区。地处上游干流和支流源头地区，有森林面积 463 万公顷，由于长期集中采伐，致使川西可采资源越来越少，生态环境日益恶化。每年经过川江流入长江中下游的泥沙超过 6 亿吨。

该状况引起中央领导的高度重视，有关部委近年来再次启动四川天然林保护方案，四川省政府决定采取“停、关、转、保”等措施，变伐树为栽树，营造良好的生态环境。①

针对这样一个新闻题材，运用参与式教学法训练提炼新闻主题的步骤如下。

第一步：组成基础小组(20 分钟)。
每 6 人一组，研讨这篇报道的新闻主题的确立有几个角度？
以书面形式记录下讨论成果。

第二步：按照“主-谓-宾”或者“主-谓”或者“动-宾”的方式写作新闻标题(10 分钟)。

第三步：按照新闻标题把最重要的几个新闻要素先放进新闻导语部分。新闻导语的出炉事实上就确立了新闻主题的主线(10 分钟)。

第四步：当新闻主题的主线确定后，围绕这个新闻主题主线，按照主线内容的重要性和内在逻辑联系依次将新闻内容要素补充完整 (15 分钟)。

第五步：展板展示(20 分钟)。
每个基础小组展示本小组选择的新闻主题，并选派一名同学进行说明。

第六步：教师点评(20 分钟)。
教师针对展板内容进行点评。

① 刘明华等：《新闻写作教程》(第二版)，北京. 中国人民大学出版社，2002 年版，第 97 页。

上述新闻报道主题的构思与写作按照不同的媒体定位可能会有不同角度。

(1) 党报等宽泛受众媒体的主题报道角度可以参考：

中国第一个天然林资源保护工程今天在四川林区率先启动。

(2) 作为省内媒体的主题报道角度可以参考：

四川省政府今天下令关闭了川西木材交易市场，严令停止对该林区463万公顷天然林的砍伐，正式启动第一个天然林资源保护工程。

(3) 面向工人类媒体的主题报道角度可以参考：

四川省4万多名森林工人，从今天起告别手中的斧和锯，由伐树人变为栽树人。其转岗与分流所需资金，国务院已批准由中央财政每年给予一定的补助。

(4) 面向企业类媒体的主题报道角度可以参考：

四川西部林区的森林工业企业，从今天起经营方向由原来的采伐全部转成对天然林的养护和管理。

(5) 面向环保类媒体的主题报道角度可以参考：

我国第二大原始森林——四川西部林区从今天起摆脱了斧锯加身的命运，开始得到休养生息。

5. 修改、调整新闻主题

(1) 将与新闻主题无关的材料删去。

(2) 在写作中或写作完毕之后再次审视新闻文章，对不合适主题之处进行调整修改。

美国大片《泰坦尼克号》在全国上映时，许多新闻媒体都对其进行了大量的报道，其内容多是有关《泰坦尼克号》的剧情、演员、票房等受众已经知晓的信息。其中有一家新闻媒体选择了与中国观众最为接近的角度，即泰坦尼克号上有6位中国人。这种主题的立意无论从“新”的角度还是“深”的角度都会引起广大受众的共鸣。于是记者利用有关信息平台查找到这六人的名字、乘船舱位、是否有生还者，报道发表后一时引起热烈的反响。

6. 校内实训基地实训

学生利用校报和院报进行新闻稿件主题提炼综合写作练习，教师公开评报。

7. 校外实训基地顶岗实习

学生利用校外新闻媒体进行新闻稿件主题提炼综合写作实习。

六、总结点评

(1) 由于新闻主题的构思与新闻标题、新闻导语、新闻结构的构建是融合在一起的工作过程，因此要避免把新闻主题的构思与其他工作任务的完成割裂开来。

(2) 要避免把与新闻主题无关的内容也构思写作进去，必要时，由记者来删减自己写作出的那些与新闻主题无关的内容。

(3) 由于新闻写作大体框架有之，又小无定法，因此对新闻主题的把握常常会出现仁者见仁、智者见智的情况，但是最终确定新闻主题的标准是新闻价值的最大化，这时要采用民主方式共同研究确定。

(4) 当写作好了新闻标题和新闻导语时，新闻主题也就提炼完毕了，因此新闻主题的提炼与新闻标题、新闻导语的思考、写作是融汇于一体完成的。

(5) 仔细审视新闻采访材料，提炼最有影响力、最有价值的新闻要素。这种最具震撼力新闻要素的梳理往往也是新闻主题的提炼。

(6) 新闻主题是蕴藏在新闻事实中的一种客观存在，记者可以在采访前对新闻主题有自己的预判，但是新闻主题的最终确立还是要根据新闻事实来进行修正和确立。

七、拓展提高

(1) 我总感觉新闻主题的框架太大，应该怎样从小处构思？

(2) 每次采访完，我总感觉有好多的东西要写，可每次写出来后编辑都会大段大段的删减，为什么？

(3) 把写好的稿件交上去后，编辑让我删减自己的稿件，可我觉得删掉哪一段都可惜，所以删减工作完成不了，怎么办？

(4) 我经常会为稿件文字的有用和无用问题与编辑发生争执，有什么样的标准可供参考？

(5) 阅读下面的新闻事件，思考应提炼出什么样的新闻主题能更加彰显其新闻价值？对应写出新闻消息(700 字以上)。

北京时间 6 月 4 日，2011 年法国网球公开赛在罗兰加洛斯展开女单决赛争夺。在中央球场菲利普-夏蒂埃球场，赛会 6 号种子中国金花李娜仅用时 1 小时 48 分钟便直落两盘以 6—4/7—6(0)击败卫冕冠军赛会 5 号种子意大利老将斯齐亚沃尼，改写四大满贯百余年历史成为首位夺得大满贯单打冠军的亚洲球员，也成为首位捧起法网女单冠军奖杯的中国金花。李娜在收获 120 万欧元冠军奖金同时，也拿到了职业生涯第五座 WTA 赛事冠军，也是最重一冠！与此同时，积分达到 6475 分的李娜世界排名也创历史新高达到第四名，就此追平了伊达公子在 1995 年 11 月创造的亚洲选手最高排名纪录。

(6) 针对这两年黄金价格大幅波动的新闻事件，讨论下面的新闻稿件可以从哪些角度来提炼新闻主题(至少两个以上角度)？

由于亚洲、中东地区实物黄金需求即将进入高峰期、对未来美国经济增长形势的不确定以及对欧洲国家债务问题升级的担忧，纽约商品交易所黄金期货价格 31 日企稳。其中，交投最活跃的 12 月合约每盎司上涨 1.90 美元，收于 1831.70 美元，涨幅为 0.1%。

分析人士表示，由于印度即将进入婚礼和节日季节，开斋节的到来意味着中东地区黄金销售进入高峰期，预计全球实物黄金需求将在未来两个月保持旺盛。

当天 12 月份交货的白银期货价格上涨 30.40 美分，收于每盎司 41.768 美元，涨幅为 0.7%。10 月份交货的白金期货价格每盎司上涨 3.10 美元，收于 1856.20 美元，涨幅为 0.2%。

8 月份国际金价每盎司累计上涨 200.50 美元，涨幅达 12%。

任务七　组织新闻材料

新闻材料相当于人体的血肉。血肉丰满，新闻作品读起来才有滋有味，影响力才够震憾；反之，就会如同嚼蜡，令人生厌。

教学目标

通过本任务的学习，使学生学会按照不同的结构模式在新闻稿件中组织新闻材料。

案例导读

华盛顿10月7日电　从航空母舰以及美国和英国基地发射的巡航导弹与出发的远程轰炸机在今晚攻击了阿富汗。它们的目标是摧毁奥萨马·本·拉登的恐怖分子训练营以及保护它的塔利班政府。

总统下令发起了这场军事打击。“这些目标精心选择的行动旨在阻止把阿富汗当做一个恐怖分子活动的基地，而且打击塔利班政权的军事能力。”布什总统在下午1点的白宫电视讲话中说，当时攻击已经开始半个小时。

请你分析上述这篇来自《华盛顿邮报》的新闻作品材料是第一手材料还是第二手材料？

工作任务

1. 认知第一手材料、第二手材料和第三手材料。
2. 组织新闻材料。

理论基础

一、术语解释

1. 新闻事实与新闻材料

所谓新闻材料，就是构成新闻事实的各种情况、表现、反映和记载的总称。

新闻的本源是事实。然而，在新闻报道中，新闻事实是通过各种各样的材料来反映、体现的。

新闻事实与新闻材料的关系在于：新闻事实是客观存在的东西，而新闻材料则往往经过一定的加工，其中不可避免地掺杂一些人们的主观认识；新闻事实的存在不以人的意志为转移，而新闻材料则有真实和虚假之分。

2. 第一手材料

第一手材料，是指记者不经过任何中转环节，直接接触新闻事实时所得到的材料。第一手材料包括记者的直接观察和物证材料。在准确性和受众的兴趣上，一篇以记者的直接观察写成的新闻报道要优于其根据第二手材料写成的新闻报道。

3. 第二手材料

第二手材料，是指记者从当事人或目击者那里得到的（口头的或书面的）材料。有的时候，记者在得知新闻事件时，这个事件已经发生了，记者会迅速赶往现场采访当时在现场的人，听其讲述事件发生的经过。记者在工作中的大部分稿件材料源于这种渠道。

4. 第三手材料

第三手材料，是指记者从非当事人或非目击者那里辗转得到的材料。这种材料既不是记者亲眼所见，也不是记者从现场目击者那里采访到的，而是通过现场目击者告知第三方受众或第四方受众辗转听来的。因此，这种材料的可靠性就有待于落实。

二、工作要点提示

1. 新闻材料的组织从采访准备过程中开始。
2. 按照新闻主题要求、遵循新闻六要素的顺序组织新闻材料。
3. 重点新闻材料要翔实化、细节化。
4. 新闻材料通过多种渠道获得。

三、方法技巧

1. 按照新闻主题主线，在采访中搜寻新闻六要素组织材料的技能

(1) 关注社会的最新发展动态，这是为了寻找新闻导语写作的切入点。

(2) 几乎在任何一个新闻事件的背后都有一个故事，新闻材料的看点在于它的故事性和趣味性，这是为了体现新闻报道的生动性，收集新闻背景。

(3) 坚持核对电话号码簿、姓名、地址，绝对保证它们的准确性，这是为了保证新闻报道的真实性。

(4) 挖掘出新闻背后的新闻，这是体现新闻报道的深度和高度。

(5) 质疑所有的假设，这是为了保证新闻报道的客观性。

(6) 质疑权威，这是为了保证新闻报道的公正性。

2. 新闻材料的鉴别技能

(1) 新闻材料的来源。

下面的这段文字是从《底特律新闻》的一篇新闻报道中摘录的前两段。

底特律警察局的接线员听了6分钟的电话，内容是：24颗子弹射中东部贫民区的一对夫妇。

但是，据警方称，市民误以为枪声是“有人在敲打或创作什么东西”，因此打电话报案时将之作为常见的入室行窃案件。

以上这条新闻导语给受众的印象是，记者正在电话接线员的身旁，记者获得的是第一手材料。但是该报道第二段称信息是从警方得到的。于是我们可以得知第一段新闻导语里材料的来源未交代清楚，有误导的嫌疑。

(2) 新闻材料的性质。

即新闻材料的形成是以怎样的形式呈现的，是物证、人证，还是口头的或书面的材料。

(3) 新闻材料产生的原因与条件。

新闻材料的形成是在真实的环境下产生的，还是在“高压”或“应付”的条件下产生的。

(4) 新闻材料形成的时间。

新闻材料形成的时间是在当时还是事过境迁，如果是事过境迁，那么就有理由质疑该材料的准确性，因为人的回忆有遗忘的成分。

(5) 对同一内容的新闻材料进行分析、比较，辨别真伪。

例如，在大陪审团就克林顿总统在和白宫实习生莫尼卡·莱温斯基的关系上可能作伪证而进行调查的期间，报纸上出现了大量令人眼花缭乱的第二手新闻和第三手新闻。按弗吉尼亚大学一位教授的说法，报纸在一种没有消息来源或者消息来源少得可怜的情况下“制造混乱”，审判式的武断文章也被看做是新闻报道。因为大陪审团的审理活动不公开，所以没有第一手报道。但是记者担心在竞争中被他人占了先机而败下阵来，因此对任何有关的信息都不放过。①

这是当时报道克林顿和莱温斯基绯闻案时，美国的新闻媒体所遭遇的真实状况。当一条爆炸性新闻出现时，往往记者的分析、比较、辨别真伪的能力就显得更加重要，它直接会导致对于受众的引导趋向。

对于采访的新闻材料，记者应该如何进行过滤呢？

第一手材料一般比较真实、具体、生动，记者只有到事件发生的现场才能取得，因而十分宝贵，具有可信性、真实性。但是第一手材料也有局限性，记者的观察范围总会受到主观条件或客观条件的限制，其观察时间也是有限的，因此其观察所得有时也会偏离真相。

有许多新闻事件发生的时候记者并不在现场，往往是事后才去进行采访，这时第二手

① 梅尔文·门彻尔：《新闻报道与写作》(展江等译)，北京．华夏出版社，2004年版，第52页。

材料和第三手材料就显得十分珍贵，此时记者需要注意的是要反复核实这些材料的真实性。

3. 新闻材料的选择技能

(1) 真实。

准确是新闻报道的生命。准确而充分全面的直接观察怎么也不为多。信息筛选了一两次之后，只有有勇无谋的记者才会把自己的声誉押在不去核实的新闻报道上。为了让受众能清楚第二手和第三手的报道不是根据记者对新闻事件的直接观察而成的，记者必须指明关于此新闻事件的信息来自于某一个消息来源。

材料验证的技巧如下。

① 在报社的资料室、电话人名簿和城市人名地名目录里核实人名、地址和电话号码。

② 验证不是指在有争议的问题上使用一个消息来源的观点去反对另一个消息来源的观点。记者应该在有争议的问题上提供多种观点，尤其是权威的观点。

③ 通过第三方或政府有关职能部门验证正在发生冲突的当事人的观点。

(2) 有较大的新闻价值。

(3) 符合新闻政策。

(4) 围绕新闻主题。

(5) 新颖、生动、有特色。

4. 新闻材料选择的准则和完美的技巧一起运用的技能

(1) 核查：以记者的观察来核实观点。

(2) 戏剧化：采访那些相关的人士，使事件人物化、人情化。

(3) 确认：细致而详细的观察让受众感受到新闻报道与事实真相之间的关系。

(4) 平衡：呈现双方的观点，既有 A 方的观点，也有 B 方的观点，还有第三方的观点。

例如，越战期间，当美国宣布它的飞机轰炸柬埔寨村庄乃良是一场意外时，美国大使馆告诉记者们说当地的损失很小。《纽约时报》记者西德尼 · H. 香伯格决定去亲眼看一看，他准备坐飞机去那个村庄。当时美国大使馆横加干涉，阻止他飞往该地，但是香伯格设法找到了一条小船到了乃良。

香伯格在乃良待了足够长的时间，以便采访村民和亲眼看一看损失是否是微不足道。然而事实与美国官方的观点并不一致。

以下是香伯格关于被轰炸的乃良的报道，开关是这样的：

星期一的意外轰炸对该镇造成的损失是巨大的。

镇中心的一大片领域被毁坏，包括用钢铁加固的两层混凝土建筑。成群的树林、士兵及其家人安身的茅草棚也被一扫而空，以至于他们曾经驻足的坝场看上去像洒满碎石的空地。

与此同时，香伯格又引用美国大使馆武官曾就此事对记者们说过的话说："我看见一颗炮弹射进了镇子，但是没有造成太大损失。”香伯格却在他亲历的报道中指出，那里差不多有400名伤员，他带领受众穿过村庄：

乃良位于湄公河河岸以东、金边东南38公里处，那里的气氛沉闷而悲伤——人们因为受到联军的轰炸而不知所措。每个人不是失去了亲人，就是失去了朋友；有的大家庭则遭遇到灭门之祸。

昨天下午，记者在河岸上看见一个士兵在不由自主地抽泣：“我所有的亲人都死了！拍吧，拍吧！让美国人看着我！”

他的名字叫乔占，他的妻子和10个孩子都死了。他剩下的唯一的亲人就是他最小的，才8个月大的儿子。这个48岁的士兵因为在距离炮弹落点几英里远的地方站岗，所以幸免于难。

凌晨4点30分过后不久，整个镇子仍在沉睡之中，炮弹从北向南飞来刚好落在这个城镇的中心。在一条长短差不多为一英里的路线上，一共能看见30多个弹坑。人们报告说，在这镇子外围丛林地区还有其他弹坑，那是记者不能到达的地方。

该报道称，村医院有1/3被毁，然后又引用美官方空军发言人对记者们的话说，“医院的东北角有一点点损失”、一堵墙上有一些“结构性裂缝”。在报道中，香伯格像一只拒绝放过其猎物的斗牛犬。虽然那名美国大使馆武官将被摧毁的柬埔寨海军陆战队的营地说成是由“茅屋”所组成，但是这位《纽约时报》记者却指出，柬埔寨人民和他们的家人就住在这样的简陋屋子里。

一个女人的头皮在草丛里飘荡。这边有一个血淋淋的枕头，那边带刺的铁丝网上挂了一块围裙。这片棕色的土地上血流成河。一双婴儿的塑料凉鞋混杂在一些没有爆炸的军用炮弹中间。

报道还引用了那名美国大使馆武官关于该镇居民反映的话说：“他们很难过，但是他们理解，这就是战争，这些事情发生在战争中。”而香伯格却在他的报道中如实地写道：

“我不理解为什么这件事会发生。”失去亲人和战友的21岁士兵谢萨朗说，“以前，每次我们看到飞机来了，我们都很高兴，因为我们知道飞机是来帮助我们的。但是现在我已经不再那样想了。”①

香伯格的报道证明，第一手亲身观察的材料给新闻的真实性加了最高分。记者的最高职责就是让受众在第一时间看见他们所看不见的事实。新闻材料选择的准则确实可以和完美的技巧一起运用。记者现场观察的越多，其写出的作品的真实度就越高。因此，战地记者实际是在用生命的亲历来还原事实的本来面目。

---

① 梅尔文·门彻尔：《新闻报道与写作》(展江等译)，北京．华夏出版社，2004年版，第59页。

四、注意事项

(1) 新闻作品的时效性是衡量新闻价值的一个重要标准。虽然新闻写作受到时效性的极大约束，但是反过来，一条有时效性的假新闻对社会的危害同样是巨大的。因此，要避免用新闻真实性的代价换取新闻时效性标准。

(2) 新闻写作是一项艰苦的劳动，用一线采访到的第一手材料才最具备说服力和感染力，记者要避免成为坐在办公室里的新闻“坐”者。

(3) 增加记者知识的广博性。只有记者的知识广泛，才能增强验证和选择新闻材料的能力。

五、实训操作

1. 认知新闻材料的类型

实地收集新闻材料训练如下：

(1) 在新闻市场上收集第一手材料、第二手材料和第三手材料各一类。

(2) 把收集到的三类新闻材料剪贴到《实训报告册》上。

(3) 对收集好的新闻材料评析分类的理由。

(4) 实训指导教师对学生收集的新闻材料认真批改、公开评析。

(5) 学生通过指导用正确的方法再次对收集的新闻材料进行评析。

2. 鉴别新闻材料

运用情境式方法进行训练：

第一步：组成基础小组(20 分钟)。
每 6 人一组，分别采访不同主题的新闻，每个同学均扮演记者的角色。

第二步：以基础小组为单位，分析材料来源的真实性，相互研讨。
以书面形式记录下讨论成果。

第三步：以基础小组为单位分析采访到的新闻材料的性质(是第一手材料、第二手材料还是第三手材料?)

第四步：展板展示(20 分钟)。
每个基础小组展示自己的新闻材料分类，并选派一名同学进行说明。

第五步：教师点评（20分钟）。

教师针对展板内容进行点评，并提供相应的新闻材料进行建议：

(1) 在可能的情况下进行直接观察；

(2) 如果有必要运用第二手材料，必须寻找最佳人物消息来源，并以物证为支持；

(3) 记者的经验使他懂得，容易到手的新闻发布会材料并不一定是真实的材料，因此记者会通过其他的渠道证实这些材料。

(4) 有经验的记者也同样了解人的消息来源和物的消息来源的不足之处，然后进一步进行证实。

梅尔文·门彻尔在《新闻报道与写作》中讲述了这样一件事情：

刚果这个国家在过去几年里一直饱受内战煎熬。为此联合国向刚果派遣了一支维和部队，同时还派遣了当时的联合国秘书长达格·哈马舍尔德来到这个非洲共和国，试图进行一次停火协议。

黄昏时分，记者们来到北罗德西亚的恩多拉机场等待哈马舍尔德的到来，记者们看见一架飞机降落，一名金发男子出现了。记者们被拦截在100码以外的警戒线后，争先恐后地向报社和通讯社发送报道，这些报道都刊登在第二天的报纸版面上。

但是后来证实，记者见到的那位下飞机的男子不是哈马舍尔德，他是前来了解情况的英国外交事务官员。在记者们报道的时候，哈马舍尔德正在另一架飞机上，该飞机稍后在恩多拉北部10英里处的一片森林坠毁，秘书长与其他机组成员一同遇难。

报道这条新闻的一位记者事后向上级说“我见到了一位看上去像哈马舍尔德的男子”，这个致命的错误就在于记者常做的一件事——推测，而不是等待那个人的身份确定之后。

记者不能总是寻找这样一种“自我迁就”、“缺乏落实的材料”的故事，他们凭借自己的想象、预判而做出某种结论。如果当时有那么一位“较真”的记者跑上前去问问那位下飞机的男子“请问您是哈马舍尔德先生吗”，也许这篇新闻报道中发生的误导就不会出现了。

3. 选择新闻材料

(1) 根据新闻主题对新闻材料进行组织编号。

经验丰富的记者在接受一个任务或从事一篇新闻报道时，脑海里就有一个预判的主题或暂定的报道思路。如果一名记者的任务是报道发生在大学宿舍里的一场火灾，那么这名记者会立刻想到死亡、伤亡人数和火灾的原因并以此作为报道的主题或可能的新闻导语；如果这名记者的任务是报道一名落水男子，那么新闻导语可能涉及营救人员的勇敢和机智；如果这名记者的任务是报道6名年轻人死于一场车祸，那么他会不由自主地想到酗酒、吸毒或超速驾驶的原因。

这些主题报道的思路告诉记者需要观察什么内容，它指导记者如何提问，如何寻找新闻背景。简而言之，它使记者为此而组织报道所需材料。

（2）把那些新颖、生动、有特色、有较大新闻价值的材料选作新闻导语材料。

《华盛顿邮报》的驻华记者孙小凡在报道一起贩卖妇女事件时这样开始了她的报道：

虽然马林梅离家万里，嫁给一个她不喜欢的男子，但是与大多数买来的老婆相比，她要幸运得多。许多被卖女性受到粗暴的对待，实际上被监禁起来。

此处孙小凡用了一个对比式导语叙述了这名被拐妇女与其他被拐妇女的不同，与同类报道比较起来就显示出其特色。

（3）在新闻主题确定后，将围绕新闻主题、符合新闻政策的材料形成报道层次（如图 1-3 所示）。

第一层次：最重要的新闻要素（新闻导语）。

第二层次：现场观察。

第三层次：证实性材料、背景、自发性事件等延展性材料。

第四层次：重要性、影响、原因、结果、分析与解释。

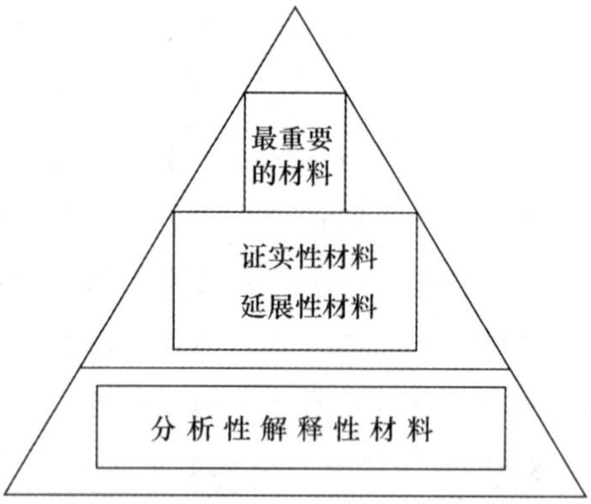

图 1-3　围绕新闻主题形成的报道层次

4. 修改、调整新闻材料

（1）将与新闻主题无关的材料删去。

《纽约时报》的霍默·比加特是美国的著名记者，曾两次获得“普利策奖”。有一次，他被派去报道对威廉·卡利中尉的军事审判。卡利被控于越战期间在美莱屠杀中屠杀了贫民。比加特仔细观察了卡利是如何被带进法庭。他将这次观察与他报道过的另一起军官审判中的观察联系起来。他写道：

虽然他被认为是杀害 22 名贫民的凶手，但卡利享受的待遇比四年前军医霍华德·B. 利维上尉受到的待遇要温和得多。当时利维被判有罪，原因是，他以医疗培训在越南会被非法使用为由给予绿色贝雷帽部队医疗培训。

与利维不同，卡利没有戴手铐，离开法庭时也无拘无束。一名官员解释说：“他的行为完全是惩戒性的，他将继续被当做一名军官。”

而《纽约时报》的主编则认为，比加特没有必要在报道卡利之时再扯上利维的审判，因为四年前利维的审判可能许多人并不十分清楚，如果想要说清楚又必须链接到四年前“利维事件”，而下面的写法读起来显得更加简洁：

陆军中尉卡利被带上被告席时没有戴手铐。

谁的判断更好？比加特还是他的主编？比加特在新闻导语中提及利维的审判，给受众一种强烈的对比感觉：军方反对和平运动。因为利维是和平运动的一个符号。这也表明现在的“卡利被控”事件中军方偏袒被控杀害平民的凶手、一名职业陆军军人。但是大多数受众并不清楚以前发生的“利维事件”，如果报道“陆军中尉卡利越南战争期间在美莱屠杀中屠杀了贫民”事件再扯上“利维事件”，而且又是在简短的新闻导语中不可能详细说明的情况下，《纽约时报》主编的判断更符合受众的阅读心理；如果说这篇新闻报道的后面还可以加一个新闻回放——“利维事件”，那么比加特自己的新闻导语会更好一些。

(2) 对缺乏细节的重要材料补充采访。

《沃特敦每日时报》的记者曾经报道了一位年轻母亲的失踪，6周后，一具部分腐烂的尸体在一个遥远的地方被发现，死者的身份不能确定，但这位记者的报道注意到一个细节：

尸体发现时处于斜躺的姿势，好像这名女性在那里睡着了。据金探长说，尸体一侧有一瓶1夸克的巴卡迪朗姆酒(死者失踪前身上唯一携带的正是一瓶1夸克的巴卡迪朗姆酒)。

这个“一瓶1夸克的巴卡迪朗姆酒”细节成为验证死者身份的最直接的证物，多数受众在看了这篇新闻报道后会毫不怀疑地认为死者就是那位失踪的年轻母亲。

(3) 在写作当中或写作完毕之后再次审视新闻作品，对不合适之处进行调整。

5. 校内实训基地实训

学生利用校报和院报进行新闻稿件材料的选择组织和综合写作练习，教师公开评报。

6. 校外实训基地顶岗实习

学生利用校外新闻媒体进行新闻稿件材料的选择组织综合写作实习。

六、总结点评

(1) 新闻材料的鉴别与选择与记者的知识积累与工作经验有相当大的关系，学生进行这种训练时，平时信息知识的积累非常重要。

(2) 由于新闻追求时效性，所以记者对新闻材料的鉴别常常会与新闻报道的时效性发生冲突，这就要求记者必须具备多种复合能力才能完成这项工作。

(3) 注重团队合作。有时记者会遇到材料取得比较复杂而时间又比较紧迫的新闻稿件，靠自己的力量难以完成对新闻材料的鉴别等工作，这时要通过发挥团队精神来完成工作任务。

(4) 新闻材料的组织需遵循线索—采访—验证—写作的基本规则。

① 尽量使用第一手材料。

② 在缺乏第一手材料的情况下要进行验证。

③ 必要时需要隐藏记者的身份以获取真实的材料。

七、拓展提高

(1) 报社的稿子要得急,我在整理新闻材料时事先要做些什么准备?

(2) 在验证新闻材料时是否每句话都要进行验证,还是只需要验证一些关键要素?

(3) 看别的记者也在忙自己的事,我怎样求得他们的帮助来验证新闻材料?

(4) 我们应该怎样做才能拥有获取下列材料的途径?

① 第一手材料。

② 第二手材料。

③ 被刻意掩盖、毁损的材料。

(5) 当被采访对象告知他的公司要投资10亿元在某省经济开发区建立一家西部地区最大的药业园时,作为记者,你将如何落实验证这一消息呢?

(6) 研讨国美电器高管中有关产权纠纷案。作为记者,在选择材料上你认为如何进行报道更为客观?需要验证什么?怎样进行验证?

自从2008年11月黄光裕出事之后,国美管理层面对的是“天崩地裂”的危险局面,临危受命的陈晓在筹划国美渡过难关的同时也逐渐在管理层开始了优化调整的收缩战略,关掉部分无效的亏损门店,提高管理精细化程度,建立以单店利润提升为目标的考核机制,将国美的经营战略由粗狂式规模扩张转变到精细化管理提升单店效益上。也正是这种调整逐渐激化了如今现实中的黄陈矛盾。在黄光裕一方的眼里,陈晓像是一个背叛者,一个篡位的谋臣,他利用黄光裕案发形成的权力真空,引入贝恩作为自己的外援,利用期权激励方案收买国美旧部,有落井下石之嫌,他可能与资本合谋控制这家黄光裕一手带大的公司;而按照陈晓的说法,黄光裕的一系列动作也将会把国美带入绝境。

从表面上看国美产权大战是黄陈之间对国美控制权的争夺,但实际上国美既不姓黄,也不姓陈,更不姓什么外资。作为上市公司,国美是所有股东及员工的利益载体,根本不存在黄陈之争,国美产权之争的根源在于利益之争与经营理念之争,其本质是国美所有股东、董事会及管理层在公司股权结构与治理结构层面的争夺与重置,是对国美未来发展战略的分歧,预示着国美的管理制度正在从家族化向现代企业制度转型。

但不管谁输谁赢,无论是黄光裕作为国美最大的股东,还是陈晓作为国美的小股东和董事会主席,他们的利益从根本上来说都是和国美的命运息息相关的,一荣俱荣,一损俱损,和则两利,斗则两败。双方所有的策略都应该以公司的长远利益为出发点,抛弃所有的个人恩怨,这是一个企业家应有的风范,也是一个职业经理人必须具备的职业道德和素质。而从国美发展的角度来看,和解无疑是双方的首选。①

① 引自陈放微博:黄光裕陈晓握手言和?——国美产权大战“冷”思。

任务八 运用新闻语言

新闻是用语言文字写成的，词能达意、朴实准确是对新闻语言最基本的要求。此外，恰当地运用修辞技巧可以使新闻语言在准确的基础上锦上添花。新闻报道不仅要通俗易懂，也要栩栩如生，从而彰显新闻的魅力。

教学目标

通过本任务的学习，使学生学会运用新闻语言。

案例导读

我三十万大军胜利南渡长江

新华社长江前线一九四九年二月二十二日电 英勇的人民解放军二十一日已有大约三十万人渡过长江。渡江战争于二十日午夜开始，地点在芜湖、安庆之间。国民党反动派经营了三个半月的长江防线，遇着人民解放军好似摧枯拉朽，军无斗志，纷纷溃退。长江风平浪静，我军万船齐发，直取对岸，不到二十四小时，三十万人民解放军即已突破敌阵，占领南岸广大地区，现正向繁昌、铜陵、青阳、荻港、鲁港诸城市进击中。人民解放军正以自己的英雄式战斗，坚决地执行毛泽东、朱总司令的命令。

请你分析上述新闻报道用词用句的长处。

工作任务

1. 认知新闻语言。
2. 运用新闻语言进行写作。

一、术语解释

1. 新闻语言

新闻语言就是“新闻作品的语言”，它的主要特征是准确、清晰、生动，既不能像文学语言那样虚无缥缈，讲究意境与含蓄；也不能像科学著作的语言那样平白而生硬。

2. 新闻语言和“新闻腔”

新闻语言是跨国界的，尽管语种不同，但对新闻报道的要求是一致的。

美联社的编辑雷内·卡彭认为，在新闻报道中，有夸夸其谈、装腔作势的语言，也有平易朴实的语言。他认为那种夸夸其谈、装腔作势的语言就叫“新闻腔”，如“大家一致通过”、“受到一致好评”等。对于初学者来讲，写作新闻不一定要求词语多么生动与跳跃，但至少要把基本的事实讲清楚。

二、工作要点提示

1. 认知新闻语言的基本特征。
2. 运用平易朴实的语言进行新闻写作。
3. 在平易朴实的基础上对新闻语言进行生动形象方面的润色。

三、方法技巧

1. 掌握新闻语言的核心品质——准确的技巧

没有准确的语言，记者就没有办法使新闻报道更加符合事实的本来面目。

新闻语言与文学语言有着迥然不同的区别。文学语言的精髓在于含蓄，余音袅袅，回味无穷。新闻语言的核心品质在于准确。因为新闻是以追求真实为己任，只要用朴实准确的语言反映出事实的真相，新闻报道就达到了目的。

新闻语言要准确，应该注意以下三个问题。

(1) 要注意词义的差别。

在国外某新闻媒体，一位新闻主编盯着一条新闻导语起疑。前一天晚上，采访市政委员会会议的一位记者写道：“委员会通过了一个有争议的决议，有一人投了‘下降’票。”该报新闻主编提醒了这个犯错误的记者，正确的用词应该是“反对”。

另外，美国一家大型公共公司的财务总管被确认贪污 2.5 万美元的公款，有记者就此可以这么写：

这名雇员是……

这名官员是……

这名经理人是……

每个名词里都有不同的内涵。“雇员”一词比较适合用来称呼一般的工作人员，“官员”一词通常用来与公共事物相联系，因此“经理人”一词相对而言是最合适的。

让我们来看看一些动词：

他分批偷窃了 2.5 万美元……

他拿走了 2.5 万美元……

他挪用了 2.5 万美元……

他侵吞了 2.5 万美元……

他盗窃了 2.5 万美元……

“偷窃”一词似乎减轻了事件的严重性，“拿走”一词显得有些轻描淡写，“挪用”一词有歧义，暗指一种官方行为，因此“侵吞”和“盗窃”可能最适合使用“因主观私念盗窃的行为”。

(2) 要推敲词语的感情色彩。

记者要推敲用词的褒义、贬义或中性色彩。因为如果使用含混不清的语言，那些粗心的记者可能会成为给受众洗脑的同谋。

如某石油公司发布的新闻稿宣布，该公司将在马萨诸塞州某城镇外建设一个“石油农场”。记者忠实地在新闻导语中写道：“一个石油农场将占用城市东南的一块广阔地面。”这位记者不仅用词不确切，而且还帮助石油公司模糊了事实。石油公司所谓的“农场”是指用来储藏石油的罐子，给受众以肮脏的形象。而农场给人们的印象是白色的谷仓和绿色的牧场，这正是石油公司希望在受众的脑海中造成的印象。于是，记者使用的“农场”一词模糊了受众的视线。

当某外国国会正在讨论税收时，它想方设法地弱化那个可怕词语可能造成的冲击，并用“国库充实”等词替代。

在以大麻为主要农产品的美国加州北部，这种种植物的一个文雅术语是“赚钱的集约园艺”。

一个公司不给雇员降级，而是给他来一次“负面晋升”。

以上引号中的这些表述，由于用词的不准确，使得记者传递给受众的是一条误导的信息。记者在写作时一定要推敲词语表达的准确意思。

(3) 要讲究“立言得体”，落笔要有“分寸”，客观而真实。

事实第一，语言第二，即新闻的真实性是第一位的，新闻语言的修饰、雕琢是第二位的，不能因为语言的优美而牺牲了新闻报道的真实性。

新闻语言准确性的障碍之一来自于记者对能够激发受众的语言的不断渴望，这种渴望是健康的。但是它可能导致的结果是记者选择的语言比事实价值本身更生动、更令人兴奋。有时候记者迫切地希望使自己的语言生动并富有创造性，这种激励使他们的语言和报道脱离了激发其自身灵感的现实。

对一些部分人来说，词语本身就是目的。但是事实上，语言的目的是准确地传递信息，而不是用放大镜或缩小镜来显示技巧的光彩，不是玩弄辞藻，这正是新闻语言的尺度。技巧有它自己的位置，它的正确作用是帮助准确传播。正如电影批评家波林·克尔所指出的：“技巧几乎不值得说道，除非它被用来做值得做的事情。”

2. 增加新闻清晰度的技能

新闻清晰度即新闻语言的“清晰”，不仅包括文学语言所要求的文字流畅、条理清晰，还包括更广泛的内容，具体说主要包括叙事、状物要具体形象、简洁明了、通俗易懂这三个方面。

记者选用的词语和短语必须要放进新闻背景中，放进对受众有意义的句子和段落中。《亚特兰大宪法报》的拉尔夫·麦吉尔曾经说过：“假如你打算成为一位报纸撰稿人，你就必须把干草放在骡子能够得着的地方。”意思是说，对受众而言，先要能读懂新闻，然后才谈得上技巧。

增加新闻清晰度的方法主要有以下三种。

（1）具体形象（具体、真切），还要借助形象化的语言。

例如，当一位外国的国会议员从事实上“否认”了有关他的提案将导致失业的指责时，如果记者写他“反驳”了这些指责，那么这样的语言就不准确，报道也不清晰。因为“否认”是指新闻报道本身不存在的东西，而“反驳”是新闻报道本身存在这种观点，只是说话人本身的看法与他人的看法不同罢了。

例文选评1-9

学费的不断增长迫使许多学生放弃他们的选择而去了离家近的大学。

高中四年级学生拉尔夫·克拉默被一所常春藤名校录取了。但是，总共2.2万美元的学费是他的家庭望尘莫及的，于是他只好选择了一家不太有名的公费学校上学。……

如上所述，用典型事例可以详述报道主题并使报道主题人性化。该例文用拉尔夫·克拉默为节省学费不上私立名校而上公费学校的故事——这种形象化的语言在准确的新闻语言核心品质下，提升了受众对新闻作品的主题“高学费迫使学生们放弃名校”的理解程度。

（2）简洁明了，不能事无巨细，要剔除可有可无的词句。

受到想把所有的事实都塞进句子中这种渴望的刺激，一些缺乏经验的记者下笔洋洋洒洒，一发而不可收，让受众每看一行就增加一份困惑。一位曾荣获“普利策奖”的记者巴布认为：优秀的新闻写作建立在优秀的写作原则基础之上。新闻事业是写作世界中的一部分。巴布讲述了他剪裁新闻材料时用了如下的用词办法。

① 在清除这些垃圾之前，我先把文章分成短句。句号越多越好，我将这定为一条法则。一个句子所表达的不要超过一种思想或一个形象。

② 我反反复复地仔细检查每一个句子。开始，我先删去所有可有可无的词语。

③ 段落是奇妙的东西。它让你悄无声息地改变韵律。它就像一道闪电一样，从不同的角度呈现风景。有的作家，甚至是优秀作家，会分出许多段落，随处加标点符号。

④ 如有可能，每句话应该只传达一种意思。这个座右铭一直被认为是仅限于新闻界的律令。

波士顿报人路易斯·莱昂斯回忆当自己还是一个初出茅庐的记者时，有一次写一篇关于波士顿陈旧高架铁路系统的季度报道。波士顿陈旧高架铁路系统自其通车以来一直保持赤字历史，但这个季度它处于盈利状态。于是，莱昂斯写道“波士顿高架铁路系统1月份创造了一个引人注目的记录——它盈利了……”。

当时该报的夜班主编对莱昂斯说，“引人注目”是一个褒义的形容词用语，不是一个客观的报道用语，应该用具体的从赤字到盈利的数额展现这种“引人注目”。

《纽约先驱论坛报》报道“二战”爆发的新闻导语和美联社报道“二战”结束的新闻导语同样简短却很能说明问题：

本报讯 欧洲大战于昨天拂晓爆发。

另一家美联社的新闻导语更为简洁：

美联社(1945年)8月14日电 日本投降了！

第一条新闻导语11个字，第二条新闻导语5个字，它们都能把“二战”爆发与日本投降这两个基本的新闻事实说得简明清楚。

(3) 忌晦涩。

例如，当美国“挑战者号”航天飞机爆炸时，美国媒体的一篇报道曾用了这样的词汇表达：“尸体不是被放进棺材，而是放进了机组人员转移箱。”

对于一般受众而言，“机组人员转移箱”可能是高科技的一种什么装置，一般人很难明白。这是由于记者的专业术语导致了受众理解上的偏差。我们可以想象一下，一名受众如果连这个词都没读懂，又怎能准确地理解它的意思呢？

3. 形象生动有特色的技能

(1) 要尽力寻找有特色的字眼。

显著的评论、有见识的观点或者富有个性语言的表述、叙事，有助于受众想象说话者的形象。如果一位记者的新闻报道不仅能让受众看(听)得懂，而且能让他看(听)出其中的个性特征，那么，这篇新闻报道就不仅具有真实感，还具有生动感，例如：

9岁的玛丽·约翰逊躺在她被杀的家人旁边已经将近2天了。她相信她自己也会死于她母亲的枪下。

但是玛丽还活着。昨天在去医院的路上，她对救护人员说：“不要因为妈妈开枪而责备她。”

上述新闻报道的记者根据人物形象、年龄特征寻找到了形象、生动、有特色的字眼，并通过人物的对话体现着生动，又如：

俄克拉荷马城电 灰尘和愤怒还未平息，一场寒冷的雨开始落在被炸毁的办公大楼废墟上，落在警察、消防员、医生的肩膀上。

他们不习惯，换作别的随便哪天，他们可能会接到厨房失火、家庭纠纷甚至小猫上了树下不来的报警电话。从某种意义上说俄克拉荷马是个很平静的小城。

昨天早晨，巨大的爆炸震动了几里外的早餐咖啡，俄克拉荷马城的世界被打碎了。①

在上述这篇新闻特稿中，记者用了延迟式导语开始了这场对俄克拉荷马城巨大灾难的描写，他用对比的手法进行描写，生动形象之处跃然纸上。

(2) 注意长、短句搭配，产生节奏感。

西方报业协会在作了大量的研究之后得出结论，新闻报道要有可读性，关键之一是写短句。表 1-1 揭示了可读性与句子长度的关系(英文报道)，可供我们参考。

表 1-1 可读性与句子长度的关系(英文报道)

句子平均长度	可读性
少于 8 个单词	很容易读
11 个单词	容易读
14 个单词	比较容易读
17 个单词	一般
21 个单词	比较难读
25 个单词	难读
29 个单词或以上	非常难读

优秀写作的关键是变化、节奏、平衡、长短句互见。如果我们通常以标点符号将长句分解为短句的话，一个写得好的长句与一个 8 个词的短句对受众来说一样易懂。短句易懂是显而易见，但全部用短句未免呆板，缺乏节奏感，只有长短结合才能相映成趣，平实之中富有变化，横看成岭侧成峰，远近高低各不同。

4. 过渡词使用的技能

有些记者在写短句时遇到困难，因为他们不会处理过渡这种句子与段落之间的衔接。由于这些记者没有掌握从一个句子顺利地转接到另一个句子的技巧，因此，他们倾向于以堆砌词语来进行思考，这常常会使他们自己以及受众在语言表达和接收信息上陷于困惑。而善于调控过渡词的记者通常运用过渡词将长的句群转换成短的句群甚至是一个长句，这种利用换行式的阅读方式减少了受众的阅读疲劳。

新闻稿件的主要过渡方式有以下四种。

(1) 代词。

即用代词代替前面的句子和段落中提到的名词，例如：

1977 年，布劳恩博士开始教历史。那一年他获得了他的博士学位。他的论文主题是法国印象派。

(2) 关键词和意思。

即在后面的句子和段落中重复某些词和某些意思，被重复的词语一定与记者想要表达的主题有关，否则就没有必要重复，例如：

---

① 梅尔文·门彻尔：《新闻报道与写作》(展江等译)，北京．华夏出版社，2004 年版，第 174 页。

他曾经被指责为“学术纯化论者”。那些词让他战栗。

“‘学术纯化论者’这个称谓听上去像个绰号。”他说。

(3) 过渡词。

即两个长句之间使用一个过渡词，其作用既能承上启下，又能让受众享受不断换行阅读所带来的快感。以下是新闻报道中主要的、常用的过渡词。

连接：又、也、并且、最终、而且、另外、接下去、于是、因而、同样。

转折：但是、可是、不过、反之、另一方面、否则、然而、虽然、此外。

比较：同样地、类似地。

地点：临近的、在远处、这里、附近、对面。

时间：此后、同时、后来、其间、很快。

5. 要多使用动感的语言

新闻报道必须具有动感，新闻事件的性质决定新闻报道推展的节奏。

一篇关于龙卷风或飓风袭击国外某社区的新闻报道将以风速行文，但如果是一篇有关杨善洲荒山种树捐赠国家的新闻报道，那么杨善洲开荒种树的艰苦、收获以及他淡泊名利的精神细节才是新闻报道的重心。无论是快或是慢，新闻报道必须是动态的，它不能停下来去探测第二条路。

例如，《洛杉矶时报》的记者贝拉·斯顿博在报道一个乡村小镇的恶霸被绳之以法的事件时，他的报道中引用了两句这个恶霸的话：

“本镇没人能打败我。我是不可战胜的。”贝拉·斯顿博没有必要直接告诉受众，这个人极度自负。但是受众听到了这句话或看到这样的话语就能感到这个恶霸极度自负。所以，记者在写作时常常让作品中的人物“去说话、去行动”，在说话、行动中展现人物的个性特征。

6. 要注意刻画有特色的细节

优秀的记者会让被采访者的语言和动作来做这个工作。美国著名的记者约翰·西亚迪说：“让事情发生，而不要讲它是如何发生的。”如果做到了这一点，那么受众就能真正走进新闻报道中去。本来横亘于事件和受众之间的记者就自然消失了。

例如，为了表现国外某地东北一个奶牛场的消失对人们造成的影响，一位记者写道：“那些农场主在出售了农场后仍在附近逗留，人们还可以看见他们在百货店里购买早晨喝的啤酒。”

农场主仍“在百货店里购买早晨喝的啤酒”的行动细节表现出他们对奶牛厂消失的惋惜之情。

四、注意事项

(1) 新闻语言的运用要以以往的遣词造句等语言运用为基础。

(2) 形式是为内容而服务，不能因为讲究优美的词藻而放弃了新闻内容的真实准确性。

(3) 新闻语言是大则有之,小无定势。

五、实训操作

1. 通过完全行动法进行实训

给定一篇 1000 字以上新闻案例,认知其新闻语言的准确、清晰度、形象和动感特征。

第一步:组成基础小组(20 分钟)。
每 6 人一组,讨论其新闻语言的准确、清晰度、形象和动感特征,以书面形式记录下讨论成果。

第二步:2 个基础小组合成一个大组进行研讨,取得共同的讨论结果(10 分钟)。

第三步:每个大组抽出一位成员与其他大组抽出的成员组成专家小组,并将本大组研讨的结果做成展板,选派一位同学解说研讨结果(20 分钟)。

第四步:展板展示(20 分钟)。
专家小组为每个展板打分(5 分制)并写明评分理由。教师也为每个展板评分并写明理由。

第五步:教师点评(20 分钟)。
教师针对展板内容进行点评,同时将教师与专家小组合计的平均得分公布于众并说明理由。

2. 使用扩展小组法进行新闻语言的准确性的练习

“说”的多种使用法训练:请查阅下列“说”的同义词的细微差别,把它们写在《实训报告册》上。

第一步：组成基础小组(20 分钟)。
每 6 人一组，讨论“说”这个词有多少个同义词？其各自的准确意思(褒义、贬义、中性)是什么，以书面形式记录下讨论成果。

第二步：每个基础小组在研讨中把“说”的各种意义写成词条(10 分钟)。

第三步：将本组的词条贴在展板上，选派一位同学解说研讨结果(20 分钟)。

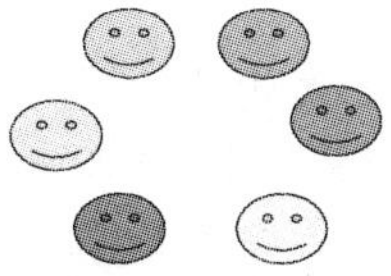

第四步：教师点评(20 分钟)。
教师针对展板内容进行点评，并对研讨问题进行解读。“说”的多种用法及其不同的含义：断言、指陈、声称、主张、宣布、指出、喊叫、陈述、耳语、坦陈、告知、披露、透露……

通常记者在交代消息来源时会使用“说”这个词。但是这个词被误用之后会形成新闻语言中危险的浅滩，致使许多的记者都曾在那里触礁。

例如，一位外国新闻撰稿人曾这样写道：“该党派的财务主管‘披露’，琼斯曾经接受过外国公司的献金，这触犯了法律。”主编告诉这位记者，“披露”这个词“暗示我们相信这种断言，请用‘说’这个中性词更客观一些”。

《华尔街日报》的一位新闻主编比尔·克里格会把“他笑着说”、“他气急败坏地说”、“他一脸苦相地说”等词从文章中找出来，然后叫来写这篇新闻稿件的记者。比尔·克里格会把这些句子都改成“他说”。

上述主编的做法无非是让记者更多地学会如何慎用形容词，如何更多地使用客观性的语言来进行叙述。

3. 使用头脑风暴法练习新闻语言的清晰度

(1) 教师给出定向新闻事件三则，让学生按照以下方法分析写作新闻稿件。

① 先理解事件然后再写。

② 知道自己想说什么时再写。

③ 要展现，不要讲述，要让你所描绘的画面、人物替你说话。

④ 把好的引语和具有人情味的内容放在新闻报道的显著之处。

⑤ 把相关的说明或有趣的故事放在新闻报道的显著之处。

⑥ 使用具体的名词和生动的动词。

⑦ 避免滥用形容词，避免用大量的副词修饰动词。

⑧ 避免在新闻报道中做出判断和推论，要让事实说话。

⑨ 不要在新闻报道中提出连你自己都无法回答的问题，如果有这样的词语或问题要删去。

⑩ 质朴、诚实并迅速地写作。

(2) 案例训练。

当纽约市发生财政危机濒临破产时，该市向联邦申请援助。福特总统粗暴地拒绝了，并说纽约的财政危机是由它的肆意挥霍和用财不当造成的，因此它必须自己收拾残局。《每日新闻》编辑主任威廉·布林克思考着这篇关于总统拒绝援助的新闻报道，看看他是怎样修改、再修改来增加新闻语言的清晰度的。

首先威廉·布林克为该报道拟写了一个五六个词的头版标题，他写道：

福特拒绝援助纽约

以上这个标题枯燥乏味，而且让人感觉官腔十足。于是，他又拟了一个：

福特对援助本市说"不"

以上这个标题还算合适，但是与第一个标题一样沉闷。布林克回忆，在他的脑海深处突然产生这个念头："福特不单单是拒绝帮助我们，事实上，他把我们扔进了废品堆。"然后，他在稿纸上写了两个词。片刻之后，他又在这两个词前面加了3个词：

福特对本市说"死了拉倒"!

以上这个标题很快出了名。美国各电视台的晚间新闻节目对其予以展示，《时代周刊》和《新闻周刊》在关于该市苦境的摘要中也用了它。这个标题不仅简洁地呈现了信息(外延)，而且还用纽约人看得懂的语言暗示了总统对纽约的蔑视(内含)。该标题切合这个新闻主题。

4. 使用正确的方法练习新闻语言的形象和动感特征

(1) 教师给出一个定向案例，让学生来分析判断其语言的形象和动感特征。

在报道一个被狙击手杀死的小孩的葬礼时，美国的一位记者写道："极度悲伤的父母在整个仪式中一直泪流不止。"

同样是关于这件事情的报道，另外一位记者写道："这对父母哭得很平静。富兰克林夫人靠在丈夫身上以支撑自己。"

第一位记者告诉我们父母"极度悲伤"，而另一位记者则把女人的悲伤展现在我们眼前，比较而言后者更加形象生动。

(2) 分析下列新闻作品中使用的动感词语。

昨天，两名大学二年级的学生在匆忙中开始了一天。

朱迪·艾布拉姆斯头一天晚上学习到很晚，所以很晚才睡。她飞快地喝下早餐咖啡，然后跳进了自己的车里。此时离上午9点钟的上课时间还有5分钟。

富兰克林·斯塔雷特也没有时间吃早饭，他快速地跑进车里向学校驶去。他9点钟与他的英语指导老师有一个预约。

启程几分钟后，他们两人的车在校园以南的斯坦福大街相撞了……

记者用“喝”“跳”“跑”等富有动感的词语描写出两位大学生上课之前的紧张画面，这就使得后来发生在校园南面的两车相撞事故就不显突然。

5. 使用正确的方法练习新闻语言的细节描写

(1) 分析下列新闻描写中的“细节”。

《芝加哥论坛报》的罗伯特·凯泽在一名警察被枪杀的系列报道中，通过多方观察了解到以下细节，当他报道出来后，使受众在阅读报道时有身临其境之感。

当他们准备换班上岗时，其中一名警察把他的“口径5毫米、黑白相间的SIG-SauerP22手枪，以及一个装有13发子弹的弹夹”塞进枪套。

他们驾驶的是一辆“福特型”汽车。广播“播放着附近的第43大道与斯塔特大道发生枪击案件新闻”。司机“用他穿着9号鞋靴的脚猛踏加速器，向北驶去”。一名因贩毒而臭名昭著的歹徒在一所房子向外射击，“子弹的速度最快为每秒1350英尺，比声音的速度还快”。子弹击中警察，发出闷闷的一声。这颗子弹是铜壳铅头，正好在防弹背心下方的右下腹击穿一个洞，它是在穿过通向臀部的耻骨时爆炸开的。

手枪“塞进枪套”、“9号鞋靴的脚猛踏加速器”、子弹“正好在防弹背心下方的右下腹击穿一个洞”等都是罗伯特·凯泽在现场观察的细节描写。

(2) 观看汶川大地震的视频，进行现场细节描写练习，注意词语使用的生动与准确。

6. 校内实训基地实训

学生利用校报和院报进行新闻稿件新闻语言综合写作练习，教师公开评报。

7. 校外实训基地顶岗实习

学生利用校外新闻媒体进行新闻稿件新闻语言综合写作实习。

六、总结点评

(1) 新闻语言的运用与学习者自身的遣词造句基础有相当大的关联，学生进行这种训练时，平时的文字语言功底与日常的练习非常重要。

(2) 新闻语言的形象动感是建立在准确的基础之上的，新闻表达既忌讳缺乏动感的晦涩语言，也忌讳脱离准确只玩弄辞藻。

(3) 新闻语言的训练非一朝一夕之功，需要经受长久的耐力磨炼。

七、拓展提高

(1) 写稿时我想出一个特别好的词语打算放在新闻导语里，可编辑却在修改时把这个词语删了，我是否应该跟他讨论讨论？

(2) 看到有些记者的稿件总是受到主编的表扬，我的心里非常羡慕却不知道该怎样超越他？

(3) 主编总觉得我的稿件太花里胡哨，我该如何改变这种状况？

(4) 新闻作品的语言与文学作品以及政治报告的语言有何区别？

(5) 下面是一篇未完善的新闻稿件，请你以记者的身份从语言的角度对其进行完善。

首府家教市场大学生社团异军突起

3 月 25 日，星期六上午十一点，南门新华书店大楼前，由于是背阴处，这里的温度只有零上 3 度左右。在瑟瑟的冷风之中，17 家左右的大学生家教中心呈一字形横排于楼前。前来咨询的家长并不十分多，然而，每来一位家长，都会被这里的家教中心咨询人员里三层、外三层地围住。

马××，新疆大学资源环境系的学生，百××家教服务中心的创建人之一。当记者见到他时，他身上穿着一件厚重的羽绒服，与大街上五颜六色的春装相比，极不相称。

当记者问他能提供什么样的家教服务时，他熟练地拿出一张"百××家教服务"宣传单，告知记者可以提供 20 多门课的家教服务。而且告知记者，他们一节课的收费要比中小学教师便宜，记者问能便宜多少？马××告知，一般在 15～18 元。

记者问及他们的家教师资主要来源时，他告知记者主要来源于大学生和硕士生，也有部分中小学教师，他同时告知记者，他们与中小学家教不同之处在于，他们不收家长的中介费，只收在他们这里求职当家教的中介费，一般也就是 20～30 元不等。

在得知了记者的真实身份后，马××告知记者，这里的竞争异常激烈，他们周末每天是三班倒，但尽管这样，一周不开张的情况多有存在。

马××还记得第一个让他有成就感的案例。那是 3 月初的一天，天气也是非常得冷，当时来了一位女家长，这里的 17 余所家教咨询人员一下子把这位家长围了几层，凭借着自己个头大，马××与其他的咨询员一起七嘴八舌地说着自己的优势，最后这位家长只好匆匆收了一落子传单走了。

事有凑巧，不一会儿，一个研究生到这里求职家教，他所擅长的课程正好与那位刚走的女家长需求一样。于是马××使出浑身解数，说服该研究生入会"百××家教服务"中心，并于当晚与那位女家长取得联系，让这位研究生免费试讲一次。

试讲的结果让这位家长非常满意，马××的第一笔家教中介就这样成功了，虽然他这笔中介费只有 20 元。

同马××一起的"战友"对记者细述了他们这个家教中心创业的艰难，原来他们所依托的以勤工俭学为目的的新大创业协会去年年底事实上已经成立了，但没有运作一个月，这个创业协会因为没有生源又流产了；今年开学之初，这个创业协会再次破冰，马××同他的伙伴们希望能坚持下去。

项目二　新闻特稿写作

在新闻媒体工作，70%以上的新闻稿件是由新闻消息这一体裁完成的，还有30%的新闻稿件是要用新闻特稿(通讯)、新闻评论等其他类报道完成的。现代的中国新闻媒体由于要同国际接轨，其深度报道多设特稿部(或专题部)；而在经济新闻部和娱乐新闻部等专类新闻中心里，记者也必须同时肩负能写作新闻消息和新闻特稿两类艰巨的任务。

新闻评论这种稿件一般记者接触不多，只有少数资深记者或知名评论家涉及这种体裁，因此本书中“新闻评论”不作为一项单独的项目加以赘述。值得一提的是，20世纪曾经在中国各大新闻媒体非常盛行的“通讯部”，这个带有历史内涵的富有中国特色的名称在21世纪的现代新闻传媒业中已很少使用，本着高职教育以工作任务为主线的目标，本项目的名称根据现代新闻传媒业的需求也叫做“新闻特稿写作”。

教学目标

通过本项目的学习,使学生学会新闻特稿写作。

案例导读

首家物业招标遭遇尴尬[1]

就在新年就有新气象的2006年年初,西部豪庭的物业公司招标工作却难有新气象。因为,自去年11月18日西部豪庭物业公司开标以来,有广汇物业有限公司(以下简称广汇物业)、乌鲁木齐市电信物业有限公司(以下简称电信物业)及众利德物业有限公司(以下简称众利德物业)分别以前三名的身份中标,然而,时至今日,这三家中没有任何一家入主西部豪庭,首府首家在政府指导下的小区物业公开招标遭遇尴尬。

业主委员会与房产开发商之间亮黄牌

这次西部豪庭物业公司招标遭遇尴尬的主因是由于西部豪庭的开发商——西部房地产开发有限公司(以下简称西部房产)作为西部豪庭新的大业主与原西部豪庭业主委员会以及中标物业公司之间在交接上产生分歧。

据了解,新年伊始之前的星期六(2005年12月24日),西部豪庭商住小区业主委员会与中标第一名——广汇物业共商交接事宜。这个代表西部豪庭的业主委员会包括原西部豪庭住宅小区业主委员会5名成员、西部房产1名代表成员和西部超市1名代表成员。

在广汇物业把西部豪庭商住小区物业管理交接合同提交给业主委员会以后,代表西部房产利益的业主代表——西部房产总经理邓伟提出了四项交接的重大问题:一是由于西部豪庭有6千万的水、电、暖、消防等设备,因此,新进驻的物业公司要缴纳20万元的设备使用保证金;二是新进驻的物业公司必须找一家担保单位替自己担保;三是对于这6千万元的设备必须投保,保险费在20万元~30万元;四是商铺区域(负1—3层)及西部房产的写字楼约8千平方米免收物业费。

对此四项条件,广汇物业认为过于苛刻,尤其是第三项条款,广汇物业认为,设备的产权属于谁,就应由谁来保险并承担保费,而不应转嫁到物业管理公司的头上。而对于设备保证金由原来的10万元涨到20万元,广汇物业认为这一条还可以协商。

由此,西部豪庭业主委员会同广汇物业之间的磋商暂告搁浅。

在2006年新年钟声即将敲响的前夕,西部豪庭住宅业主委员会成员在西部豪庭商住小区电梯入口处等人流集中的地方,张贴了数份《告全体业主书》。

该文宣称,"我们是本小区的部分业主,现将西部房产公司以种种不合理的理由和条款,

① 唐成荫:《首家物业招标遭遇尴尬》,2005年10月19日《都市消费晨报》。

阻挠广汇物业进驻小区从事物业管理的事实真相公告全体业主”。

该文指责西部房产公司阻挠广汇物业进驻小区的“霸王条款”为“其一，要求广汇物业必须缴纳100万元的设备保证金；其二，小区公用设施设备的产权应属于全体业主，设施设备是否购买保险是全体业主的权利，物业公司只负责设施设备的保障，然而西部房产无理要求广汇物业对小区6千万元的设施设备到保险公司投保，每年缴纳保费近30万元。可是西部房产下属的西部物业公司（原西部豪庭物业公司），三年来为什么不买保险呢？其三，西部房产公司及其该公司股东和公司下属单位占有、使用的写字楼均不交物业费；其四，西部房产公司自有产权的二楼超市、负一层地下室、美食城开业后也不交物业费。这种不讲理的‘霸王’条款，无论任何一个物业公司都是无法承受的”。

一时间，西部豪庭物业管理交接工作陷入僵局。

招标中的曲曲折折

自西部豪庭建成以来，作为西部豪庭的开发商——西部房产的身份，在西部豪庭物业管理运行中发生过两次大的变化；而每一次身份的变更都意味着西部豪庭物业管理中一个以往过程的结束，也意味着西部豪庭物业管理中一个新的过程的开始。

最早西部豪庭的物业管理公司是与西部房产有着一衣带水关系的西部物业管理有限公司，后由于西部豪庭业主对每平方米1.50元物业费的缴纳表示不满，去年10月，西部物业管理有限公司撤出西部豪庭。

西部豪庭业主委员会在有关政府部门的关照和帮助下，在《乌鲁木齐晚报》、《新疆都市报》刊发公告，定于去年10月20日招标新物业公司。公告发出后，有9家物业公司前来应标。

西部豪庭业主委员会负责人告知，为了表示对原西部豪庭物业公司——西部物业管理有限公司的尊重，小区业主委员会专门致函给西部房产公司董事长李江明，李江明表示也要参加投标，考虑到李刚从广州回来，故小区业主委员会决定延期一个月，至11月18日开标。

当时间快接近11月18日之时，西部房产突然表示不参加投标，但提出作为拥有5万平方米面积的大业主，他们要求参加评标。又过了几天，西部房产传话过来，他们评标也不参加了，等开标、中标结果出来后，与西部房产共同研究中标结果。

11月18日，西部豪庭小区物业公司招标开标会在铁路局红楼大酒店五楼会议室开标，参加开标大会的有乌鲁木齐市物业管理处、新市区城建局、新市区南纬路办事处的相关负责人，还有西部豪庭业主委员会的5名成员及9家应标公司。

按照《物业法》的有关规定，评标小组由市物业管理专家协会随机抽取的4位专家和一位业主委员会委员组成。按有关规定，评标小组的评标工作在公开透明的气氛中，进行顺利。最后，广汇物业以257.01分位居第一，电信物业位居第二，众利德物业位居第三。

评标结果出来后，业主委员会随即就把一、二、三名的招标候选公司详尽材料统统交给了西部房产，因为按规定7日以内必须把中标通知书下达给最后中标者。

西部豪庭业主委员会负责人告知，一直拖了半个月，西部房产一直寻找种种借口不表态。无奈，西部豪庭业主委员会只好在半个月之后给广汇物业下了中标书。

好事多磨

虽然中标书是下给了广汇物业，但中标者与西部房产的交接并未达成共识。西部房产的主谈人邓伟首先向业主委员会提出西部豪庭业主委员不合法的问题。

邓伟向市房产局物业监管处申诉称，整个西部豪庭共占地17万平方米，其中住宅面积只占8万平方米，剩下的9万平方米面积分别被从负1—3层的商铺及西部房产的写字楼所占有；因此邓伟认为，西部豪庭业主委员会的5名成员只能代表住宅这部分业主，而不能代表西部豪庭整体商住小区业主的利益。

在西部房产的强烈要求下，经市房产局同意，西部豪庭商住小区业主委员会委员由原来的5人增加到10人，这其中住宅小区5人、西部房产2人、商铺3人。西部豪庭商住小区业主委员会委员的章子名称也由原来的住宅小区变更为商住小区。

在章子与业主委员会增员问题都解决之后，西部房产与中标候选前三名就西部豪庭商住小区物业管理委托合同内容都进行了磋商。其中，第三名众利德物业在得知要把商铺一起纳入管理的前提条件后，自动放弃了候选人资格，退出竞标，剩下广汇物业和电信物业两家。

广汇物业与西部房产争执的焦点在于，如果去除商铺和西部房产写字楼不收物业费，每年仅住宅物业费收入超不过100万元，但是，再除去设备押金、设备投保等费用及几十人的人员工资，物业费收入所剩无几；如果住宅业主不能全部交清物业费的话，有可能还要冒亏损的危险；因此，广汇物业有关负责人认为，对西部豪庭商住小区设备的投保费用不应由物业管理公司承担，这种要求既不合理，也不合法。

西部豪庭商住小区业主委员会委员中的住宅委员代表则认为，西部房产公司自有产权的二楼超市、负一层地下室、美食城开业后也不交物业费。这种不讲理的“霸王”条款，无论任何一个物业公司都是无法承受的；同时对于设备的投保费用问题，住宅委员代表也认为不应由物业管理公司承担。

西部房产的邓伟认为，作为开发商又是大业主的西部房产本身对西部豪庭的设备就有保护的责任，他们要对全体业主负责，也是对自己负责。西部房产不是故意为难广汇物业，如果广汇物业感到条件苛刻的话，还有别的物业公司愿意竞标。

但是记者随即就此采访了电信物业有关负责人，该负责人却这样告知记者，作为西部房产提出这样的条件也自有它的道理；如果物业公司觉得进驻条件不合适，也可以不进驻。至于电信物业自己现在还需要就此事与上级领导商议，不过，这位负责人本人认为西部豪庭商住小区的物业管理是比较复杂的。

与此同时，广汇物业的负责人却向记者表示广汇物业志在必得的决心，同时他们也会据理力争。

看来，西部豪庭商住小区的物业管理招标情势仍将迷离。

与新闻消息相比，新闻特稿最大的特点就是事件的复杂性，对于受众来讲就是具有更深的可读性。记者需要挖掘的东西是新闻背后的新闻。以上这篇新闻特稿以“西部豪庭物业公司招标遭遇尴尬”为主题，把鲜为人知的物业公司招标的经过清楚地展现在受众面前，从这一角度折射出在现代房地产业的管理过程中所出现的普遍性问题。

工作任务

1. 认知新闻特稿。
2. 写作新闻特稿。

理论基础

一、术语解释

1. 新闻特稿的特点和种类

新闻特稿是现代新闻传媒业中的一种主要的报道形式，是新闻报道的主要体裁之一。

新闻特稿这种体裁常常是抓住新近发生的典型人物和典型事件，从一个侧面或一个角度写出一种动态、一个人物、一种经验、一个问题，其探究的层次深入，塑造的人物生动感人。

2. 新闻特稿的特点

(1) 新闻性。

新闻性不但要求新闻特稿具有时效性，同时也要求新闻特稿具有影响力。

(2) 完整性。

新闻特稿是新闻消息的深入和补充，是新闻消息的延伸和扩展。新闻消息常常报道的是一个事实的梗概，而新闻特稿则要报道事件的全过程。有人打比方，新闻消息相当于电报，新闻特稿相当于写信。

(3) 形象性。

新闻特稿常常以富于感性的新闻素材还生活的原形态，把人们熟悉的生活和不熟悉的新闻现场推到受众的面前，让受众去认识、去感知、去体验，从而使这种体裁更具有感染力。

无论是事件特稿还是人物特稿，这种体裁都会以描写人物的外形、活动环境、心理以及展现事件的现场、发展过程、细节等为重心，把受众的耳朵、眼睛带到现场，使受众产生了身临其境、如闻其声的效果。

(4) 新闻特稿与其他文体的区别。

① 新闻特稿与文学作品的区别。

新闻特稿以严格的真实性与文学作品相区别。文学作品在历史的证实性基础上允许虚构，而新闻特稿中所报道的人和事(包括细节、情感甚至心理活动等)都要接受真实性的制约。也就是说新闻特稿的每一个细节材料都必须来自实地的采访，不允许记者做一点虚构。

新闻特稿只能选择典型而不能塑造典型，只能挖掘故事情节而不能虚构故事情节。文学作品的魅力最主要在于塑造人物形象，如同阿Q一样，这种形象可能是这类形象的集大成者，具有典型性特征。

新闻特稿必须实有其人、实有其事，而文学作品则可以“嘴在浙江，脸在北京，衣服在山西”，是一个拼凑起来的角色。

② 新闻特稿与评论、调查报告的区别。

新闻特稿就其本质来讲是一种叙述性文体，必须坚持用事实说话，而不能用大量的议论、推理来说明问题。评论虽然也是因人而评或因事而评，但其侧重点在评而不在叙述。所以，在评论中叙述事件简短而概括，知道是什么事情就可以了；而新闻特稿里对事件的叙述重彩浓墨，详尽生动。评论里的议论是有礼有节、长篇大论，而新闻特稿里的议论不过是一两句点睛之笔而已。

调查报告一般不注重展开生活的画面，其例证只是作为观点的论据。而新闻特稿是以真实生活中的人和事打动受众、让受众震撼的，因此再现人物的生活画面、再现事件的来龙去脉是新闻特稿的叙述性文体的重要特征之一。

③ 新闻特稿与回忆录、人物传记的区别。

新闻特稿所报道的人和事必须是新近发生的，所以具有新闻价值。而回忆录与人物传记常常是对过去的人或事的记载。

④ 新闻特稿与新闻消息的区别。

新闻特稿以叙述描写的形象性、故事性和细致性而著称。它满足了受众在知晓新闻事件大致结果后想探究事件发生的深层次原因和获知事件详细过程的衍生需求。新闻消息因为讲究时效性，故只能叙述新闻事实中最主要的概貌，即何时、何地、何人、何事、何果、原因，而不能把它详尽地展开。

3. 新闻特稿的种类

(1) 按照内容划分，新闻特稿可分为人物特稿、事件特稿、工作特稿和风貌特稿。

① 人物特稿。

人物特稿，是指以报道社会精英和先进人物为主的新闻特稿。人物特稿着重写人物的精神风貌。

② 事件特稿。

事件特稿，是指报道突发性、受众关心的、典型的、有普遍教育意义的事件的新闻特稿。

③ 工作特稿。

工作特稿，是指通过各种典型事实，反映各地的经验，提出工作中需要解决的问题，探讨新问题的新闻特稿。

④ 风貌特稿。

风貌特稿也称旅途特稿，是指反映现实生活的变化的新闻特稿。

(2) 按照表现形式划分,新闻特稿可分为专访、特写、大特写和小故事等。

① 专访。

专访,是指关注焦点社会问题,针对政府官员、专家、名人的一种专项访问。

② 特写。

特写,是指再现生活中的某个特定画面,用放大的手法,集中突出地描绘事件和人物的某个生活片断的新闻特稿,常给人以强烈的感染力。

③ 大特写。

大特写常抓住社会热点中的事件、人物或现象,对新闻事实作全方位、多侧面的报道,用优美的文笔、新颖的标题、突出的照片吸引受众,也是深度报道的一种形式。

④ 小故事。

小故事常通过生活中的一个片断表现一人一事,其特点是短小精悍、贴近大众。

⑤ 其他形式。

除上所述外,新闻特稿还有集纳、巡礼、速写、侧记等形式。在这些种类当中,记者日常的最主要任务是人物特稿、事件特稿以及专访的写作。

二、工作要点提示

1. 认知新闻特稿的写作特征。

2. 按照消息延展方法写作新闻特稿。

三、方法技巧

1. 新闻特稿的叙述技能

新闻特稿反映的事实比较完整、详细,也比较曲折、复杂,写作上具体、形象、自由灵活,所以表达的方法也多种多样。记者的风格不一样,在表达上会有很大的差别。常见的、基本的表达方法正如一般的记叙文一样,有叙述、描写、议论、抒情四种,而且常常把几种方法糅合在一起,一般是以叙述和描写为主。

新闻特稿中报道的事实(人物、事件等),一般都用叙述的方法向受众进行介绍。叙述的方法比较符合受众的思维规律,容易为受众所理解和接受。在交代事情的来龙去脉,反映人物的行动、思想以及事物和人物之间的相互关系方面,用叙述的方法能够做到简要、明确。

新闻特稿叙述的方法又可以具体分为下列四种。

(1) 从头至尾或由浅入深的叙述方法。

这种方法较为常见,使用起来也比较简单,适用于有中心事件、中心人物的报道。即按照新闻事实发生的时间顺序、发展过程叙述下来即可。请参考以下获得“全国好新闻奖”的新闻报道。

例文选评2-1

商业部长买鞋上当记[①]

商业部长胡平买了双皮鞋，穿上脚不到24小时，后跟就掉了一块。这件事在商业部机关大楼里广为流传，成为人们痛斥伪劣产品的话题。

7月12日下午，胡平在湖北省调查研究，逛了逛武汉百货商场。在皮鞋柜台前，胡平看中了一双带网眼的棕色牛皮鞋，试了一双，号不合适；又试了一双，正好；于是付款49.50元，买下了这双皮鞋，并当场穿上这双皮鞋，继续参观。

之后，胡平穿着这双鞋走访了粮库、肉联厂和服装学院，13日下午回到北京，谁知到家一脱鞋，就发现右脚一只鞋的后跟已掉了一块。翻过来、调过去，细看才发现这双鞋没有商标，也没有标明产地和生产厂家，只是鞋底上有"上海"两个字。

17日，在11省市一商局会上，胡平不点名地讲了这件事，又深有感触地说，劣质产品泛滥，太可恶了。这个问题，生产者有责任，商业企业进货把关不严，也有责任。

会后，武汉市商局的同志主动向胡平要回了那双鞋，经查：鞋底是上海的，鞋是武汉制作的。

21日，轻工部长曾宪林约见胡平，听说胡平买了双"一日鞋"，便说："鞋的质量问题是当前消费者反映最强烈的问题，轻工部已经打算专门举办一个假冒伪劣鞋的展览会。"

胡平当即表示："我支持，如果你搞这个展览会，我希望我买的那双鞋也能作为一件展品，曝曝光。"

如今，胡平已经穿上了武汉百货商店为他换的新鞋，可是他的心情并没有轻松。他说"我是一个部长，买了劣质鞋能及时退换。但要是普通消费者呢？"

例文选评2-1这篇新闻报道从对商业部长购买"一日鞋"的起因、试穿、购买、断根、查处等经过的叙述，让受众听起来、读起来自然而然、由浅入深。

(2) 头足倒置或中心开花的叙述方法。

2003年2月12日《深圳特区报》刊登的新闻特稿《小人之异国逃生记》，文章的开头如下：

1月21日，沈阳北站，一辆从南向北行驶的火车呼啸着驶进站来。车刚刚停稳，一个10多岁的小男孩便欢呼雀跃地从车上跑了下来，他一边跑一边喊："回家啦，终于回家啦。"

这个小男孩就是本文的主人公。后面回叙了一个被赌徒父亲押给缅甸高利贷者后，经过80多天的"魔窟"生涯，终于靠着过人的机智和勇敢逃回国内，并协助警方将不法之徒绳之以法的沈阳男孩张博。但这篇新闻特稿首先展现了张博被解救后回到家乡的情景，然后才回叙了张博80多天的"魔窟"生活。

---

① 刘明华等：《新闻写作教程》(第二版)，北京．中国人民大学出版社，2002年版，第382页。

(3) 中断过程穿插材料的叙述方法。

例文选评2-2

小叶涛的一天[①]

本报通讯员 陈莉 本报记者 罗坚梅

4月29日，星期三。对于特困生叶涛来说，是极其普通的一天。叶涛在父母离异后随因视神经萎缩而几乎失明的母亲生活；我们全天跟踪采访了叶涛一天的学习生活情况，以下是采访实录。

6∶00 闹钟定时把叶涛叫醒，他把昨晚放在小钢丝床边的衣服穿上后，对着镜面泛黄只能照出模糊身影的镜子，仔细地戴上了红领巾，然后将被子整齐地叠放在床头。

6∶15 他洗漱完毕，在已置放在小电饭锅里的隔夜饭倒上开水，开始煮泡饭。

6∶30 叶涛盛好饭，扶母亲坐下来吃饭。菜照常是一只咸鸭蛋，一人一半。增加了一碗前晚吃剩的梅干菜。

6∶45 母子俩静静地吃完饭，叶涛就洗完碗筷和锅，到离家三四百米远的小菜场去买菜。要加8角的青菜，在他的讨价还价之下以6角的价格买了下来。

7∶00 把菜叶一片片洗干净之后，叶涛开始拿出语文课本晨读。又拿出4年前表兄玩旧了送给他的“小钢琴”放在桌上，叶涛一边在这架只有8个键的琴上弹了《小鸡小鸡》、《春天里》等乐曲，一边嘴里哼着歌词，非常开心。

7∶30 他说着“妈妈再见”，准时出门上学。开始和同学们一起上课。

11∶30 下课后，叶涛马上赶回家，泡了两包鼎鼎方便面，草草地解决了中饭，给母亲捶了一会儿背后，他又回到学校，开始了下午的课程学习。

16∶15 放学后的叶涛独自先看课本，然后开始淘米做饭，身高1.21米的叶涛在脚下垫了条约0.3米高的小凳子，好够着灶台炒菜。晚上的菜要多一点，除了炒青菜，还有一小碗排骨。因不久前外婆过来看他时买了些小排，可以美美地吃上这顿略显“丰盛”的晚餐。他不时地将小排夹到母亲碗里。

19∶00……

在例文选评2-2这篇新闻报道中，记者没有采用时间顺序的叙述方法，而是截取了特困生小叶涛一天的生活片段，这个片段穿插了许多的典型材料，均是这个11岁的小学生在困难的家庭条件下仍然自强不息地承担家庭重担、照顾几乎失明的母亲、发奋学习的感人事例。这种写法有些像新闻特写，让受众印象颇深。

---

① 陈莉，罗坚梅：《小叶涛的一天》，1998年5月4日《杭州日报》。

(4) 夹叙夹议、边述边评的叙述方法。

例文选评2-3

神圣的时刻

——中英防务事务交接仪式[1]

1997 年 6 月 30 日 21 点。

香港，添马舰军营(又名威尔斯亲王军营)。

这时，时钟的每一次嘀嗒，都激动着中华儿女的心。

中英双方防务事务交接仪式将在这里举行。这是中国人民解放军最神圣、最自豪的时刻。

22 点 25 分。人民解放军驻香港部队先头部队车队准时抵达添马舰军营。一下车，先头部队官兵和早先进驻的先遣部队官兵互相敬礼、握手，稍后立即整装列队，来到主楼北侧，共同迎接这一庄严而神圣的时刻。

20 点 49 分。军营出奇地安静。

空空的哨位，空空的旗杆。在场的 200 名各国记者和驻香港部队官兵一道，都在等待一个时刻的到来。这一刻，将结束中华民族百年耻辱的历史，开辟香港更加繁荣稳定的新时代。

23 点 50 分。一支由 18 名英军海、陆、空三军组成的卫队，在一名上尉军官的指挥下，步入营区大门东侧就位。两名英国士兵出列上岗。

23 点 54 分。人民解放军驻香港部队由 18 名威武、英俊的陆、海、空三军战士组成的卫队，在指挥官张洪涛上尉的指挥下，迈着雄健、整齐的步伐进入大门西侧就位。

23 点 56 分。我方两名陆军士兵从两队指挥官中间走过，分别站到大门内两侧。

23 点 58 分。中英双方各派出一名中校指挥官，面对面走到相隔 4 米处立定。这时英方指挥官向我方中校指挥官谭善爱敬礼报告："谭善爱中校，威尔斯亲王军营现在准备完毕，请你接收。祝你和你的同事们好运，顺利上岗。长官，请允许我让威尔斯亲王军营卫队下岗。"谭善爱中校用洪亮的声音答道："我代表中国人民解放军驻香港部队接管军营。你们可以下岗，我们上岗。祝你们一路平安。"说完，两人的手握在了一起。

这看似轻轻的一握，握别的是硝烟，留下的是未来。

"撤离"英方指挥官一声令下，英军卫队走出营门，走向停靠在岸边即将离港的"漆咸"号驱逐舰。当最后一名英军士兵走出营门时，时针指向了 23 时 59 分 55 秒。

从此英国在香港驻军的历史，将随着维多利亚港湾那翻滚的波涛远去。

神圣的时刻，就在眼前。

---

① 记者肖福，胡训军，高吉全：《神圣的时刻——中英防务事务交接仪式》，1997 年 7 月 1 日《解放军报》。

"立正——半面向右转!"身着新式礼服、肩挂绶带的人民解放军护旗队,迈着正步走向旗杆。掌旗手在两名护旗兵的护卫下,登上升旗台。

这时军营庄严肃穆,场上的每个军人都似乎听得到自己咚咚的心跳。他们知道,全球华夏子孙,都在为这一刻呐喊——5、4、3、2、1!

巨大的报时钟显示着精确的时间。

零点零分零秒!雄壮激昂的《中华人民共和国国歌》开始激荡在军营的上空!升旗手面向东方,将挂好的国旗用力一抖,两旁的升旗手拉动旗绳,五星红旗冉冉升起。随着国歌最后一个音符结束,国旗升到旗杆顶端,在维多利亚港湾海风的吹拂下猎猎飘扬。

这时,驻香港部队政委熊自仁走向讲台。他说,我们亲手将五星红旗高高升起在香港上空,这标志着饱经沧桑的香港彻底结束了150多年的屈辱历史。标志着我国政府正式对香港恢复行使主权,标志着人民解放军驻香港部队已经担负起香港特别行政区的防务,开始履行祖国人民赋予的神圣使命。

此时此刻,维多利亚港湾涛声阵阵。站在五星红旗下的每一个军人,似乎听到了大海正在轰鸣着一个老人的声音:"我讲过中国有权在香港驻军。我说除了在香港驻军外,中国还有什么能够体现对香港行使主权呢?"

此时此刻,那高高飘扬在港岛上空的五星红旗猎猎作响,似乎是在替所有的军人们回答:人民解放军驻香港部队用行动告诉您,您的遗愿今天已经实现了!他们将履行自己的职责,让香港这颗东方之珠更加灿烂、辉煌!

例文选评2-3 这篇新闻报道是一篇典型的用夹叙夹议方法写成的新闻特稿。文中用时、分、秒的纪实方法把"中英双方防务事务交接仪式"这个新闻事件的每个场景、每个细节都叙述得非常详尽。记者在写作中不仅使用了叙述的手法,还在叙述中穿插了议论和抒情,如"这是中国人民解放军最神圣、最自豪的时刻。""这一刻,将结束中华民族百年耻辱的历史,开辟香港更加繁荣稳定的新时代。""这看似轻轻的一握,握别的是硝烟,留下的是未来。""此时此刻,那高高飘扬在港岛上空的五星红旗猎猎作响,似乎是在替所有的军人们回答:……"使得该报道在传递真实的信息同时又多姿多彩。

2. 新闻特稿的描写技能

新闻特稿中的描写是重要的表达方法之一。

(1) 人物描写。

新闻特稿,特别是人物特稿,除了要叙述故事情节之外,还要着重写人,把人写活,要通过对人物的肖像描写、对话描写、行动描写和心理描写,把人物的先进事迹、先进思想活生生地反映出来,以更有效地启发和教育受众。

写动态:这是人物描写的主要内容,人物的事迹和思想主要通过对话、行动表现出来。

写对话:一般可用在新闻特稿的关键之处,属于展开部分、详写部分。

写心理:人物内心世界的揭示,能够帮助受众深刻的理解人物,体会人物的高贵品质和独特丰采。为了更好地描写人物，记者应善于选择新闻题材中的典型人物，通过展现典型人物的所作所为，既能为整篇新闻报道的主题定下基调，又能使主题升华，达到应有的高度。

《中国青年报》的《冰点》栏目里对《五叔五婶》的人物描写有以下一段：

五叔陈绍远下田刚刚回来，背着大竹篓，矮矮的个子，说着难听懂的土话。一身破旧的衣服，线背心露着窟窿，双脚踩着双破解放鞋，没有鞋带，用两根稻草系着。

本文通过肖像描写勾画出来的五叔陈绍远是一个地道的农民，特别是解放鞋上“没有鞋带，用两根稻草系着”的细节跃然纸上。

（2）场景描写。

新闻特稿中的人物和事件离不开一定的场景。例如，新华社的记者在一篇名为《水秤》的新闻特稿中这样写道：

在这本应是原野上铺满麦苗绿毯的时节里，新安县境内到处尘土飞扬，干坷垃遍地。偶能看到片片拉拉的麦田，也是缺苗断垄……记者看见路旁不时闪现的运送“救命水”的车辆，和井旁排队接水的人群……

干旱少雨的现状在“尘土飞扬”的道路、“缺苗断垄”的麦田以及“井旁排队接水的人群”等多个场景描写中得到展现，为记者展现新闻主题埋下了伏笔。

（3）细节描写。

新闻特稿的形象性和感染力离不开生动的情节。五叔陈绍远“没有鞋带，用两根稻草系着”的细节反映出其生活的现状。

该报道还描写了五叔拿着政府有关部门送给他家的救济款时细节：“五叔的眼睛一下子睁得大大的。他没有推辞，抓过钱来，使劲儿在手里窝来折去，又紧紧握住，从左手转到右手，右手转到左手，嘻嘻笑着，一句话也不说。”

例如，一名明尼苏达州前选美皇后承认自己在某商店中行窃，一位报道此事的记者在报道中称她偷窃了“好几种”东西。这篇新闻报道到了美联社主编的手里后，主编查清那些遭窃的物品并把这些商品的名字——泳衣、丝巾、假发都放进了报道里。因为这些细节之中蕴涵着事实，这样“用事实说话”就不是一句空话了。

3. 新闻特稿的写作表现手法

（1）叙述的直接性。

新闻特稿都是用来写人记事的，因此叙述就成为其重要的表现手法，这主要体现在以下三个方面：

① 开门见山，直奔主要新闻事实；

② 上下连接，过渡照应；

③ 简要穿插，对比衬托。

例文选评2-4

美国悲剧①

当法官将吉恩·奇克从他母亲身边带走的时候，他12岁。

这是1963年11月18日星期一的早晨。吉恩记得自己很兴奋，因为他不用去上学。他穿上最好的衣服——白衬衫、最体面的外套，可惜太小了点——和母亲坐市区公共汽车来到温斯顿塞勒姆市中心的法院。他们计划来取回他父亲欠下的抚养费，然后去购物。

他母亲坐在法庭前排、法官右边，他父亲和一位叔叔坐在法官左边。吉恩记得自己在后面几排傻坐着打发时间，他没有注意大家在说些什么，突然，他听到自己的母亲号啕大哭。他走了上去。

头发灰白、身穿黑色长袍的法官正在对她说话，吉恩听了几句，意识到法官谈的不是钱，是她的男友。

法官说，吉恩不适合与她生活，因为她找了一个黑人男友，有一个黑人血统的孩子。

吉恩的母亲为自己辩护。她说，我是一个好母亲。她的声音在颤抖，眼泪淌满两颊。法官让她选择：放弃婴儿或放弃吉恩……

在例文选评2-4中，记者开门见山先是对12岁的吉恩出现在法院作了现场描写，然后上下两段衔接自然过渡，从他母亲开始的平静到后来的号啕大哭引起受众的悬念，记者让受众知道了为何吉恩要同自己的母亲分开，是因为他的母亲有一个黑人男友，进而反对种族歧视的主题孕育在叙述中。

(2) 描写的直观性。

在新闻特稿的写作中，叙述往往侧重于一般过程的记录，受众只能得到新闻事实的来龙去脉，概括地了解这个新闻事件。而描写则侧重于形象的具体描绘，使受众获得具体而明晰的认识和感觉，使受众更加详细地了解新闻事件的全貌，从而融入新闻事件的情感当中。

描写的直观性主要表现在：

① 记者亲眼所见，如实写来；

② 事后采访，重现场景；

③ 记者出场，进入事件，成一“角色”。

例文选评2-5

女白领月薪上万　为建图书室住250元廉租房②

“学校旁边就是农田，每天空气里都飘着浓浓的牛粪……今天四点，我就在牛粪味中醒

---

① 梅尔文·门彻尔：《新闻报道与写作》(展江等译)，北京．华夏出版社，2004年版，第220页。

② http://news.cqnews.net/html/2011-10/27/content_9551018.htm。

来，备课。”

“四点就起来改作业，备课，煮稀饭。清贫，清苦，清心寡欲。”

“每天睡四五个钟头，中午也不休息，辅导学生。每个人单独讲作业作文。刚才听课文录音太困了，眯了一下，就算是休息。”

…………

从白领到乡村女教师

小西每天都会在微博记录下一些小片段，关于她在广西的支教生活，关于她和孩子们的故事。对她来说，10 月 8 日的这次启程是全新的。她从一个不停奔波为贫困地区学校捐建图书室的厦门白领女孩，摇身一变，成为在广西山区的乡村女教师、志愿者。

“小西”这一称呼源于她在厦门某论坛上的网名“阮倩西”，很多通过网络了解、支持她的人并不知道她的真名是汤玲玲。这个来自苏北的女孩，最初的理想与山区的孩子们毫不相关：先工作几年缓解家里的经济压力，找个机会出国留学。

但 2007 年，当小西因为经济原因放弃公费读研的机会，到厦门工作，并偶然参加了助学组织的一些活动之后，她原来的理想便轰然崩塌。她突然发现，有那么多孩子需要帮助，而这项事业在中国是一辈子也做不完的。何必出国？自此，她走上了这条“不可收拾”的路。

笔者上次见到小西时，还是八九月时，与她一起到甘肃平凉捐建图书室。那时她曾告诉我：“从甘肃回厦门后，我打算辞了现在的工作，到广西支教去。”她走上了既定的道路。

小西清贫而富有。辞职到广西之前，她的月薪上万元，即便在厦门也不算低，但她自己只租每月 250 元的房子，省吃俭用，“把钱都用在执行捐建图书室上了，孩子们才是真正需要钱的”。她的富有都体现在“书”上。

不论是每次看到孩子们开心地翻阅自己捐赠的书，还是看着自己租住平房里摆放得满满的书柜，小西都觉得，自己无比富有。

“做完这次，我所有的身家就只剩 5000 元了。”从甘肃回厦门后，小西的积蓄所剩无几，但她仍坚持走上了支教道路，“5000 元，在那边撑 1 个学期应该没问题吧，然后再回厦门赚钱建图书室”。

不遗余力捐建图书室

小西柔弱又强悍。8 月 29 日下午，平凉，面对浑浊流急、30 米宽的汭河，所有人一筹莫展。这里本有一座浮桥，是过河的唯一通道，不久前垮塌，而今新桥正在建，只能到河中间。

河的那边是一个叫同中的有 300 多户人家村庄，村庄里有一个小学，村里 115 个孩子在那里上学；河的这边是当地几名助学义工、教育局工作人员、3 名来自厦门的志愿者，还有 901 册要捐给同中小学建图书室的书以及篮球、足球等体育用品。

卷起裤管淌过去？找个梯子架在两岸距离较短处走过去？等水势消退再来？这些方案最终都未能奏效。最终敲定的方案虽然让来自厦门的小西觉得惊险，但被公推为最能保证图书迅速、安全达到对岸的法子：请正在修桥的挖掘机送大家渡河。

书放在挖斗中，人分为两批站在挖掘机侧面、背部，便随着挖掘机摇摇晃晃地在急流中，蠕动前进。到岸后，早已等候在岸边的同中小学的师生便将书和体育用品装上板车，欢喜地从两块玉米地之间的小路，拉去学校。小西等人跟随其后，迤逦而行。

渡河时，小西最为慌张、柔弱；而到了学校，看到书一包一包拆封，她又最为兴奋。这个真名为汤玲玲的28岁女孩，已是第二次来到甘肃平凉。两次所来，她的目的一样：为偏远学校捐建图书室。这次，她要用募集来的钱，在甘肃平凉、庆阳等地一口气为30个中小学捐建图书室，图书总量28209册，价值近70万元，体育用品共23300元。

在平凉与小西见面时，小西比以往显得疲惫不少，眼圈发黑，但说起话来，她的活力又将疲惫一扫而空。从激动的言语中，可以看出，她对捐建图书室的热情只有增无减。

那次，小西花了8天在甘肃跑遍30个学校。为了能遂此行，在之前的半个多月里，她被迫连续通宵加班，白天继续上班，什么时候累得不行了，就随便打个盹。她自己都不知道，这段日子里，自己究竟一天睡了多久。她笑称自己是最强悍的"超女"。

2009年在四川捐建第一个图书室以前，小西已经作了不少"一对一"捐资助学。但渐渐地，她认为，建图书室更能保证孩子们的切实收益，而不至于被个别师长利用、孩子却仍然无助。到平凉之前，小西已陆续在四川、广西、甘肃捐建了14个图书室。

月薪上万为助学财力异常拮据

孩子们的希望和未来，是小西最看重的。她曾在回复自己帮助过的一个女孩的信中，用著名诗歌《相信未来》的诗句鼓励对未来失去信心的这名女孩：孩子，请相信未来！

现在，小西所做的许多事情都是以此为出发点：她公司的老板答应这次出钱捐建5个图书室，她便日以继夜、任劳任怨地加班加点；她的父母劝她不要再做这种"傻事"，她便悄悄地来到平凉，没日没夜地奔波；甚至，她辞去工作，远行支教，"我只不过是玩票的，回头还是要挣钱做图书室啦"……

种种苦行，只要于孩子的未来有益处，她义无反顾，"有多远就走多远"。

究竟能走多远，小西深知，财力是极重要的一个因素。许多人并不知道，这个月薪上万的厦门白领，其实财力异常拮据。自2007年工作至今，除了花了帮父母在江苏赣榆老家买了一套总价30万元左右、首付30%的房子，小西的余资已全部用在助学上。

有时，小西又觉得自己很"功利"。现在，她每到一个地方，并不管这里有着多知名的景区，"去了又怎么样，只能拿来跟别人炫耀"。崆峒山是平凉的最知名景区，小西去年来的时候在朋友的盛邀下去了一次，但她一直觉得：与绕尽山路、提心吊胆地走访学校相比，这实在没什么意义。

在不少与小西熟识的人看来，小西的目光，早已从名山落到了那些渴望知识的孩子身上。算来，小西行万里路中，早有无数她本向往的名山大川与她擦肩而过，而她一次都没停下脚步与她们"交心"。她只觉得，对山下川边的这些孩子而言，知识、未来有着比山川更厚重的意义。而从她第一次将书本交到怀着热烈渴望的孩子手上，这种厚重便悄无声息地由她担负起来，"直到自己无法承受"。

在例文选评2-5这篇新闻特稿中，记者以自己的亲眼所见描写了一个叫“小西”的女孩怎样由一个怀揣出国梦想，到最后踏踏实实、心甘情愿地为甘肃、四川等地的贫困小学捐建图书馆，成为广西山区的乡村女教师、志愿者的感人事件。这篇新闻特稿以写人为主，在描写小西为30所学校的孩子们送图书的事件中，用栩栩如生的笔触描写了小西送图书路程的艰难，送到图书后的喜悦、兴奋的幸福感；写出了小西对孩子们的“慷慨”以及对自己的“吝啬”，从而使受众感受到平凡人的伟大之处。这篇新闻特稿有对话、有描写、有行动，寓深奥于“感性”之中。

(3) 议论、抒情的实在性。

写作新闻特稿在原则上要用事实说话，因为新闻特稿属于新闻报道的范畴，必须按新闻报道的基本要求来写作。但新闻特稿在比较大的篇幅里要展现事件的发生、发展、高潮、结尾全过程以及描写人物丰富的精神世界，因此在新闻特稿中可以允许有必要的抒情与议论。与文学作品的大段抒情、缘情而发不同的是，新闻特稿的抒情是缘事而发，紧密结合事实，要言不烦，画龙点睛，如上述的例文选评《神圣的时刻——中英防务事务交接仪式》。

新闻特稿在结尾时的抒情写作如下文：

我分明看见一颗晶莹的泪珠从儿子的眼中滚了出来……儿子安详地走完了他短暂的、没有虚度的一生。我默默地对小云峰说，下辈子，我们还当母子！[①]

以上这篇新闻特稿在结尾处用感人心扉的抒情话语，写出了一位母亲的心声。

(4) 对话的实录性。

写作对话在新闻特稿里是一个常见的情况，其所应把握的尺度是：新闻特稿写作的对话应是实录的，不能添油加醋。

例如，《迈阿密先驱报》的一位记者写出了一篇为争夺帽子而引发的杀人案：

警方说，16岁的肯尼思·理查森星期四因一顶褐色旧帽子被杀。

“这只是一顶非常普通的旧帽子。”市专管谋杀案的警探雨果·戈梅斯说。

理查森当时正戴着这顶帽子。有人想从他头上把帽子摘下来，理查森拒绝了那个人。其他人加入了这场冲突。这个年轻人开始跑，他们追逐他。

“似乎是跑着跑着就开了枪，他们直接向他开枪。”戈梅斯说。

在被送往国际医院的路上，理查森手里仍拿着那顶帽子。他在手术中死亡。这是戴德县今年发生的第554起谋杀。

警方说，他于凌晨12点15分被击中，地点是迈阿密Gardens购物大厦的停车场。当时正值附近的Gardens购物溜冰中心关门不久。

到目前为止，没有任何人因此案被捕。

---

① 刘明华，徐泓，张征：《新闻写作教程》，北京.中国人民大学出版社，2002年版，第399页。

“他们都是卡罗尔城的孩子，”戈梅斯说，“有人谈论，他们有好几把枪。”

警方说，当时该地有25名青年人。“但是当我们到达时，这里除了尘土什么都没有。”戈梅斯说。

以上这篇新闻特稿的全篇稿件是在对话中完成叙述的，对话的实录特征使受众好像感觉到说话人仿佛就在记者的身边似的，场景的展现在对话中完成，非常逼真。

4. 新闻特稿结构的写作技能

新闻特稿的结构分为以下三种。

(1) 纵式结构。

纵式结构，是指按照新闻事件的发生、发展、结局的顺序对新闻特稿进行构架。例文选评2-6中的这篇《都市消费晨报》的新闻特稿采用的就是纵式结构。

例文选评2-6

韩商在新疆市场“水土不服”[①]

1996年便在中国天津经商的韩商李浩卿、韩英熙，今年4月在乌鲁木齐开始经营韩国餐饮。本以为自己已经成为韩国人中的“中国通”，没想到却在中国的西部碰到了一场新的“理念与融合”冲突历程。

游丝绸之路找到“跳板”

从一开始涉足电子产品领域、进出口贸易便小有收获的李浩卿，去年5月突然萌发了一个奇想，要走一走著名的丝绸之路。表面上说是旅游，其实是想在这条路上寻找新的进出口贸易商机，虽然李浩卿表面上不言于此，与他同行的中国伙伴黄东君心领神会。于是他们来到丝绸之路的中国始发点西安。

到了西安后，西安的市场现状尤其是消费水平让李浩卿不甚满意。在李的地理线路中，西安与乌鲁木齐同属西部城市，相距并不甚远，于是李浩卿提议到乌鲁木齐看看。落地乌市之后，他们一行人马下榻于首府的孔雀大厦。仅仅住了一个晚上，李浩卿无论对孔雀大厦的硬件设施还是软件设施均颇为不满意。他忽然想起坐在飞机上看到宣传画上介绍的银都酒店，于是，他指名道姓住进了银都酒店。

这一住就住了一个月。期间由于李浩卿对新疆的饮食很不习惯，他开始寻觅正宗的韩国餐馆。然而从幸福路的小韩式料理到利华大酒店大的星级韩式餐饮，李浩卿觉得没有一家可以称得上是正宗的韩式料理。

另外，他观察到，乌鲁木齐虽然人口不足天津的1/5，可是五星级以上的酒店却有6～7家，是天津的两倍，这说明乌鲁木齐建国际化商贸城的构想非常符合其地域位置的定位。乌鲁木齐的流动人口多，就要有吃饭的地方。于是他有了一个大胆的想法，想请做得一手正宗韩式餐饮的其韩国合伙人韩英熙及夫人出山，在乌鲁木齐开一家正宗的韩式餐饮。并以此

① 唐成荫：《韩商在新疆市场“水土不服”》，2006年4月26日《都市消费晨报》。

为跳板，扩大对中亚的进出口贸易。

此意与韩英熙一拍即合，韩英熙认为，韩式料理，品种单一，专业性强，因此餐饮的人员、菜品投入成本要比乌鲁木齐其他中式餐饮成本少，在乌鲁木齐开正宗韩式餐饮，个性鲜明，这家餐饮成功的把握性大。

于是二人一合计，投入160余万元，于今年4月7日在首府南湖一带开了一家500平方米左右的韩国会馆，韩英熙的夫人成为会馆主厨。

冲突

韩国会馆的开业并不像一般中国餐馆开业那样有鞭炮齐鸣，花篮连连，反而是在一种悄无声息中开业的，作为CEO的韩英熙认为这是其韩国餐饮的开业"个性"。但是开业后的客人上座率只有50%，比这位韩商80%的预期少了一些。

首批会馆里招聘的服务人员多来自内地，他们的工资比一般的中国餐馆多开出300～400元，达到每月800～900元不等，一个月还有50～100元的奖金。但是，令韩英熙意想不到的是，一个月之内，这批首批招来的服务员居然发生了一次跳槽"兵变"。

这次集体跳槽事件的发生源于韩国会馆的劳动强度远远大于一般的中国餐馆，大概是一般中国餐馆的2—3倍。据了解，在韩国会馆后开业不到一个月，一天，由于中午的客人特别多，致使会馆的服务人员一直到下午都没能按时吃上午饭。但老板仍然要求服务员的服务质量不能有丝毫怠懈。于是有7～8位服务员对此颇为不满意。这些服务员认为，每天工作量这么大，还不能按时吃饭；再与自己的同乡比比，虽然在中国餐厅，工资少一些，但一天两班倒，倒也自在。于是这7～8位服务员集体向老板提出辞职跳槽于其他中餐厅，这让韩英熙感到非常惊讶。

韩英熙认为，在韩国，几乎所有的雇员都是这种拼命三郎的干活架势。会馆另一位有关负责人告知记者，韩英熙夫人，一个人在后堂主厨，也是从早晨11:00工作到晚上11:00，她也没有感到受不了。这么大的一个餐厅，在韩国只需要3个服务员，可在这里，他们雇了19位服务员，人手还是不够用。

而一位服务员却告知记者中方跳槽人员的想法，他们觉得自己已经拼尽全力在做工作，可是老板还是不满意。就拿卫生清洁来说吧，韩餐里的服务员每天要打扫三次卫生，中餐里才打扫两次；韩餐里连卫生间都是服务员自己打扫的，中餐里的服务员只负责自己餐室里的卫生打扫。韩国老板娘的精明能干是整个餐厅都出了名的，可她是为了自己的餐厅，服务员只是雇员而已。

显然这两种工作理念发生了冲突。韩国会馆的一位负责人告知，为了给全体服务员做个示范，韩英熙自己一个人猫着腰，在会馆门前的草坪洞里捡路人丢下的烟头，可是他捡了半个月，捡了两个食品塑料袋那么多，仍然没有一个服务员随着他的示范效应来捡烟头。他觉得不可理解。

对于员工跳槽之事，会馆有关负责人告知在韩国员工跳槽是很少发生的。因为在韩国，员工在企业的劳保福利非常丰厚，如果跳槽，员工将会失去很多；可是在新疆，记者通过韩国会馆有关负责人了解到，这个会馆至现在还没有给其员工办“三金”。韩国员工的劳保福利在新疆的企业里并没有得到充分的体现。

虽然首批员工中的7～8个人跳了槽，但到了发工资的那一天，韩国老版还是给跳槽的员工发了应得到的工资，在来领工资时，个别跳槽员工表示想回会馆的意愿，但韩英熙表示，既然走出了韩国会馆，他们就再不可能被聘用，韩国雇佣员工的习惯是如此，到了中国新疆也是这个习惯。

融合

李秀（化名）是去年毕业的新疆师范大学汉语言专科学生，现任韩国会馆接待员，月薪900元。记者见到她时，她在进门与出门之际均对记者深深两个90度的鞠躬，会说简单的韩语，眉宇谈吐间已经被韩国习俗驯化了不少。

她告知记者，她来自库尔勒，在现在就业形势严峻的情势下，她对自己现在的这份工作很知足。

同时，她也告知，刚开始时，一些新来的员工也不能完全适应这里严格的管理制度。一次一位服务员在清洁茶壶时，头一天的茶垢未能清除干净，老板娘当即把这把茶壶扔进了垃圾箱。老板娘说，与其拿这样的茶壶给客人喝水，还不如把茶壶扔了。碗筷在头一天清洗了之后，第二天一上班仍要清洗然后拿韩国的卫生纸袋套上。

不过现在，李秀认为，他们这些员工只要第一个星期适应下来，后面也就能适应了。从自己到餐厅严格的卫生、礼貌、服务要求，他们现在基本上能够适应。李秀告知记者，如果在韩国餐厅打过工的人，无论是工作的速度还是个人的意志力均能适应其他的工作环境，这也称得上是一种磨砺。

另一方面，韩国会馆的老板也在调整自己的管理理念。他们现在聘用的一批最新服务员的月薪定为700元，尽量调整好员工之间就餐与服务、休息与服务的时间。在餐饮品种上，韩国餐饮一向以单一品种为主，可是在中餐之中，餐饮品种却多以丰富为主；于是，韩国会馆改变了自己以前的单一经营传统方式，而为40多个丰富菜品，供顾客选择，顾客也在可选择之中逐渐增多。

现在的韩国会馆在上客率还没有达到十分理想的情况下，也开始学习中国的餐饮经营方式，他们在首府各大媒体打起了促销广告，这与韩国餐饮口口相传的经营模式大有不同；同时，他们与首府各大旅行社联起手来，把韩国会馆定为前来旅游的韩国客人的定点餐厅，每周能接待120位韩国游客左右。

韩国会馆的一位负责人这样认为，国家与国家、地区与地区之间不同程度的存在着理念差异，韩国餐饮进入中国新疆，必须同当地市场、文化以及经营理念相融合，他们现在还在摸索。等这一块稳定后，他们再考虑新疆到中亚的进出口贸易等其他领域。

例文选评2-6这篇新闻特稿主要讲述了两个韩商在中国新疆开设餐馆从水土不服到水土相融的新闻事件。稿件以两位韩商游丝绸之路办韩式餐饮为起点，叙述了因水土不服而导致的初始服务员集体跳槽事件，最后资方调整思路，逐渐将自己的经营理念融入中国文化的过程。其叙述的过程按照事件顺序进行，事件发展脉络清楚，受众就像阅读一位韩商如何创业的故事一样，接受起来很容易。

（2）横式结构。

横式结构即把几个单独的故事或一件事的几个侧面材料组成一篇新闻特稿，用一个主题贯穿起来。例文选评 2-7 中的这篇《都市消费晨报》的新闻特稿采用的就是横式结构。

例文选评2-7

外贸企业“多篮战略”危中求“机”①

就在去年我区对哈萨克斯坦的外贸额由传统的70%下降到40%的严峻态势下，新年伊始，我区外贸企业应对金融“寒流”的“多篮战略”已悄然兴起。

不把鸡蛋放在一个篮子里

1月17日，新疆野马经贸公司副总经理陈强刚从乌兹别克斯坦回到乌鲁木齐。由于遭遇百年不遇的国际金融危机及油价大幅下跌，野马公司最大的出口国家——哈萨克斯坦、俄罗斯客户面临资金短缺的窘境。这直接导致了野马公司在哈国和俄罗斯的大客户购买力下降、与野马公司贸易额减少的现状。

针对此种现状，陈强没有像以往那样再去哈国调研协调，而是取道直入以前不足挂齿的乌兹别克斯坦。这个外汇储备极少的国家，受国际金融危机影响也较小，2008 年 GDP 增长仍在6%左右，因此陈强代表公司在乌兹别克斯坦划了一块 3 公顷的地盘，投资 2000 万元左右，在乌兹别克斯坦建立车辆展示、维修基地。

无独有偶，新疆三宝实业公司的副总经理高志军在年前也首次去阿富汗兜了一圈。这个连年战乱的国家如此吸引三宝公司的注意力，是因为三宝公司与阿富汗一大客商的重大生活用品采购项目首次进行合作签约，价值上千万美元。高志军说，他走过的国家没有像阿富汗这样贫困的，不过这倒给新疆外贸商的日用品出口带来了新的市场。

远在伊犁州的新疆伊犁巴口香实业公司更是避重就轻，自元旦起便把靶心直接对准了去年 GDP 增长在7%的吉尔吉斯斯坦。据巴口香实业公司有关负责人介绍，去年，在哈萨克斯坦购买力下降的现状下，他们另辟蹊径已在吉尔吉斯斯坦首都比什凯克设立了分公司，销售各类肉制品 2976 多吨，总值达到 7000 多万元，现在他们公司正在构建由比什凯克中心辐射吉尔吉斯全国，并辐射到塔吉克斯坦、乌兹别克斯坦、俄罗斯等大中亚的行销战略。今年他们在比什凯克将建立千吨标准化冷库，把鸡蛋不放在哈国这一个篮子里，这样今年完成 1 万吨肉制品出口目标是可期的。

---

① 唐成荫：《外贸企业“多篮战略”危中求“机”》，2009 年 1 月 22 日《都市消费晨报》。

记者从区外经贸厅获悉，今年由政府牵头的乌鲁木齐直飞伊朗的包机业务牵动着我区许多外贸企业，由于去年我区传统第一大贸易伙伴——哈萨克斯坦的外贸额下降幅度较大，由政府主导型的多元化战略已经在外贸实际业务运作和汇率信息提供方面有了实质性的动作。

另据有关数据显示，截至2008年年底我区对吉尔吉斯斯坦、塔吉克斯坦的外贸额却增势迅猛，分别达到145.3%和232.58%，此两国在新疆的对外贸易比重同比分别增长了23.7%和2.75%，提高了35.9%和5.64%。同时，我区外贸公司在传统的中亚五国之外又拓展了非洲的埃及等新兴市场，2008年我区的外贸的伙伴国家已由2007年的148个拓展到167个，在世界五大洲均有分布。

在今年的外经贸工作会议上，区外经贸厅厅长和宜明告知，今年，区外经贸将组织企业重点在土库曼斯坦、蒙古、伊朗等新兴市场的洽谈活动，大力拓展南亚、中东、东欧等新兴市场，提升其贸易比重，事实上从元旦到春节期间，我区外贸企业的“多篮战略”已悄然兴起。

…………

2008年国际金融危机席卷全球，记者通过截取新疆野马经贸公司、新疆三宝实业公司和新疆伊犁巴口香实业公司三家外贸公司各自的“多篮战略”事件的横截面，以及有关外贸数据等多个侧面材料汇集在一起，讲述了2008年新疆外贸应对国际金融危机的新闻事实，使受众感受到丰富多彩的应对2008年国际金融危机的典型个案，犹如一条项链一样被应对国际金融危机的主线串了起来，使受众在阅读后能够感悟到应对国际金融危机“多篮战略”的主题。

（3）纵横结合式结构。

新闻特稿的纵式结构的优点在于叙事清楚明了，受众比较容易理解，但如果把握不好也会存在平铺直叙、起伏不大、让受众震撼不大的缺陷。新闻特稿的横式结构的优点在于内容丰富多彩，让受众感觉很震撼，但如果把握不好也会有头绪过多、难以驾驭的缺陷。新闻特稿的纵横结合式结构的特征表现为：总的来看是纵式，中间穿插有横式的特征。

例文选评2-8

罗马假日水疗接手温莎堡①

11月6日，原温莎堡水疗会所的牌子被罗马假日健康水会（以下简称罗马假日水会）取代，施工人员正在清扫门前的垃圾杂物。有关人士告知，罗马假日水会预计本月18日开业。

---

① 唐成荫：《罗马假日水疗接手温莎堡》，2006年11月17日《都市消费晨报》。

罗马假日水会依然以价格为杀手锏

记者走进罗马假日水会办公室，这里忙碌一片，专门被投资方从上海请来的上海斯葩投资管理有限公司新疆罗马假日健康水会驻店总经理万明宇上个月20号刚刚落地首府，与其同行的还有上海斯葩投资管理有限公司的四位高管。

据万明宇介绍，他们是10月25日开始装修的，用15日的时间要装修完毕。开业之际，他们的第一届沐浴文化节也随之开幕，所有前来洗浴的人均是18元一张票，包括24小时的一站式综合服务及4顿免费餐。

当记者表示对这个价格惊诧时，他告知记者，所有中档洗浴有的服务他们均有。

显然这个咄咄逼人的价位锁定是一个挑战者的姿态。据了解，这种集餐饮、娱乐、洗浴等综合服务为一体的水疗服务在2000年时便流行于全国，首府是2003年方开始引进的。2003年5月，澎湖湾水疗作为首府的第一个大型综合水疗城开业，当时其一位消费者的价格为68元；紧接着位于经济开发区的大型综合水疗城沙漠绿洲开业，它一度把一位普通消费者前来消费的价格提高到188元。去年进入新疆的大商洗浴在首府洗浴市场就曾经掀起了一场每人38元的水疗价格“地震”，此次罗马假日水会的18元/位之价是否又是一次“地震”？现在还无从预知。只是有关专家认为，罗马假日水会由于同大商洗浴同在一条友好路上，两地相隔3公里左右，因此此次罗马假日水会的低价之策对于大商洗浴会有直接的影响，进而对整个首府的水疗市场价格也会有相当的冲击。

对此，大商洗浴显得颇为平静。当记者就此采访大商洗浴办公室有关负责人时，该负责人称他们已早于记者之前知道罗马假日水会的准确开业日期，也知道其一位顾客洗浴的价格为18元。这位负责人认为，罗马假日水会的这个价格不过是在开业之际带来人气，不会长久地坚持下去，若长久地的坚持这个低价策略，罗马假日水会的成本难以入能敷出。与此同时，大商洗浴并不会跟风降价，只会对某些会员实行优惠价，但即便是优惠，也不会低到18元/位的价格。

而万明宇对此又有不同的看法。万认为，从全国的洗浴行业来看，其利润在40%左右，从最高的188元/位，到现在的38元/位，说明洗浴行业的暴利时代已经过去。即便如此，万明宇依然认为洗浴行业还有降价的空间。他告知记者，他们公司在山西大同所开的水疗就是18元/位，每天能接待3000人左右。万认为，38元接待500位顾客与18元接待3000位顾客的利润是差不多的。他们此举就是要让原来贵族才能洗得起的水疗，现在让老百姓也能洗得起，把水疗利润空间打压到最低。

三地重整河山

记者了解到，罗马假日水会的投资商来自于山西大同。而对罗马假日水会进行经营管理的管理商又来自上海。缘何两地水疗商最后能汇集首府，这里还有一段鲜为人知之事。据悉，罗马假日水会的投资商李卫东来自山西大同，自身很早就在大同经营水疗产业，并且在一些北方城市经营水疗的连锁店，深谙此道。当温莎堡今年拍卖之时，李卫东在新疆的朋友告知了他这个消息。他对温莎堡的位置及1万余平方米的经营空间颇感兴趣，最后战胜其他竞拍者，拍得此处产业。

为了在首府经营好这样一个曾经经营亏损的水疗城，李卫东花了80万元左右加盟全国著名水疗品牌“罗马假日”，尽管罗马假日水会的总投资额准确数额相关人士并不准确知晓，有知情人士测算约在1000万元左右。

在得到温莎堡后，李卫东又通过网站与在全国成功经营着8家水疗的管理公司——上海斯葩投资管理有限公司取得了联系。上海斯葩投资管理有限公司由于去年年底成功经营德力西麾下的温德堡大型水疗城（地处碾子沟一带）而在首府享有名气，由于他们对新疆的水疗市场做过充分的调研，因此李卫东选择上海斯葩投资管理有限公司经营罗马假日水会也有自己的道理。

现在已现身首府的大型综合性水疗城约7家左右，其经营模式大多是以全国连锁品牌延伸到新疆的综合性经营模式。较早的澎湖湾是如此，后起之秀的罗马假日水会与大商洗浴也是如此。其中的罗马假日水会与大商洗浴均是全国有名的连锁水疗经营高手，大商洗浴在全国的其他省区里所经营的水疗场所达7家左右，上海斯葩经营的水疗场所数字与大商大致相同。

业内人士表示，水疗最早起源于东北，现在全国已非常风行。从新疆水疗市场上看，其相比内地而言只是起步阶段，因此水疗场所在未来1—2年内会呈现一个膨胀期。

一个统计数据显示，石家庄900万左右的人口，7000平方米以上的水疗场所就有300余家，因此针对近300万人的首府而言，今后几年内能够出现7000平方米以上的40～50家水疗经营场所不足为奇。随着水疗市场的进一步开发，水疗利润会逐步摊薄。所以，现在一个水疗企业与另一个水疗企业在经营上比的就是引进新模式的速度，这种“速度”能够使一个水疗企业在现在的市场中拔得头筹，大商就是一个成功的个案；而在水疗市场竞争的成熟期，服务则是更重要的竞争武器。这一点得到了大商洗浴的认同。

由此现在的首府水疗市场已不仅仅是投资商的竞争，也是水疗管理运营商之间的竞争，他们竞争的焦点正在从价格体系逐步过渡到服务体系，未来3—5年内，首府的洗浴业将会洗牌完毕。

在例文选评2-8这篇新闻特稿中，记者总的报道结构是按照温莎堡水疗城的破产以及罗马假日水会接手的纵的线索进行，但中间也穿插了乌鲁木齐市场各家水疗机构在市场竞争中的策略以及心态变化的多个横的侧面；纵横交错，主线贯穿，使受众在读后对这个市场格局变化有了一个基本的认识，所获得的背景知识比较丰富。

5. 新闻特稿开头与结尾的写作技能

新闻特稿的开头与新闻导语不同，一般需要做到：紧扣新闻特稿的主题；引人入胜；注意整体结构的完整与统一。

新闻特稿的结尾是新闻特稿的有机组成部分，一般要做到总结全文、深化主题、开阔思路、引人回味。

例文选评2-9

企业名称注册引发商标侵权争议①

日前，让乌市大西门特别特美容美发店非常烦心的是接待了一位来自喀什名叫古丽的女顾客。古丽告知美发师，她的头发在喀什市的特别特美容美发店烫坏了，正好她出差到乌鲁木齐，所以她来总店护理一下烫坏的头发，要求发型师不收或者少收一些护发的费用，因为“特别特”都是一家子的。

这件事让乌鲁木齐特别特美容美发用品有限公司(以下简称“首府特别特”)的董事长刘天海非常惊讶。因为“特别特”从未授权在喀什开一家美容美发直营店或加盟店，而且这家所谓的喀什特别特分店的售后服务风波已波及乌市的总店，对“特别特”这个品牌有一定的负面影响。

多个“特别特”

让刘天海烦心的还不止喀什这一家。近一段时间，来自石河子的一位朋友告诉刘天海，石河子人民医院南门对面有一家“特别特美容发型社”(以下简称“石河子特别特”)，老板叫孙彩玲。据孙彩玲告知，她的这家店已经开了五年了。还有来自伊犁霍城县、阿图什市、吐鲁番善鄯县——全疆各地有十多家“特别特美容美发店”。

而最让刘天海头疼的莫过于首府德汇国际市场二楼化妆品市218——“首府特别特”的眼皮底下，有一家“特别特足疗美容美发用品配货部”(以下简称“特别特配货部”)，主营美容美发化妆品。记者看见，该中心里出售的产品大多是烫染护发膏之类的美容美发产品，给顾客出具的发票单据上也明明白白标写有“特别特美容美发化妆品”；该店个体店主名片上印有“特别特美容美发化妆品批发站”张少华的大名。

…………

(结尾)据记者最新得知，“首府特别特”已拟好函件，准备送达自治区及石河子、喀什等地的工商局。“首府特别特”表示，他们还将保留就此事法院诉讼的权利。“石河子特别特”的孙彩玲则认为，名字固然重要，但回头客主要还是靠手艺；如果真的不让她的店用“特别特”的这个名称了，她也无所谓，因为回头客还在。

例文选评2-9这篇新闻报道的新闻导语由真“特别特”遭遇假“特别特”围攻事件的橱窗式导语入手，其本身就引人入胜，再加上情节上与老百姓难辨日常美发中的“李逵”和“李鬼”有关，引导受众深入阅读，引语生动鲜活。人物角色之间相互交错增加了文章的趣味性。新闻报道的结尾跃然回到争议事件的解决结果上来，保证了事件报道的完整性，为后续继续追踪报道留下了空间。

---

① 唐成荫：《企业名称注册引发商标侵权争议》，2005年9月21日《都市消费晨报》。

四、注意事项

(1) 新闻特稿由于是新闻消息的延伸，因此新闻消息的写作是新闻特稿的基础。

(2) 新闻特稿的写作更加注重内容的叙述、描写、抒情与议论等手法的运用，要注意它的写作方法与消息的不同之处。

(3) 虽然抒情与议论手法可以运用到新闻特稿中，但不可以次充主，用抒情与议论冲淡了新闻事实的叙述。

五、实训操作

1. 通过收集案例，认知新闻特稿的写作特征

运用情境式方法进行训练：

第一步：组成基础小组(20 分钟)。
每 6 人一组，从现代报业中收集不同结构的新闻特稿两篇。

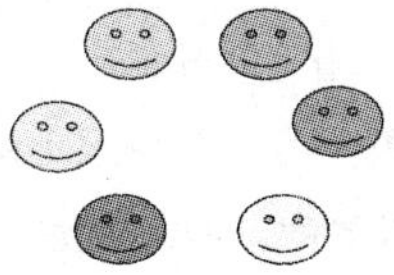

第二步：以基础小组为单位，对收集好的定向案例进行新闻特稿叙述、描写、抒情与议论等手法进行评析。
以书面形式记录下讨论成果(10 分钟)。

第三步：展板展示(20 分钟)。
每个基础小组展示自己的新闻特稿，并选派一名同学进行评析。

第四步：教师点评(20 分钟)。
教师针对展板内容进行点评。

第五步：学生通过指导运用正确的分类方法再次对收集的新闻特稿进行评析(8 分钟)。

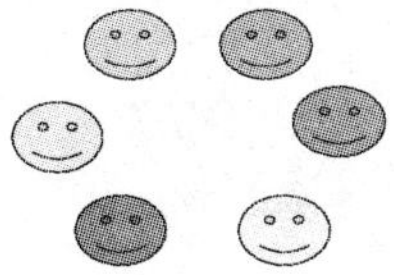

2. 新闻特稿写作基本功训练

(1) 判断新闻特稿和消息题材训练。

新闻事件一：2011 年 3 月 15 日，双汇猪肉被曝使用瘦肉精，农业部赴河南严查瘦肉精，双汇上市公司已经停牌。

新闻事件二：2012 年 6 月 16 日 18 时 37 分，世人瞩目的神舟九号载人飞船如期发射成功。

请判断以上两个新闻事件，哪个更适合于写成新闻特稿？

使用扩展小组法进行实训：

第一步：独立思考(8 分钟)。
每位同学独立思考上述问题，把思考的结果记录下来。

第二步：两人合作(10 分钟)。
两位同学组成一个小组，比较你和搭档的答案并简述理由。

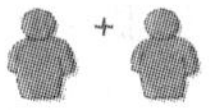

第三步：4 人一组(10 分钟)。
小组成员比较答案，选出你们共同认可的有关上述两个新闻事件哪个更适合于写成新闻特稿。

第四步：小组合作(20 分钟)。
一个 4 人小组与另一个 4 人小组组成大组，在大组中比较答案，在形成最后讨论结果后选取一人，将结果公之于众，并简述理由。

第五步：教师点评(20 分钟)。
教师根据项目要求针对每个大组的讨论结果进行评析，以便学生加深印象。
双汇猪肉使用掺有瘦肉精的原料，事件本身带有复杂性、隐蔽性，适合写成新闻特稿。
神州 9 号发射成功属于突发性新闻事件，时效性、限制性强，因此适合写成新闻消息。

(2) 叙述训练。

以一个企业或一个市场里的新闻事件为例，让学生口述这个新闻事件，进行叙述训练写作。

要求：开门见山，直奔主要新闻事实、故事性强、上下连接，过渡照应、简要穿插，对比衬托。

(3) 描写训练。

由于2011年3月11日日本发生9.0级大地震，日本福岛发生核电站爆炸事故，请你以此进行看图描写训练。

要求：现场描写文字不少于500字，至少有四个不同角度。

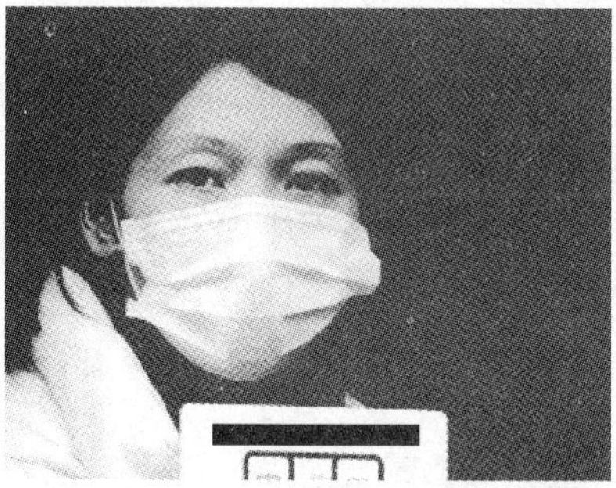

(4) 议论和抒情训练。

对2008年中国首次在北京举办奥运会进行抒情、议论训练写作。

要求：开头之处作诱导，关节之处作渲染，衔接之处作黏合，结尾之处作抒发。

3. 使用正确的方法练习新闻特稿的写作

(1)构思新闻特稿的开头。

成功、精彩的新闻特稿的开头往往有以下几种：

① 用重要的情节开头(有悬念)；

② 以鲜明的对比开头(有震撼)；

③ 以精辟的议论开头(有高度)。

请看例文选评 2-10 中的这篇新闻特稿，分析一下它是怎样开头的。

例文选评2-10

对爱德华·戈登医生来说，爱，决不意味着不得不说他要置身金钱之外。

6 年前，这位迈阿密海滩的满心期望的医生娶了一位财产超过 800 万美元的病人。她的名字叫伊丽莎白·巴法姆，是一个孤独的酗酒者。

有了戈登，她还是感到寂寞，经常借酒浇愁。她几乎不再富有了。

今天，当律师们坚持试图找回这位前戈登夫人分散在全球各地的财产时，她因永久性大脑损伤躺在劳德戴尔堡的一所私人疗养院里。亲友说，她的生活毁于她当医生妻子的灾难性的 4 年。他们说，那不是一场婚姻，而是一起欺诈和蒙骗事件。

“难以置信，”一个儿子彼得·博蒙特说，“这是一个经典：有钱的老妇人前往退休老人疗养院，然后她被当地医生诈骗。”

它始于 9 月份的一起恋爱。他 62 岁，银发，单身，在佛罗里达州开了一项新的医疗业务。她 60 岁，有一点肥胖并且两度离婚，脾气暴躁而消沉。[①]

以上这篇新闻特稿的开头用了一句评论性的句子，受众的感觉好像读懂了，好像又没有读懂，于是有一种继续读下去的欲望。紧接着，记者把一个富有悬念的吸引人的故事展现出来：一位女富豪，因为两次失败的婚姻，患有严重的孤独症并酗酒。结果为她看病的主治医生成为她的第三任丈夫。丈夫不但没有治好这位女富豪的病，反而在四年后将她变成了一个“永久性大脑损伤”患者，并侵吞了她的全部财产。看到这里，受众就很想知道这个故事是怎样发生和结局的，于是会继续往下阅读。

(2) 新闻特稿主体部分的案例写作练习（参见例文选评 2-11“雪压中国”）。

① 从头至尾或由浅入深的叙述方法训练。

② 头足倒置或中心开花的叙述方法训练。

③ 中断过程穿插材料的叙述方法训练。

④ 夹叙夹议、边述边评的叙述方法训练。

(3) 新闻特稿结尾的写作训练。

① 画龙点睛，重言压阵。

② 用事实说话，含而不露，发人深省。

③ 提醒召唤，引起共鸣。

请看例文选评 2-11 这篇新闻特稿的开头、主体以及结尾的写作程序。

① 梅尔文·门彻尔：《新闻报道与写作》(展江等译)，北京. 华夏出版社，2004 年版，第 227 页。

例文选评2-11

雪压中国[1]

N582：第一块“多米诺骨牌”

银装素裹的童话在2008年1月25日下午被彻底终结——在湖南郴州白石渡，在冰雪和冻雨中支持了两周的巨大输电塔轰然倒下，10万伏的高压线搭在了其下2.5万伏的铁路接触网上。

来自广州铁路(集团)公司的消息表明：这直接导致了京广线小水铺至马田墟区间的配电所跳闸断电。约4个小时后，从深圳西开往湖南怀化的N582次列车，行驶至湖南耒阳时失去电力，突然刹住……自这一刻起，湖南郴州至衡阳段，成为京广线的阻梗区。

惊恐、焦躁、慌张、愤怒弥漫在载有2000多人的N582里。本来，他们带着即将回家的喜悦，欣赏着沿途千里冰封的河山。

中国国家电网向《南方周末》提供的信息表明，25日后，郴州、衡阳等地至少有三处出现了类似白石渡的险情。由于高压断点多次落于铁路接触网上，造成7000多次电力中断。未烧毁的接触网因为被冰雪包裹——最严重处超过20毫米，或欠压，或使机车的“辫子”搭不上电。而在这个高速时代，京广线上的客车几乎全部为电力机车。

最早遭遇困境的N582引发了连锁反应——25日晚，数十辆列车被迫停在铁路线上。吃饭——这个最原始的问题，折磨着人们脆弱的神经。而平时最被珍视的人民币的价值越来越小。一位26日搭乘从长沙发往深圳的N557次的乘客向《南方周末》发来信件，停车20多个小时后，餐车上第一批饭才被煮出来，这还是向附近农民采购的粮食。他眼巴巴看着饭盒被人群一抢而空，许多没抢到饭的乘客砸门抗议。

K227次则晚点了整50个小时。停滞在广东境内大瑶山隧道附近的小站时，车上已无储水，乘务员拎脸盆和水桶到站台上铲雪冲厕所。一位珠海市网友给堵在这趟车上的朋友发短信说：“几天都没有你的消息了！至今你求救的手机短信还不停地在我的耳畔徘徊……”

部分等待亲友的人对此仍毫不知情。比如张文村夫妇，他们的两个孩子和另外三个同伴，1月26日11：00被朋友在长沙送上T263次前往广州。当张文村夫妇26日深夜到广州站接人时，这趟车似乎“失踪了”——五个孩子中最大的17岁，最小的6岁，没有手机，身上仅几十块钱。当记者1月28日在广州站碰到夫妇俩时，他们已经在火车站等了两天两夜。但是，没有人知道他们的孩子在哪儿。

大动脉堵塞

25日深夜，郴州至衡阳区间梗阻的消息震动铁道部。当时，这个中国当下最忙碌的部

① 苏岭，孟登科，姚忆江：《雪压中国》，2008年1月31日《南方周末》。

门刚刚松了一口气——1月24日6:55,京广线湖南三门至石湾区间铁路供电中断,导致多趟客车晚点,铁道部副部长胡亚东从北京飞到广州指挥救援。当晚,完成任务的胡亚东便飞回北京。

很显然,25日的"冻疮"要比24日严重得多。截止到1月26日凌晨4:00,京广线上共有136列客车晚点,涉及乘客近30万人——相当于一个小型城市的人口滞留在广州。

"春运看铁路,节前看广州",这里是京广线的起点。铁道部称:2008年春运旅客流量将创纪录地达到1.77亿人次。而大约每17个人中,就有一个要经过广东。其中,又以京广线车流密度最大,春运高峰期间每天往返219对。

1月27日晚,滞留广州火车站的人群达到高峰。300米的距离,人们需要用30分钟全力突破。这10万人——相当于3个军的兵力——分排在7行大雨棚里,等待他们的是广州入冬以来最冷的一个夜晚——最低5度,而风和雨从黑暗中扑面而来。

一位27岁的西安男子廖成"很幸运地"站在离候车大厅最近的雨棚最前面。为占这个"先机",他站了26小时,没有任何进食,也没有去过厕所。"一走就进不来了"。他曾试图越过栏杆进入候车大厅,终没成功。被紧急调来支援的近千名武警,形成了第一道防线。雨棚里不时传来骚动,武警们指着试图越过栏杆的旅客用沙哑的声音大声地叫着:"下来,危险!"

此时,经过协调的N582已恢复运行。T263则停在离长沙20公里的暮云,被调度返回长沙,张文村的孩子们回了家。然而,中央气象台于27日傍晚发布最高等级的暴雪红色警报——更大规模的灾难将降临在湘、鄂、豫、皖、苏等地。

湖南境内的电网已经承受不了冰雪的肆意逞虐。永州全城停电。为了给电网破冰,湖南电网3名职工不幸殉职。

铁路没有自己的发电设施,全靠地方供给。冰雪造成的拥堵从最初的郴州至衡阳段,扩大到株洲至韶关段。28日凌晨,长沙芙蓉北路一根高压电线再被冰雪压断,掉落在京广铁路上,一辆飞驰的货车还将5根电线杆拉倒……28日,京广线几乎没有一班正点运行的列车。

拯救京广线

铁道部副部长胡亚东不得不再赴广州。1月26日,曾任铁道部运输局局长的胡亚东,紧急赶到处于风暴中心的广州火车站。

建立34年来,广州火车站从未同时"接待"过如此之多的高官。自26日起,包括温家宝总理在内的至少8位副部级以上干部在此坐镇指挥——胡亚东之外,还包括中共中央政治局委员、广东省省委书记汪洋,铁道部部长刘志军,公安部部长孟建柱,以及广州市市长张广宁等人。

广州市的春运指挥部占据了火车站软卧候车室中的一间,工作人员挂橙色牌;对面就是广铁春运工作组,工作人员挂蓝色牌,而指挥中心——"广州铁路集团公司春运指挥部"仍在位于中山一路的广铁集团大院。各组的协调会一次次进行。

接受《南方周末》采访时，广铁集团一位负责人称：最初的协调方案是将京广线南段滞留和待开的部分客车分东西两翼，迂回运行。东走京九、沪昆线，西走三茂、焦柳线。到 1 月 26 日中午，42 列客车逃出了梗阻地段。“连日的恶劣天气和为了迂回送沿途各站滞留的旅客，我们这趟车从上海到广州用了整整 4 天。”25 日从上海南开往广州的 L349 次列车车长对《南方周末》记者称。

而 59 组客车“车底”——包括司机、车长、乘务员、铁路警察等的整建制空车——也从北京、郑州等多个铁路局紧急调集，支援广铁集团公司。

另一个方式则是“摆渡”。到 1 月 30 日，包括从其他铁路局借调增援的 150 辆内燃机车，驶往郴州至衡阳等停电区间。技术相对落后的东西在非常时刻派上了用场——人们将内燃机车头挂在电力机车前，那些失去动力的庞然大物被拖出无电区间，或迂回到非电化区段。

“火车本来不怕冰雪，因为它设有沙管装置。”接受《南方周末》采访时，广铁集团的一位人士说，“遇到铁轨打滑，司机一踩刹车，沙子就会放下去——沙子可以增加车轮与铁轨间的摩擦力。”

但这场南方罕有的冰冻，让沙子失去了效力。广铁不得不采取另一个非常措施：管内冰雪区每一个火车进出站的道岔分包到人头，遇雪即扫，凝冰则用开水融化。有的小站没有开水，当地的职工不得不学习那个著名的比利时小男孩——男职工用尿化解危机。

但恶劣天气依然加剧。26 日之后，中央电视台连续 7 次发布橙色甚至红色暴雪预警，暴雪和冻雨覆盖了至少 2/3 个中国。京广线上的电力事故也发生在其他地方——26 日前后，沪昆线上，电力缺失导致 60 多趟列车晚点。

此时，铁路的“兄弟”们同样陷入半瘫痪状态。京珠北高速公路和粤赣高速公路因冰冻封路，26 日广州市各大客运站所有北上经京珠北的班线已全部停开。在贵州，一辆大客车因路滑翻入了 40 米深的峡谷，25 人死亡。27 日，长江中下游地区的 14 个机场因积雪结冰被迫关闭，单南航就取消了从广州前往郑州、长沙、南昌、南京、南阳、宜昌、兰州、张家界等城市的 55 个航班。

作为“国家运输”的铁路，更是无路可退。

风暴中心

“尽管事发广州之外，但广州却成为矛盾最集中的地方。”广州市政府办公厅的一位官员说。

在广东省省长黄华华眼里，重点就是广州火车站，“不出事就是本事，如果有事就是大事”。1 月 27 日，他提出了“一刀切”的方案：持 2 月 1 日以后票的旅客不能上车。铁道部则认为事态尚可掌控，他们已责成广铁调整所有列车，乘客按方向上车，而非车次；先开跨铁路局的“直通长途”，停掉“管内车”和临客。

这天，广铁的《致广大旅客的公开信》在数十万滞留旅客中传阅：其一，1 月 27 日至 2 月 6 日，停止售票；其二，之前所购的车票 10 日内有效，并可随时全额退票。为此，广州地区紧急设立了8个退票点。里面存在一个悖论，春运车票早基本卖完，意味着人群仍会像滚雪球一样，往后越积越多。

1月27日22：10，恢复后的第一列临客A602（肇庆至岳阳）从广州站出发。它是广州站不多见的绿皮车，机头是内燃机车。但何时能到达，谁心里都没底。

政府方面尽全力将旅客尽量分流出广州火车站。从26日开始，地铁站广州火车站禁止旅客直通火车站候车大厅，一律往广场。春运指挥部副总指挥冼伟雄希望旅客一到车站就能感觉到“铁路受到影响，最好退票”。指挥部发出了“请留在广东过年”的紧急呼吁，甚至通过短信劝留。

但“有钱没钱，回家过年”的传统仍让人们心有不甘，他们在源源不断地从广东各地涌向广州站。被送往安置点的乘客的情绪也相当激烈，流花会馆的工作人员平均每半小时就要处理一起冲突。持续增加的压力令春运总指挥、广州市副市长甘新揪心，他在会上坦言，“目前的所有工作只能是为了应急”。

28日，在张广宁市长主持的办公会上，甘新直接表示：重视矛盾，采取断然措施。但张广宁要求：广州方面必须在铁道部既有的方针下安排工作。而铁路部门背负着国务院的最高指示：想尽一切办法送旅客回家过年。

如何放人进站，更是被双方的春运指挥部反复探讨，但这又无法规划。铁路方面将所有等候调度的车集结在广州塘西车站（距广州站两公里），按方向分发费尽脑筋。29日17时半，L349次在塘西车库将近一天的等待以后终于接到进站指令，直到车站工作人员拿着喇叭高喊“汉口的在这里排队”，陈车长才知道他们的下一个目的地是汉口。已经在铁路沿线上奔跑了5天的陈车长，眼睛红肿，告诉《南方周末》记者：“我也不知道这趟车将开到哪，现在一切都是听指挥。”

19：44，L349次列车仍然停在第一站台等待旅客上车。此时，候车大厅内紧张嘈杂，数十个喇叭正在理顺放闸进厅旅客的方向。

春运指挥部只能不断改善着分流方案，以在保证安全的前提下缓解火车站广场压力——29日的做法是将旅客从拥挤的火车站广场拉到几个异地候车室（诸如流花会馆），再用公交车队往火车站台上直接送人。1月29日17：35，广州站站台上开进了一溜满载乘客的公交车，冷清的站台顿时沸腾起来。

28日20：00，铁道部副部长胡亚东披着件军绿大衣，与广州市市长张广宁站在会议室门口商量异地候车室的落实问题，胡亚东开玩笑说，“从今天的工作部署看，晚上不会再让张市长睡不了觉了”。

大动脉为何断裂

京广大动脉“断裂”的根源，在于从长沙到韶关的电力中断。那么，电力为何会中断？在相关专家看来，这主要应归咎于天气，而不是设计问题。

“这次重度雪灾冻害为50年所罕见，真正的罪魁祸首来自冻雨，而且持续时间太长了。”中国气象局预测减灾司司长矫梅燕说。

专家解释，冻雨的雨滴与地面或地表物、飞机等物相碰后即刻冻结，尤其对电线的影响比较大。湖南电网很多线路平均覆冰厚度达40～60毫米，远远超过设计值。高压线成大冰棍儿，人要爬上高塔用大木棒子愣砸愣敲，不然就送不上电，"每一段输电铁塔，都是按照以往分析的气象条件设计的，现在冻雨导致的覆冰过厚，超过了设计的原始使用条件，这是设计标准时没有预料到的。"湖北省电力勘测设计院输电线路室主任罗崴介绍。而根据测算，覆冰达到50毫米厚时，导线拉力会达到设计时(一般设计应对冰厚为10毫米)的4.85倍。

"耐张塔可以设计标准提高一些，但不可能按最保守的天气条件来设计。"湖北省电力勘测设计院输电线路室主任罗崴说，导致电塔倒塌的原因有多种情况：覆冰超过了设计的气象条件，这是对铁塔影响最大的因素；部分微气象造成线路覆冰不均匀；有时候导线剧烈舞动都可能造成倒塔事故。

据介绍，在线路工程的造价中，铁塔投资占20%。如要每个基塔均增加投资去抗衡50—100毫米的覆冰，电力线路的总体投资会翻10倍左右。

电线遇冷会收缩，再加上冻雨在电线上冻结积累后重量的影响，就会绷断电线，使电讯和输电中断；正是因为覆冰大大超过设计标准，致使导线弧垂加大，以致产生线路跳闸、扭转、断线、倒杆、停电和通信线路受阻或中断等重大事故。

据中国国家电网不完全统计，仅27日17点至28日17点，湖南境内倒塔35基。28日湖南220千伏电网多片解网，湘西(包括贵州东部)与湖南主网解列，7时45分通过恢复并列，目前湘南地区解列为三个孤立电网运行。受此影响，京广大动脉何时可完全打通，仍然是未知数。

"难道没有应急方案?"

"难道没有应急方案?"这是饱受煎熬的乘客们反复质疑的问题。

中国气象局预测减灾司司长矫梅燕说："1月10日第一次雨雪天气出现前，我们把有关情况上报给了国务院，雨雪天气出现后，国务院根据我们的预报给全国发了紧急的通知。第二次雨雪天气出现时，我们与交通部又联合发布了这种紧急通知。实际上，对此次出现的灾情，政府还是相应部署了一定的应急措施。"

"1月12日，湖北省政府就启动了紧急预案，全力做好防风、防雪和防冻的各项工作。"湖北省应急办值班人员告诉记者，武汉、襄樊、十堰等城市启动了"冰冻天气"融雪防冻工作预案。"武汉市还没有应对暴雪的经验，就可能导致扫雪设备缺乏。"武汉市委宣传部新闻处工作人员承认。

李泽椿院士认为，南方"防寒机制"相对薄弱。"一些受灾地区以往降雪不大，应对这种状况的经验和技术都不足。"

他说，极端天气随机性较大，又具有转折突发性，成因更为复杂，预测就更困难。

南方修建的一些高架桥坡度太大，一上冻就成了"高山速降滑道"，越野车都爬不上去；自来水管有很多裸露在空气中且没有保温层，一晚上就能冻爆并结成几米长的冰凌；在基础设施维护方面，除冰、扫雪机械设备严重不足，只能靠"人海战术"与自然对抗；车辆普遍没有配备防滑链，司机冰雪天行车经验也不足，导致路面交通事故剧增。

“越是现代化越是具有脆弱性，通信中断，线路倒塌，机器一出故障，备用设备应及时保障。”李泽椿院士说，要事先采取各种应对方案，比如铁塔的安全系数要提高，公路的坡度不能太大。

此次自然灾害再一次对完善公共危机管理体制提出了要求。李泽椿院士说，“凡事预则立，不预则废”，日本先进的灾害防御意识值得借鉴。日本注意对国民进行地震防御等灾害演练，公众才会在突发灾害面前从容不迫。

“这次雪灾提出了另一个问题：现在国家电网系统的设计标准，跟过去要有所不同，应更多考虑极端气候现象的影响。”矫梅燕说，“这次危机也促使我们思考，怎么从气象的角度来为工程设计提供更多的服务。公共工程在设计上都要考虑极端气象灾害因素的影响。”

“我们还将要面对100万人”

因为京广线至今仍然梗塞，大量旅客仍然被迫滞留。

而对政府来说，最关键的问题是：广州站到底卖了多少张票？退了多少张票？已经送了多少人走？他们想在一片混乱中弄清楚一点，广州火车站还将面对多少人流？

1月29日下午，广州市春运总指挥甘新拿到了这个数字：春运以来，广州站共计发送旅客70万人，退票15.4万张，但广州站已售票的始发旅客约187万。“我们还要面对100万人的压力。”甘新说，这已经相当于一个中型城市的人口。另据广铁方面称，截止到1月30日16：00，退票数已经达到58.6万张。

而26—29日，广铁方面称开行了363列客车。但仍有20万人滞留火车站。据广州地区春运指挥部预测，铁路春运高峰将在2月1日到来，直到5日。人潮将像滚雪球，越积越多。

依照铁道部的紧急措施，不出几天，秩序将恢复正常。广州火车站软卧候车室的一位工作人员联想到1998年春运。因为天气的原因，那时，广州站滞留了大量乘客。两天后，天气好转，危机12个小时内被化解。

但在未来三天，暴雪和大雨仍将席卷中国南部。广铁集团宣传部部长刘梦书28日向公众宣布，“由于恶劣的天气还将持续，加之之前连续几天的运输秩序完全打乱，广州站要想在短时间内恢复相当困难”。

1月30日，国务院总理温家宝出现在广州火车站，他从湖南长沙赶到此地。8：25，这位亲民总理最先来到一站台，还将食物送给三号候车棚的一位重庆旅客。

此前，他对随行的国家有关部门的负责同志说：“首先解决长沙到韶关这条线路的电力安全和铁道畅通。解决完了，全国就有信心了。”

而这种信心也在风雨里的人群中传递。在广州站，一位等待了三天三夜的旅客接受采访时说，“只要还有希望，我就要等下去”。

在例文选评 2-11 这篇新闻特稿中，其新闻导语以一个“10 万伏的高压线压倒在了其下 2.5 万伏的铁路接触网上”的橱窗式导语开头，显示出“雪压中国”独特视角主题的震撼性。

第二段和第三段用现场描写的方式具体描写了京广铁路大动脉在这场极寒冰雪灾害面前的瘫痪现状。其间，有人物、对话、动作、场景的展现，活灵活现；滞留人员数据的总体把控，有理有据。

第四段和第五段写如何拯救瘫痪的京广铁路大动脉，从政府层面到一个普通的铁路司乘人员，叙述了他们所有的人为了拯救所作的事件。

第六段和第七段记者向受众分析了“大动脉为何断裂”的主因是因为电力供应受到冰雪天气影响而中断造成的，应急预案的不得力加重了这种“瘫痪”的程度。

最后一段又回到大动脉瘫痪的现实中，具体从政府到滞留旅客采访了他们应对灾难的信心、措施和希望。

全文以点带面，写人、写事，将现场、对话、分析融会贯通，既生动又有深度和高度，具有震撼力。

4. 校内实训基地实训

学生利用校报和院报进行新闻特稿综合写作练习，教师公开评报。

5. 校外实训基地顶岗实习

学生利用校外新闻媒体进行新闻特稿综合写作实习。

六、总结点评

(1) 新闻特稿的写作与新闻消息的写作有相当大的关联，应当在新闻消息写作的基础上积累经验，进一步拓展延伸。

(2) 新闻特稿的写作需要相当扎实的文学写作基础，因为文学写作中的叙述、描写、抒情和议论等多种手法与新闻特稿的写作有异曲同工之处。

(3) 新闻特稿的写作，其结构设置是相当重要的一个环节，要经过认真思考，选取合适的结构，否则，新闻特稿的返工量非常大。

① 新闻特稿多是以概括式导语或者现场场景直接导入开头。

② 主体包括事件的发生、发展、高潮和结局。

③ 结尾可以是一段对全文的议论、抒情，也可以直接用新闻人物的语言结尾。

以下是几条切中新闻特稿写作核心本身的指南：

① 展示正在做事情的人；

② 让他们说话；

③ 朴实无华，让动作和对话构成全篇；

④ 保证文章具有动感。

七、拓展提高

（1）拟写新闻特稿的导语与拟写新闻消息的构思角度一样吗？

（2）在新闻特稿里可以详细地叙述故事吗？

（3）新闻是用事实说话，可为什么允许新闻特稿里有记者的抒情和议论？

（4）新闻消息可以不要结尾，新闻特稿一定需要结尾吗？

（5）以身边发生的典型的好人好事或刑事案件为由头写一篇 2000 字左右的新闻特稿。要求：选择合适的结构，提炼最有价值的主题，运用生动准确的材料进行写作。

项目三　新闻记者主要工作文体写作

作为一名记者，在现代新闻媒体里工作，并不像项目一里讲的一样只从事新闻导语或新闻结构部分的工作，而是从事综合性的新闻工作，写出完整的新闻稿件。在新闻媒体里，只有稿件的类型之分，没有稿件的部件之分。当今大多数新闻媒体分为时政要闻、社会新闻（都市新闻）、财经新闻、娱乐新闻和新闻特稿等大的工作部门。每个部门的新闻都有自己鲜明而突出的特色。在这里的任何一个部门，只要是从事新闻工作的记者、编辑都需要把新闻写作的知识技能从整体上融会贯通，形成自己的一种综合写作能力，其实这也是记者在现代新闻媒体里的一种生存能力。

任务一　时政动态新闻写作

时政动态新闻是记者最常写的新闻报道，其数量最多、范围最广。时政动态新闻的特点是动态性特别强，今日某国的总理在俄罗斯访问，明日可能已经在乌克兰访问了。对于记者来说这两条都是新闻，两条都要进行报道。同时这类新闻中包含了大量受众比较关心的突发事件，因此时政动态新闻无论在任何媒体中总是占据着最显眼的位置或者最黄金的时段。

教学目标

通过本任务的学习，培养学生在现代新闻传媒业中时政动态新闻的综合写作能力。

案例导读

山西王家岭煤矿透水事故被困者升至152人①

新华社太原3月28日电（记者　陈忠华）　记者28日从山西省有关部门了解到，28日14时30分许，华晋焦煤有限责任公司王家岭煤矿发生一起透水事故，据初步统计，当班下井261人，升井109人，152人被困井下。

华晋焦煤有限责任公司王家岭煤矿项目是国家和山西省"十一五"规划重点建设项目，井田位于山西省乡宁县和河津市境内，面积约180平方公里，地质储量23.42亿吨，可采储量10.36亿吨，煤种为中灰、低硫、特低磷的优质瘦煤，是极好的炼焦配煤。

目前，事故具体原因仍在进一步调查中。

以上新闻事件属于时政动态新闻的范畴吗？还有哪些新闻体裁属于这个范畴？

工作任务

1. 认知时政动态新闻的写作特色。
2. 写作时政动态新闻。

① http://news.xinhuanet.com/politics/2010-03/28/c_125791.htm。

理论基础

一、术语解释

1. 时政动态新闻

时政动态新闻是迅速及时地反映现实中国内外最新变动状态的重大政治事件、社会事件、经济事件以及国家首脑要人活动的新闻报道。它是新闻报道中的一种重要类型。

2. 时政动态新闻的主要类型

(1) 事故与灾难新闻。

事故灾难通常是指对社会影响较大的意外变故与灾难,主要包括:

① 社会政治、经济局势的突变,如战争、骚乱、暴动、兵变、政权更迭,政府人事、政策的大变动,经济危机等;

② 重大自然灾害;

③ 重大交通事故与其他的意外事故;

④ 爆发性疫情;

⑤ 对社会各界有重大影响的新发现或新成就。

(2) 会议新闻。

会议新闻就是与会议有关的新闻报道的统称。无论在国内还是在国外,会议已经成为现代社会发展的基本特征之一。在我国素有"文山会海"的说法,主持、出席会议的人常常又是新闻媒体追逐的政要或社会名人,因此,会议新闻是各类新闻媒体都需要着力报道的一个领域。

(3) 首脑、要人活动新闻。

首脑、要人活动新闻主要是指政府首脑、社会要人的出访、视察等重大外事、活动新闻。由于这类新闻的构成基础是"不平凡的人+不平凡(平凡)的事",因此,追逐政要人物的活动信息也成为现代新闻传媒业时政动态新闻的重要内容。

二、工作要点提示

1. 事故与灾难新闻

(1) 了解事故与灾难的全过程。

(2) 确立报道主旨。

(3) 报道的主体建立在现场、目击者等充分的证据上。

2. 会议新闻

(1) 了解会议的主旨和目的。

（2）提炼出新闻要点。

（3）报道的主体建立在会议发言的基础上。

3. 首脑、要人活动新闻

（1）随行首脑、要人出访等活动。

（2）确立报道主旨。

（3）报道的主体建立在活动的主要内容上。

三、方法技巧

时政动态新闻的写作技巧如下。

（1）以事物的最新重大变动为其主要着眼点。

对能够反映最新时代特点和时代变动气息的新闻迅即报道，往往注重报道刚才发生、正在发生或即将发生的重大新闻事实。在写法上由近及远，即从眼前的最新变化写起，以新带旧，然后再回叙事件的始末及由来。

例文选评3-1

韩朝领导人55年来首次会晤[①]

新华社平壤6月13日电 韩国总统金大中周二上午乘专机抵达这里，出席“二战”后50多年来首次举行的朝鲜南北方首脑会晤。

专机在平壤北郊的顺安机场降落后，金大中及其一行受到了朝鲜民主主义人民共和国最高领导人金正日和其他官员的欢迎。

在平壤逗留的三天中，金大中同金正日举行会晤，并同朝鲜最高人民会议常任委员会委员长金永南举行会谈。

…………

金大中和金正日均是当今国际政坛的风云人物，所以由他们所代表的两个国家在时隔55年后的首次会谈意味着韩朝两国在合作方面将会有重大变化，这就成为重大的时政要闻。例文选评3-1这篇新闻报道中有现场观察，会谈的内容成为报道中最主要的新闻事实部分。

（2）以时效性与重要性为其价值取向。

在新闻价值诸要素中，时政动态新闻特别注重时效性与重要性，总是把最新鲜、最重要的内容突出地写入新闻导语中。

---

① http://news.xinhuanet.com/news/20010801/754440.htm。

例文选评3-2

叙利亚爆发游行抗议活动 19人被打死[1]

新华网大马士革10月21日电(记者 拱振喜) 叙利亚反对派21日在多个城镇组织游行抗议活动。游行期间发生流血事件。

叙利亚人权组织说,霍姆斯市、哈马市、伊德利卜农村和大马士革农村省爆发游行抗议活动。在当天的抗议活动中,有19人被安全人员打死,其中霍姆斯市15人,哈马市2人,伊德利卜农村地区1人,德拉市农村地区1人。

而据官方媒体叙利亚通讯社报道,在霍姆斯市和哈马市,“恐怖武装分子”打死1名军人和2名平民,安全部队在追捕“恐怖武装组织”成员时,双方发生冲突,造成2名武装人员死亡。

根据联合国的统计,叙利亚持续7个月的游行抗议活动造成3000多人死亡,而据叙利亚官方统计,已有1100多名军人和安全人员死亡。

叙利亚是继利比亚内乱之后又一个引起国际舆论广泛关注的中东国家,其冲突的起因、现状以及将来的发展趋势都将影响整个国际局势的和平与稳定,因此,就这条新闻的时效性和重要性来讲无疑都是新闻媒体的头条新闻。

(3) 以突发性事件为其主要报道内容。

时政动态新闻所报道的内容主要以国内外突发性事件、国内外重大政治变动信息、首脑人物、政策变化等信息为主。如反映自然界最新变化状态的地震、海啸以及其他灾难,反映人类社会最新变化状态的经济危机、政权更迭、人事变动、政策变化,政治人物的最新动向,各条战线的最新成果、最新发现等,这些往往与社会各界均有较大的利害关系,因此格外引人注目。

例文选评3-3

伊春市长:客机失事已造成42人遇难[2]

新华网黑龙江伊春8月25日电(记者 刘景洋、孙英威、邹大鹏) 据伊春市市长王爱文介绍,根据最终核对,伊春“8·24”客机失事已造成42人遇难,54人受伤,其中7人为重伤。伤者目前分布在伊春市内4家医疗机构接受治疗。

24日21时36分,一架经哈尔滨飞往伊春的客机在伊春林都机场附近失事。机上共有96人,其中乘客91人,机组人员5人。

---

① http://news.cn.yahoo.com/ypen/20111022/653356.html。

② http://news.xinhuanet.com/local/2010-08/25/c_12480574_2.htm。

25日晨6时15分许，新华社记者看到，3辆印有殡仪服务字样的车辆进入现场，开始运送遇难者遗体。据悉，遗体将运往殡仪馆，以便家属确认。机场外，有遇难者家属在焦急等待，现场不时传出失声痛哭。

客机失事地点距离跑道约有2公里的距离，位于机场铁丝网之外，周围杂草丛生，有大量蚊虫。机场上空笼罩着浓雾，能见度不足200米。

一架几乎已经燃烧殆尽的客机斜卧在充满积水和蒿草的砂石路上，经过燃烧的机身已经断裂成一段段“黑炭”，仅有机头驾驶舱和尾翼还残存着原来的面目。

在失事地点方圆50米内，还能看到部分飞机残骸，并能发现书本等杂物。

在送往殡仪馆前，遇难者的遗体被银色袋子包裹好，整齐摆放在失事飞机一侧。武警部队官兵把守着现场，并设置了警戒线。

在世界航空史上，中国发生空难事件是比较罕见的，因此，伊春空难事件就成为影响较大的灾难性空难突发事件，它结束了中国民航2102天安全记录的历史。记者抓住这一突发事件的现场、结果、原因分析等进行报道，及时且迅速地将突发事件所造成的影响一一展现在受众面前。

（4）以客观叙事为其基本特征。

时政动态新闻由于以提供新闻信息为其主要功能，因而在写作上以客观叙事为主，一般不允许记者出面发表议论。用事实说话的方式表达了记者的倾向性。

例文选评3-4

中国遭遇近五年来最强寒潮 南方或剧烈降温[①]

由于遭遇近5年来同期最强寒潮天气袭击，21日以来，中国北方多地出现雨雪大风和剧烈降温天气。中央气象台预计，未来三天，这股冷空气将继续快速南下，影响中国南方大部地区。伴随着大风，南方一些地区将出现12～14℃的剧烈降温。

受这股强冷空气影响，新疆、宁夏、甘肃、青海等地先后出现降雪，局地还出现了大到暴雪天气。24日，酒泉肃州区积雪达9厘米，是肃州区气象站建站70年来历史同期的最强降雪。

冷空气在制造雨雪的同时，中国北方多地气温进一步下降。检测显示，24日14时，青海北部、甘肃、宁夏、陕西中北部、山西北部和西部、河北中北部、北京、天津、内蒙古中西部、山东北部、辽宁大部、吉林中东部、黑龙江中东部等地，一日之间，普遍出现了6～12℃的大幅降温。

据多年的统计资料分析，10月份中国发生强冷空气强度以上的冷空气过程平均每年

① http://www.cnr.cn/gudong/201010/t20101026_507221460.html。

2～3次，因此10月份出现强冷空气过程属于正常天气现象。

中央气象台专家表示，综合分析，21日开始的这次强冷空气过程将可能是近5年同期最强的一次冷空气过程，但其强度和影响均不及2002年10月下旬出现的强冷空气过程。

中央气象台预计，未来三天，强冷空气将快速南下，先后影响黄淮、江淮、江汉、江南、华南、西南地区东部等地，伴随着大风天气，上述地区气温将下降5～10℃，局部地区降温幅度可达12～14℃。冷空气前锋过后，华北平原、黄淮地区日最低气温将降至0～5℃，江淮、汉水流域、江南中北部、云贵高原日最低气温只有6～8℃。

在强冷空气的影响下，预计25日至26日，甘肃中东部、青海北部和东部、四川西北部等地将有雨夹雪或小到中雪，局地有大雪。陕西中南部、山西中南部、河北中南部、京津、山东、河南、安徽北部、江苏北部等地部分地区将出现初霜冻。

用事实说话在新闻报道中已经成为一条基本原则。例文选评3-4这篇新闻报道所选择的主题是中国遭遇近五年来最强寒潮，南方或剧烈降温。因此，记者就要把"新疆、宁夏、甘肃、青海等地先后出现降雪"、"酒泉肃州区积雪达9厘米，是肃州区气象站建站70年来历史同期的最强降雪"的事实报道给受众。同时，记者又选取了"中国北方多地气温进一步下降6～12℃"的事实。最后，记者选取了"中央气象台预计，未来三天，强冷空气将快速南下，先后影响黄淮、江淮、江汉、江南、华南、西南地区东部等地，伴随着大风天气，上述地区气温将下降5～10℃"来说明"南方或剧烈降温"的主题。

(5) 时政动态新闻以开门见山、一事一报为其主要写作原则。

由于力求迅速快捷的报道形式，因此时政动态新闻往往开门见山，在一篇报道只集中报道一件事、一个侧面，这样主题集中、头绪少，易于快速成稿，也容易给受众以清晰深刻的印象，所以时政动态新闻多以700字左右的新闻消息类型为主。

例文选评3-5

康泰旅行社证实一香港旅行团在菲律宾被劫持①

新华网香港8月23日电(记者　裴闯、陈静)　香港康泰旅行社总经理刘美诗23日证实，一个21人的香港旅行团在菲律宾马尼拉被劫持。

刘美诗说，旅行团包括20名香港游客和1名香港领队，其中有3名儿童。

据报道，劫持者是一位被革职的警察。

她说，康泰旅行社正在寻求中国驻菲律宾大使馆的协助。

另据报道，目前已有6名人质获释，其中包括3名儿童。

由于中国香港游客在菲律宾被劫持属于突发事件，所以，为了追求时效性，记者只能在

① http://news.xinhuanet.com/politics/2010-08/23/c_13457625.htm。

最短的时间里就这一件事情做时间、地点、事件的集中报道。至于事件发生的原因则会在连续的追踪报道中不断展现，事件的结果也会在后续的报道中不断更新。这样才显示出时政动态新闻的特点和魅力。

(6) 时政动态新闻给人以“动感”与“现场感”。

时政动态新闻一般只有几百字，要吸引受众，就必须注重事件现场的生动描写，尤其是一些细节的描写。记者在叙述中要注意使用动词，使所报道的人物与事件生动地展现在受众面前。

例文选评3-6

2008 年日照市公务员面试现场直击[①]

背景篇

日照市 2008 年度公务员面试昨天拉下大幕，今年的“公考”结果已接近尘埃落定。首轮闯关成功的 456 名考生，在 22—24 日的面试中，有 277 名被淘汰，179 人进入考察体检范围。从 1997 年“公考”开始，面试一直处在一个真空环境里，自去年开始日照市邀请社会公众进行现场监督，今年又邀请了 4 名特邀旁听员，本报的两名记者参与其中。

现场篇

记者在日照市委党校的大院内发现，参加面试的考生几乎统一穿着深灰色套装，男士大部分打着领带。据悉，对于面试服装，除了不得穿戴有职业特征的服装、饰品外，并无其他要求。一位王姓考生告诉记者，深色系给人沉稳、冷静、干练的感觉，所以成为面试人员的首选。

根据面试守则的规定，7：20 是进入候考室的时间，考生报到并在候考室集中封闭，经监管人员核对考生的面试通知书、笔试准考证、身份证后进入候考室，随后抽签排序待考。据了解，根据规定，面试期间，所有面试考官、面试工作人员和考生一律不得携带通信工具进入面试场所。考生如无意携带，必须关闭并一律交工作人员保管。

尽管采访之前便已经联系好了，但记者进入面试现场仍然经过了道道“关卡”，被安排在特邀旁听席就座。记者注意到，面试考场内设有面试考官席，包括主考官在内的 7 名考官坐成一排；而考官的对面则有单独的考生答辩席。此外，面试工作人员还有计时计分员和纪检监察部门派出的监督人员。整个面试考场严肃而有序。

15 分钟答 3 道题

记者和其他 3 名社会公众人员旁听了公安招考面试，考生须在规定的 15 分钟内答完 3 道题目。考生可以在草纸上列提纲，准备时间和回答时间不作明确划分，但每题的思考和回

---

① 王娟，陈明慧，王孝贡：《2008 年日照市公务员面试现场直击》，2008 年 4 月 25 日《黄海晨报》。

答时间不能超过5分钟。

在现场，上午共有15名考生参加了该考场的面试，但却有6人因为时间不够而未答完题。其中13号考生仅在审题上就花费了4分多钟，当他站起来刚回答了两句话，就被计时员告知时间到。第一题的时间分配不当，直接影响了这位考生的情绪，其他两题的回答明显力不从心。

试题每半天“翻新”

有些考生担心，面试期间早考完的考生会不会泄题。这个担心是多余的。据市人事局的工作人员介绍，本次考试通用面试试题共7套，每半天使用1套。各专业职位体现职业特点的试题，根据实际需要由省主管部门或组织人事部门组织人员命题。使用全省统一命制的面试公共试题，必须按省里确定的时间和顺序使用。

3道考题考验考生能力

面试的3道题看似简单，实则包含了对考生的综合分析能力、言语表达能力、应变能力、计划组织协调能力、人际交往的意识与技巧、举止仪表气质等各个方面的考察。有的考生妙语连珠、侃侃而谈，有的却套话连篇或无言以对。

记者在现场听到，当天上午面试的3道题大致是这样的：

——《中国青年报》通过问卷调查发现，“房子、车子”已经成了现在大学生的首选，谈谈你对此的看法。

——“播撒一种思想收获一种行为，播撒一种行为收获一种命运”，模范、榜样的力量在当今社会有些弱化，谈谈你的看法及应该如何提升他们的作用？

——谈谈你对严格执法、热情服务的理解。

当时此考场的6号考生，给记者留下了很深的印象。从进入考场的那刻起，她就落落大方，没有任何的拘谨和不安。进入答题阶段后，她迅速浏览题目，每题大约浏览了1～2分钟，边看边写。答题时她旁征博引，辩证分析，语速适中，语言流利，既从社会个体出发提出对问题的认知，又角色互换分析作为一名公务员应该怎样做。果然，当天上午公布的面试成绩，她获得了高分。

而有的考生则太过紧张，看到考题后不知道该说什么，有的则套话连篇。

面试成绩当场揭晓

面试当天上午，所有考生面试结束后，成绩当场公布。

每个部门或职位的应试人员面试结束后，考官根据其回答问题的情况进行综合评价，按结构化面试评分标准进行评判、打分。面试打分采取百分制计分法，成绩由考官当场评判。对每个考官打分，采取每个测评要素去掉一个最高分、一个最低分后累加综合计算平均成绩的办法，确定应试人员的面试成绩。

有关人士表示，考生当场就知道分数，避免了不公正现象的发生，确保了面试的公平公正。

当今社会就业压力和职业选择压力已成为一个社会问题，因此对于这种新闻事件的报道就是关注民生问题。例文选评 3-6 中的这篇新闻报道选取了日照公务员报考的新闻事件，对 456 名考生竞争公务员“宝座”的事实进行了精彩的叙述。在叙述中，现场描写精彩纷呈，人物在事件中行动，肖像描写和心理描写非常简练，使得新闻事件本身也具有较大的新闻影响力。

四、注意事项

(1) 时政动态新闻一般来源于生活中的突发事件，突发事件的写作特点就是抓住时效性，这样才能使新闻价值最大化。

(2) 时政动态新闻由于其短平快的特点，在写作上只能突出一个主题，叙述平实简洁。

(3) 由于时政动态新闻的传通性广，要求记者的敏感性强、反应迅速，一般一事一报。

五、实训操作

(一) 时政动态新闻中重点新闻类别写作训练

1. 会议新闻写作训练

会议新闻多是记者笔下的常态新闻，正是由于它的常态性，记者往往容易把这类新闻写成套式新闻，因而缺乏新意。因此，记者在接受这类新闻的任务时，在采访阶段就要细心研究会议议程，悉心听取会议的发言，这样才能从中提炼出有价值的新闻点来。

(1) 会议新闻写作前的准备步骤。

① 了解会议新闻的线索。

② 提前得到会议议程。

③ 拟出采访中要提问的问题。

④ 在会议上寻找不同寻常的话语、事件。

⑤ 寻找那些在会议上作出决策的权威人物进行专访。

(2) 会议新闻的报道步骤。

例如，某年的 1 月 14 日一位记者被派去参加“乌鲁木齐加快经济发展座谈会”，会议的主题内容是乌鲁木齐新一年经济发展的大思路。这位记者提前得到会议议程，将重点发言的八钢集团、新疆城建有限公司等发言列为重点关注对象，并准备了相应的采访问题。

运用参与式教学法进行训练：

第一步：组成基础小组(20分钟)。

每6人一组，各自先独立扮演记者的角色，以该会议议程为主线，讨论参加本次会议需要准备的采访、报道问题。以书面形式记录下讨论成果。

第二步：每个基础小组互相研讨，在研讨中，把与会中记者需要准备的报道问题用词条的形式罗列出来。

第三步：将本组的词条贴在展板上，选派一位同学解说研讨结果。

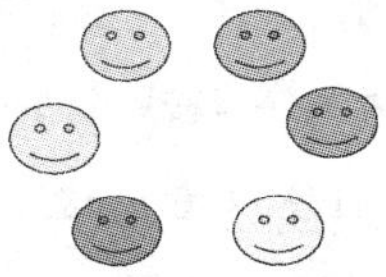

第四步：教师点评(20分钟)。

教师针对展板内容进行点评，并对研讨问题进行解读。

这次会议开始前，记者按照会议报道要求梳理出该会议的若干个需要采访与报道的问题，以确定报道主题。

① 会议的主要内容：研讨新一年乌鲁木齐各行业经济发展大思路。

② 会议的目的：市政府摸清情况，为新一年乌鲁木齐的经济发展定下基调。

③ 发生的事件和地点：新一年春节前的1月14日。

④ 讨论、辩论情况：重点行业代表相继发言。

⑤ 会议的时间长度：2小时。

⑥ 与会者：市政府领导、重点行业领导、重点企业一把手。

⑦ 背景：新市委书记刚走马上任。

⑧ 下次会议的议程：这是首届研讨会，以后市政府会年年在此时召开新一年的市经济研讨会。

⑨ 会议上寻找到不同的事件和话语：宝钢集团将与八钢集团正式签订“资产重组协议”，届时宝钢将有30亿元资金注入八钢。这个话题不仅是新疆关注的话题，也是全中国关注的话题，因而新闻价值高。

⑩ 拟对在会议上作出决策的权威人物进行专访：八钢的董事长赵侠。

会后，参加此次会议的这位记者就本次会议写出的会议报道如下。

宝钢集团30亿元注资八钢[①]

本报讯(记者　唐成荫)　记者从日前召开的“乌鲁木齐加快经济发展座谈会”上获悉，1

① 唐成荫：《宝钢集团30亿元注资八钢》，2007年1月18日《都市消费晨报》。

月16日，宝钢集团将与八钢集团正式签订“资产重组协议”，届时宝钢将有30亿元资金注入八钢。

据悉，由宝钢注入30亿元资本金对宝钢集团进行增资之后，自治区仍保留15%的股权，由宝钢集团控股，届时八钢也将进行主辅分离的改制之举。

记者了解到，在去年的3月11日，全球钢铁企业中排名第六的上海宝钢集团在北京已与新疆八一钢铁集团有限责任公司签署战略联盟框架协议。之后，八钢曾经先后派了几批中层以上管理、技术人员赴宝钢进行培训，学习宝钢的先进管理经验。同时宝钢也派出由管理技术人员组成的专家组对八钢进行了细致的调研。同年10月，双方共同拿出重组后的公司发展规划，即在2007年八钢年产钢能力达到400万吨比去年增加100万吨左右；在“十一五”末，重组公司的发展规模将达到年产800万吨，销售收入达到200万元以上，成为现代化的大型钢铁企业。

宝钢之所以在八钢身上如此煞费苦心，是因为在宝钢正式与八钢战略合作之前，世界最大钢铁公司米塔尔曾有意收购八钢，从米塔尔在华的布局我们可以看出这个世界跨国钢铁公司的收购眉目：东起我国辽宁营口的独立投资的伊斯帕特钢铁厂，到计划收购49%控股权的包头钢铁，再到八钢，西到哈萨克斯坦的卡钢，乃至延伸到新近收购的波兰钢铁厂，这家世界钢铁大王正试图建立一个横跨欧亚大陆的钢铁帝国。

而从宝钢的战略发展来看，新疆的战略地位不可小视。虽然新疆现在的市场容量小，但西与哈萨克斯坦等国家接壤，东连鄂尔多斯盆地、甘肃、内蒙古等能源接替地。现在，中哈石油管道已经建成，新疆必然要大兴土木建设石油城，而内蒙古、甘肃、陕西等地的能源工程建设也是越做越大，对钢材需求越来越多。所以，宝钢布局新疆钢铁市场让米塔尔布局我国西北市场的战略遭受挫折。

八钢有关负责人表示，八钢在与宝钢资产重组后，资产总量会大幅度增加，资产质量明显提高，企业发展的能力也将大大增强。宝钢与八钢联姻，也将凭借八钢乘坐欧亚大陆桥的战略位置，开发中亚国家丰富的资源和钢材消费市场，延伸发展空间。

(3) 新闻发布会报道步骤。

新闻发布会是记者日常工作中的主要任务之一。这种新闻来源常常是一个新闻主体(官方、企业或是个体)选择一个固定场所，将自身发生的具有新闻价值的事件对所在地区的新闻媒体做一个统一发布。新闻发布会所起到的效果是能够通过各新闻媒体的平台，在最短的时间内迅速将发布的信息传播给受众，让受众了解发布者的统一口径及其要表达的态度。

一位记者被派去参加自治区邮政公司揭牌的新闻发布会，会后，这位记者按照新闻发布会的报道要求梳理出新闻发布会的报道步骤。

① 发言人的要点：自治区邮政公司成立。

② 发言人的名字和身份：自治区邮政公司首任总经理阿不来提·艾吾拉。

③ 发布会的目的：告知社会各界自治区邮政公司成立。

④ 时间和地点：自治区邮政公司五楼会议室。

⑤ 重点的背景：国务院对我国邮政进行改革的重大决策以及先期成立的自治区邮政管理局。

⑥ 对要点内容的进一步阐述：自治区邮政公司成立原因的分析。

⑦ 发布会上最终达成的结果：自治区邮政公司成立，并与先期成立的自治区邮政管理局一并揭牌。

下面是这位记者对这次新闻发布会的报道。

自治区邮政公司昨日成立①

晨报讯(记者　唐成荫)　2月12日对于我区邮政业来讲是一个特殊的日子。这一天，自治区邮政公司成立，并与先期成立的自治区邮政管理局一并揭牌。这是我区邮政体制改革取得的阶段性进展，它标志着我区邮政政企分开工作基本完成。

一进自治区邮政管理局的大门，记者立刻被一幅高3余米、宽6米左右的巨幅彩球标牌吸引，自治区邮政公司成立暨自治区邮政管理局、邮政公司揭牌数个大字赫然昭目，引得凡路过自治区邮政局的人，均在驻足、询问，“今天是什么日子?”有关人士告知，仅装饰的彩球就用掉了上千个。

阿不来提·艾吾拉是这一天在揭牌仪式当中最引人注目的人物之一，因为他被任命为自治区邮政公司首任总经理。同来助阵的还有中国邮政管理局、中国邮政集团公司、自治区人民政府的有关领导以及移动、联通等众多要人，这是一支30余人的庞大队伍。

据悉，自治区邮政公司此次揭牌在西北地区尚属前位，其主要职能转变为独立自主的经营体制。面对日趋激烈的国内外市场竞争，通过机制创新、管理创新和技术创新，建立现代企业制度，促进我区邮政业向信息流、资金流和物流“三流合一”的现代化大型企业集团方向发展。新的邮政公司现在下属1.3万名职工，其主营业务在原来信函、速递、物流等七大部类的基础上，将进一步进行改革邮政主业，组建邮政储蓄银行等整合工作。

区邮政管理局已于去年的9月15日前成立，由15人组成，其主要职能已转变为我区邮政的监管机构，其监管范围既包括本地区邮政企业，也包括本地区从事邮政业务的寄递企业。保障普遍服务和特殊服务，确保邮政通信安全，建立公平有序的市场秩序，支持企业的依法经营，在政策法规、政策方针、行业规划和市场监管等方面为邮政企业的发展创造良好的市场环境。

中国邮政集团总公司副总经理李国华表示，国务院对我国邮政进行改革的重大决策，是中国邮政事业在原有大发展的基础上进一步开拓进取的新起点。今年是中国邮政实行公司化运作的第一年，站在一个新的起点上，任重道远。自治区邮政公司作为中国邮政集团公司的重要组成部分，在中国邮政的发展战略和全省的改革开放和现代化的事业中，具有重要地

---

① 唐成荫：《自治区邮政公司昨日成立》，2007年2月13日《都市消费晨报》。

位和作用。

阿不来提·艾吾拉——自治区邮政公司的首任总经理在仪式上承诺，以公司化运作为契机，进一步深化企业内部改革和创新，建立现代企业制度，大力开展邮政二次创业。

在场的200余名邮政系统职工也显得十分兴奋，他们在盼望揭牌仪式的同时，更关注揭牌之后自己事业、生活之路的变化。

作为自治区新邮政公司的一位中层干部，乌鲁木齐邮区中心局副局长德布热提认为，邮政业是国家重要的社会公用事业，邮政网络是国家重要的通信基础设施，自治区邮政公司的成立必将为我区邮政的普遍服务和特殊服务提供强有力的资金、政策等各方面的支持和保障，这样才能进一步推进邮政的优质服务，努力满足社会各界多层次、个性化的邮政需求。当然，压力也是有的，如果自己工作不努力，还沿袭一些以前"大锅饭"的思维，那么被快速发展的邮政行业淘汰的可能性也是存在的。

2. 首脑、要人活动新闻写作训练

首脑、要人活动新闻也是时政动态新闻的一个重要组成部分。一般来说，我们判断新闻的方法中一个重要的标准就是不平凡的人+不平凡（平凡）的事，因此只要是时政要人所进行的活动，作为一个记者都要努力去追踪。这些要人不仅包括政府首脑，还包括社会各界有影响的人物。首脑、要人活动新闻的具体写作方法为：

(1) 选择首脑、要人进行的不平凡（平凡）的新闻事件，视其影响力来确立首脑、要人活动的新闻主题；

(2) 活动的目的地；

(3) 活动中会见谁；

(4) 在会见或者视察中的谈话内容；

(5) 是否有签约；

(6) 对方有何表示；

(7) 是否有不寻常的事件发生；

(8) 该活动的影响。

例文选评3-7

温家宝总理会见欧元集团"三驾马车"[1]

新华网布鲁塞尔10月5日电（记者　李忠发、冯坚） 国务院总理温家宝5日在布鲁塞尔会见欧元集团主席、卢森堡首相容克，欧洲央行行长特里谢，欧盟委员会经济与货币事务委员雷恩。

---

① http://news.xinhuanet.com/world/2010-10/05/c_12631754.htm。

温家宝表示，在全球经济缓慢复苏，仍然存在许多不确定因素的情况下，中欧加强政策协调，合作应对危机，对各自经济发展和世界经济可持续复苏都具有重要意义。

温家宝指出，欧盟是中国第一大贸易伙伴，中国是欧盟重要的出口市场，双方要从战略高度推动双方关系健康发展。中方将继续扩大从欧盟进口，努力促进中欧贸易趋于平衡；致力于转变经济发展方式，调整经济结构，扩大国内需求；推进人民币汇率形成机制改革，增加了人民币汇率弹性。

温家宝指出，无论从欧盟自身利益还是事实出发，欧盟都应客观公正地看待人民币汇率问题，这符合欧盟的利益，符合中国的利益，对世界经济有利。

欧方表示，中国为应对国际金融危机做出了重要贡献。欧方感谢中国对欧元和欧元区经济的支持，欧中有着广泛的共同利益，是好伙伴、好朋友。欧方反对贸易保护主义，反对搞货币战，支持通过平等对话，增进相互了解，协商解决分歧和问题。

链接：

亚欧会议成立于1996年，是亚洲和欧洲之间的政府间跨区域对话论坛。亚欧首脑会议是亚欧会议最高级别会议。本届会议主题为“改善民生：提高公民福利和尊严”，将分别讨论改善全球金融和经济治理、促进可持续发展、全球性问题、国际形势和地区热点问题、亚欧社会文化交往和亚欧会议未来发展等议题，还正式接纳俄罗斯、澳大利亚、新西兰为亚欧会议成员，使会议成员增至48个。

在温家宝总理出席第八届亚欧首脑会议中，记者首先将上述新闻报道中必备的八个问题进行了新闻六要素上的完善，这使得记者获得了此次报道的基本情况。然后记者又根据其中最具影响力的问题思路提炼出“温家宝总理会见欧元集团‘三驾马车’”这样一个新闻主题。当前由于人民币汇率问题已经成为世界经济关注的一个焦点，因此，在本届亚欧首脑会议中，温家宝总理与欧元集团“三驾马车”的会晤也会受到全球各经济体的关注，这无疑是最新的最有新闻价值的事件。记者针对温家宝总理的谈话要点补充了本文的报道躯干部分，同时也将欧方的反馈写进去，以保证新闻的完整性。最后记者还将亚欧首脑会议作了背景链接，让受众知晓这个会议的来龙去脉。

3. 事故与灾难新闻的报道步骤

任何一个新闻媒体都会追逐突发性的、大量的事故与灾难报道，这些新闻有大有小，越大越新就越能吸引受众的眼球。当然像这样一个领域的新闻对记者来讲常常是可遇不可求的，一旦碰上了，记者要在第一时间赶赴现场，运用大量的现场观察、目击者的直观叙述、“倒金字塔”结构来完成自己的新闻使命。

(1) 机动车交通事故新闻报道的要点。

例如，当一位记者被派去报道一起机动车交通事故时，他应当怎样梳理其报道的要点？

运用参与式教学法进行训练：

第一步：组成基础小组(20 分钟)。
每 6 人一组，各自先独立扮演记者的角色，讨论这起事故的报道要点问题，以书面形式记录下讨论成果。

第二步：每个小组互相研讨。在研讨中，把这起事故的报道要点问题用词条的形式罗列出来。

第三步：将本组的词条贴在展板上，选派一位同学解说研讨结果。

第四步：教师点评(20 分钟)。
教师针对展板内容进行点评，并对研讨问题进行解读。

下面是这起机动车交通事故的报道要点：

① 事故中死者和受伤者的姓名和身份；

② 有关机动车的车型；

③ 地点；

④ 时间；

⑤ 原因(官方的解释)；

⑥ 其他驾车者和乘客的姓名和身份；

⑦ 死者的死亡原因；

⑧ 死者死亡的地点；

⑨ 其他受伤者的现状；

⑩ 受伤的程度；

⑪ 英雄行为以及救援；

⑫ 葬礼的安排(如果有的话)；

⑬ 车辆受损情况；

⑭ 警方的逮捕情况及传讯；

⑮ 目击者及负责调查事故的官员的陈述；

⑯ 车辆的速度、起点和终点。

以下是一名记者被派去采访这起机动车交通事故的报道经过，他将报道的步骤梳理如下。

① 死者和受伤者的姓名及家庭住址：哈罗德·欧文斯(家庭住址不详)。

② 财产损失的程度和折合金额：被一辆小汽车和一辆轻便卡车撞倒致死。

③ 事故发生的时间、地点和原因：周三晚上 9 点 40 分，在印第安纳州马丁斯维尔。

④ 尽可能有目击者和权威部门的评论：佛米利恩县验尸官莱尔·欧文的车祸原因分析。

下面是该记者撰写的车祸报道：

丹威尔电 周三晚上，在印第安纳州马丁斯维尔，一名 55 岁的男子在横穿乔治敦公路 2500 号街区的高速公路时，被车撞死。

这位名叫哈罗德·欧文斯的男子，在丹威尔以南的赫格勒地区横穿伊利诺伊一号公路时，被一辆小汽车和一辆轻便卡车撞倒致死，当时是晚上 9 点 40 分。

根据佛米利恩县验尸官莱尔·欧文的说法，已有许多人在这一黑暗路段遭遇致命车祸。欧文斯先生所属的伐木队当时正在本县工作。验尸官欧文说，欧文斯先生住在这里的汽车旅馆里，车祸发生时他正准备横穿公路回自己住的旅店。

(2) 空难新闻报道的要点。

飞机失事可以成为事故与灾难类新闻里的头条新闻，因为这种事故发生的几率本身具有“稀缺性”，事故后果具有“严重性”，正因为这两点，空难新闻成为新闻价值最大的新闻之一。

空难新闻报道的要点包括：

① 死伤人数；

② 事故发生的时间、地点以及官方公布的失事原因；

③ 飞机飞行的起点和终点；

④ 航空公司和航班号；

⑤ 飞机的型号(生产厂家、发动机的数量)；

⑥ 遇难者的姓名和身份；

⑦ 生还者的名单；

⑧ 受伤者的情况；

⑨ 造成死亡的详尽原因(撞击、失火、爆炸)；

⑩ 飞机发生故障时的海拔高度；

⑪ 天气情况和飞行情况；

⑫ 飞行员最后的话；

⑬ 现场的警方、消防队和急救队；

⑭ 不寻常的事件；

⑮ 幸存者的目击陈述；

⑯ 政府官员和航空公司的评论；

⑰ 飞机的造价；

⑱ 乘坐这趟航班的名人；

⑲ 飞机坠毁造成的地面破坏；

⑳ 相撞前的飞机飞行方向；

㉑ 航班是否已恢复；

㉒ 如果飞机失踪了是谁发现了飞机的残骸，怎样发现的；

㉓ 善后事宜；

㉔ 死者的遗物(如果有的话)；

㉕ 这一地区以前是否发生过类似事故；

㉖ 同一型号的飞机或是同一家航空公司以前是否发生过空难事故。

2010年4月10日，波兰总统乘坐的专机在访问俄罗斯途中坠毁。本来飞机失事就是一个具有重大新闻价值的事件，再加上这架飞机上乘坐的是波兰总统(名人)，他的逝世还将对波兰政局产生一定的影响。因此这个新闻事件就更加具有影响力。下面请看中国网关于此事的报道。

专家称总统机上多是官员　同丧生是该国最大悲剧[①]

“此次波兰总统的坠机，是波兰的一个民族悲剧。”北京时间4月10日下午，波兰总统与中央银行行长乘坐的专机TY-154在俄罗斯上空坠毁，俄方证实飞机上132人全部遇难。中国社会科学院东欧问题研究所主任孔田平表示，该飞机是前苏联所研制的飞机，2006年就已经停产，不排除飞机自身故障造成坠机。

去年波兰总理米莱尔乘坐此专机也曾遭遇事故

孔田平介绍，2003年波兰总理米莱尔乘坐前苏联产专机(不能确定是否也是TY-154)时也曾遭遇事故，幸无大碍，但截至目前苏联产飞机依然是波兰高层的主要专机。虽然波兰总统莱赫-卡钦斯是去参加纪念卡廷惨案70周年的纪念活动的，未免让人浮想起是否存在俄、波之间的摩擦，但从俄方普京总理领衔成立调查组的举动来看，此次坠机事故不会影响到两国之间的外交关系。对于是否遭遇恐怖袭击，更无直接线索。

致波兰政治、经济动荡可能性小

对于总统遇难，是否会造成波兰政治、经济方面的动荡，孔田平认为这种可能几乎不存在。他说，波兰是一个具备完善民主法制的国家，况且政局非常稳定，一旦总统不能履行职务，宪法有明确的程序进行接班人的继任。

如此多的波兰精英官员丧生是最大悲剧

但他同时强调，专机上的乘客应该都是波兰的精英官员，如果说对国家有影响，那么这么多精英的丧生就是波兰最大的悲剧。

根据资料显示，波兰是1997年5月全民公决通过新宪法的，新宪法确立了波兰“三权分

① http://www.china.com.cn/photochina/2010-04/10/content_19786331.htm。

立"的政治制度和以社会市场经济为主的经济体制。众议院和参议院拥有立法权，总统和政府拥有执法权，法院和法庭行使司法权。波兰武装力量在国家政治事务中保持中立。

对波兰经济影响不会大

此次飞机一同丧生的还有波兰央行行长，那么会不会造成经济方面的影响？孔田平表示，波兰经济近年来发展迅猛，其中工业尤其发达，采矿业以煤及褐煤最重要，煤炭储量居欧洲前列。特别是自2004年5月加入欧盟以来，波兰经济在欧盟的支撑下更是突飞猛进，即使是在2009年世界金融危机的影响下，欧盟全体成员国经济下滑，但波兰却成为了唯一一个经济实现正增长的国家。因此，个人失事对整个国家的经济现状不会造成太大影响。

以上这篇新闻报道的题材是被称为具有重大影响的空难突发事件。该新闻报道按照上述空难新闻报道的要点问题进行梳理，将空难事件、时间、结果作为新闻导语，在新闻躯干部分按照内容的重要性依次展开。以往在这条航线上波兰总理也曾发生过类似事故，这场空难对波兰的政局、经济将带来的影响等，这些内容的传播满足了受众对这起空难事件的信息求知需求，使得报道读起来比较全面。

(3) 风暴洪水与灾难新闻报道的要点。

这类新闻属于事故与灾难新闻。风暴洪水与灾难新闻也是突发事件追踪的一个重要话题，地震、洪水、泥石流等自然灾害以及矿难、火灾、爆炸等人为灾难都具有突发性的特点，同样也因为这类新闻是稀缺性，所以才能引起受众的高度关注。在报道这类新闻时，记者要具有高度的敏感性、及时行动性和细致的追访性，这样才能写出一篇好的风暴洪水与灾难新闻。以下是风暴洪水与灾难新闻需要注意的报道步骤：

① 死者的身份、年龄、职业等相关信息；

② 伤者的身份、年龄、职业等相关信息；

③ 受影响或处在危险中的人群身份、年龄、职业等相关信息；

④ 死者的死亡原因；

⑤ 伤亡人数、伤亡原因；

⑥ 目击者陈述；

⑦ 财产损失情况；

⑧ 住宅毁损情况；

⑨ 土地破坏情况；

⑩ 公共设施毁损情况；

⑪ 其他的永久性毁坏情况；

⑫ 政府机关有关救灾的声明；

⑬ 政府的救援和救济行动；

⑭ 民间团体、个人的救灾情况及志愿者人数；

⑮ 现场救援的英雄行为；

⑯ 现场有无特殊的救援技巧、出现奇迹的情况；

⑰ 现场有无抢劫等违法行为；

⑱ 围观的人群数量、身份等相关情况；

⑲ 受灾人员的保险情况，有无保险赔偿；

⑳ 灾后司法介入情况。

例文选评3-8

甘肃舟曲成功解救千余民众　各路救援疾驰灾区[1]

新华网北京8月8日电　据甘肃省防汛抗旱指挥部最新消息，截至8日21时25分，甘肃舟曲县特大泥石流灾害已有1242名被困民众被成功解救。

据甘肃省防汛抗旱指挥部前方工作组现场了解，截至21时25分，甘肃舟曲县特大泥石流灾害已造成1294人失踪，发现127具遗体，受伤民众117人，重伤住院29人。

舟曲特大泥石流阻塞形成白龙江堰塞湖后，甘肃省相关部门积极组织白龙江沿岸危险区域人员紧急转移。截至目前，陇南市宕昌、武都、文县三县白龙江沿岸危险区域人员已紧急疏散转移1.94万人。记者8日晚从民政部救灾司获悉，民政部与铁道部及时启动了救灾应急联动机制，优先安排运力，保障救灾物资快速抵达灾区。

据甘肃省灾区需求，民政部在灾后迅速决定从中央救灾物资西安储备库调拨5000顶单帐篷、200顶36平方米大帐篷、2万件棉大衣、8000张折叠床、5000条睡袋。目前，第一批物资5000条睡袋已经起运，预计9日上午可运抵灾区。

据甘肃省民政厅通报，截至8日22时，已有3090顶救灾帐篷、1300床棉被、26 855箱方便面、16 370件矿泉水、8000个大饼以及10 000包点心运抵灾区。预计有200台发电机、10万支蜡烛、10 000个手电筒(带电池)将于9日中午运抵灾区。

国土资源部紧急启动一级地质灾害应急响应，并初步查明了约180万立方米的泥石流灾害规模。灾害发生后，国土资源部部长、国家土地总督察徐绍史，副部长、党组成员汪民及部省两级应急专家组已经赶赴现场。目前，国土资源部第一批专家20多人已经赶到现场协助开展抢险救灾工作。

记者从国家测绘局获悉，国家测绘局已启动应急预案，紧急调动航空摄影飞机前往舟曲灾区，力争以最快的速度获取灾区高分辨率航空摄影影像，为抢险救灾提供紧急测绘保障。甘肃省测绘局已派员携带一架航摄无人机到达灾区一线。

据了解，长江防总已于8日17时启动长江防总防汛III级应急响应，应对灾情。19时，舟曲县白龙江堰塞湖水位比17时上涨6厘米。由于舟曲水文站已被洪水冲毁，关于堰塞湖水位上涨原因，甘肃省水文水资源局站正在研究中。

---

① http://news.xinhuanet.com/2010-08/09/c_12422439.htm。

广东公安边防总队226名官兵于8日21时许乘机飞赴甘肃省，前往舟曲县泥石流受灾地区开展抢险救灾工作。另据了解，陕西省卫生系统紧急组织的救灾防疫应急队已组建完成，将于9日赴甘肃舟曲灾区。此外，南方航空将派出大型宽体客机空中客车A330参加抢险救灾。

记者从舟曲县特大山洪泥石流灾害指挥部获悉，由于灾害发生突然，波及范围大，当前救灾存在诸多困难：城区电力和移动通信恢复情况仍不理想；食品、供水仍非常紧张；清淤搜救工作面临困难；防疫工作任务很重。

例文选评3-8 这篇新闻报道以“甘肃舟曲成功解救千余群众　各路救援疾驰灾区”为题报道了舟曲遭遇了特大泥石流灾情后，全国救援总动员的新闻事件。整篇新闻报道按照前面所述的洪水等灾难报道要点组织材料。由于在中国境内因发生泥石流灾害而导致“1294人”失踪的事件尚属首次，因此将失踪、死亡数字提炼到该新闻的导语地位是新闻价值的最大化，紧接着在新闻躯干里进一步阐释了这个主旨。在后面的段落里则叙述了灾区以外的国家多个地区派遣各种求助力量救援灾区，这些都符合灾后工作的报道主题。这篇新闻报道的材料比较翔实，是由于记者在报道采访中准备了翔实的采访问题，采访深入细致，这样写成的稿件内容就比较扎实。

4. 校内实训基地实训

学生利用校报和院报进行时政动态新闻综合写作练习，教师公开评报。

5. 校外实训基地顶岗实习

学生利用校外新闻媒体进行时政动态新闻综合写作实习。

六、总结点评

(1) 时政动态新闻的记者在新闻媒体中常进行的工作主要是上述的事故与灾难新闻、会议新闻等几种新闻报道形式。这几种形式的报道都有“短、平、快”的特征，也是新闻媒体中最抢眼的新闻。

(2) 无论写哪一种形式的新闻，其结构基本上是“倒金字塔”结构，抓住“拟制标题(提炼主题)—写好新闻导语—把最重要的新闻事实放在最前面”三大步骤来进行写作。

(3) 时政动态新闻的记者想要做好此类报道，其敏感性和职业素养是写作坚实的基础。

七、拓展提高

(1) 写新闻消息容易还是写新闻特稿容易？是先挖金子好呢还是等待着挖一个大金矿好呢？

(2) 一篇时政动态新闻是写成新闻消息还是写成新闻特稿，是由记者自己决定还是由所在的部门主编决定？

(3) 昨日新闻与今日新闻有何区别？我们现在能做到天天都是今日新闻吗？

(4) 根据近一周的新闻事件，要求学生写一篇 700 字的时政动态新闻。

(5) 在报社实习的学生每天应根据报社的要求，即时报道所发生的时政动态要闻(至少 700 字以上，注意运用“倒金字塔”结构，写成新闻消息。分到报社非时政要闻部门的学生也应练习写作相应部门的动态消息)。

(6) 每日收看中央电视台或者网络的新闻报道，从中寻找中央出台的各项政策，以一周时间为限，写一篇 700 字左右的政策本地化的时政动态新闻。

任务二　社会新闻

由于与民生关系密切，社会新闻一直是各路新闻媒体追逐的对象，虽然它没有时政动态新闻那样惊天动地，但从新闻的贴近性来讲，这类新闻却是受众所喜闻乐见、津津乐道的新闻事件，无论事大事小，都与受众的生活息息相关。

教学目标

通过本任务的学习，培养学生在现代新闻传媒业中社会新闻的综合写作能力。

案例导读

郑州查获两万斤毒蘑菇[①]

本报前期有关标本蘑菇的报道，一石激起千层浪。根据知情人反映，郑州市销售标本蘑菇的区域主要集中在王寨路附近，但储存、批发“毒蘑菇”的窝点个别藏匿在附近的农村，根据这一线索，管辖该区域的郑州市老鸦陈工商所立即布置，近期对附近的村庄进行了一次拉网式排查，终于在双桥村有了重大发现。

9 月 11 日下午，记者跟随工商执法人员根据前期排查的线索来到双桥村，因道路泥泞，沿村内一条田边小道步行来到村边的一处院子，记者看到，院子大小一亩见方，大致分为两部分，南边露天，北侧是用角铁搭建的一个简易大棚。

棚内气味刺鼻，码放着大量蓝色、黑色塑料大桶，桶内浸泡着各种蘑菇，有鸡腿菇、草菇、金针菇。桶内浸泡蘑菇的液体有的发黄，有的发黑，散发出刺鼻的臭味，一桶桶未密封的蘑菇已经发霉长毛，上面趴着苍蝇。

此外，棚内的泥地上放着多个编织袋，打开后发现是被切碎的已经高度腐烂的黄色蘑菇丁，执法人员介绍，为牟取暴利，商户往往将这种蘑菇经过清洗、浸泡后再次出售。经执法人员清查，该窝点共储存有问题蘑菇 1500 余桶，约 2 万斤，是迄今为止郑州市发现的最大的“毒蘑菇”批发制售窝点。

---

① http://www.cnr.cn/gundong/201009/t20100917_507061633.html。

腌制蘑菇用的是工业盐

大棚中间，有一个长长的木板架子，上面摆放着十余个编织袋，袋上写着“工业用盐严禁食用”。

记者打开一袋倒在地上，“这盐咋是这颜色啊?”只见这种盐颜色发黑，其中有白色的盐状晶体，里面还有许多土块、树枝、瓦片。“这盐咋这么脏啊?”面对记者提问，该窝点老板说：“我们用时会用水淘一淘，洗净了再加到塑料大桶中腌制蘑菇。”“我们的货都是从四川进来的，运来前蘑菇都被煮熟了，但为长时间储存，到我们这里后再加点盐消毒防腐。”他说。

面对工业用盐禁止食用的规定，该老板振振有词：我们主要是搞批发，卖给别的零售商户，他们都会用自来水清洗，洗干净就没事了。而之前记者采访标本蘑菇时获悉，零售商户将大桶蘑菇用清水清洗，然后装进装有消毒液（次氯酸溶液）的塑料瓶中，卖到郑州各酒店餐馆。

而次氯酸是一种强氧化剂，能杀死水里的细菌，所以自来水常用氯气来杀菌消毒。次氯酸能使染料和有机色质褪色，一般用作漂白剂、除臭剂和消毒剂。专家表示，次氯酸绝对不允许在食品中有残留，该物质一旦进入人体一定量后，因为具有强氧化性，对人体食道有腐蚀作用，引起身体癌变。

据了解，目前一吨工业用盐的市场价格为 400 元左右，而食用盐一吨 600 元左右，他们使用工业盐是为降低成本，谋取更大的利润。

我国规定盐业专卖，这批工业盐是从哪里买来的呢？该窝点老板表示，这些盐是从四川进蘑菇时，厂家一块发过来的。但记者观察到，这几袋工业盐袋上均印有“河南工业盐业公司经销”的字样。

据介绍，本次查获的问题蘑菇工商部门将取样送检后，统一进行无害化销毁。

工业盐中毒有生命危险

据介绍，工业盐，属于非食用盐，主要用于化工生产。工业盐的主要成分是亚硝酸钠，有毒。

亚硝酸钠主要用于染料、医药、漂白等工业用途方面，具有增色、抑菌防腐作用。由于亚硝酸钠是强致癌物质，有毒，其使人体中毒的机理为亚硝酸盐具有一定的氧化性，进入人体后，可使血液中的低铁血红蛋白氧化成为高铁血红蛋白，失去运氧的功能，导致组织缺氧，使人体出现青紫而中毒。

过量食入工业用盐中毒后发病迅速，但也有潜伏期，造成的后果是麻痹血管运动中枢、呼吸中枢及周围血管，形成高铁血红蛋白。急性中毒表现为全身无力、头痛、头晕、恶心、呕吐、腹泻、胸部急迫感、呼吸困难，检查见皮肤黏膜明显紫绀；严重情况下，血压下降、昏迷、死亡。

以上是一篇典型的社会新闻，它以百姓餐桌上的食品安全为主题，关注民生、贴近百姓是其最主要的特色。

工作任务

1. 认知社会新闻的写作特色。

2. 写作社会新闻。

理论基础

一、术语解释

所谓社会新闻，是指侧重于报道充满社会气息与人们生活密切相关的社会动态、社会风貌和社会问题的新闻，能激起受众的某种情感，富有情趣。

社会新闻产生于19世纪30年代“大众化报纸”盛行时期，最初以色情、凶杀的材料居多，后来报道面扩展到社会的各个层面。当今的社会新闻主要包括以下两大类型。

(1) 能够反映出时代特点和社会生活气息的新闻。如《司机违法131次未得到任何告知　将被扣393分》《男子为取七百万返回火场遇难　死时仍抢几捆钱》等都在一定的程度上具有时代特点和社会生活气息。

(2) 虽然不具备时代特点，却能给人以某种启迪，传承知识、文化，能给受众的生活增添情趣，如《两岁半男童从17楼坠落奇迹生还》《长沙街头两骡子雪中散步　网友：不是“私奔”吧》一些报道人与自然奇特事件等。

社会新闻的特性可以归纳为以下四条。

① 传通性大。

一件事情只有经过有效传播才能成为新闻，因此可以说一切新闻都具有传播性。而社会新闻由于是老百姓都关注的话题，所以不仅传得快，而且传得广。例如，我们经常会在新闻媒体上看见一些重病患者或者考上大学却又无力上大学的人，通过新闻媒体的报道，最后得到好心人的帮助得以美梦成真。

② 民间性强。

人是社会的组成细胞。社会新闻也是生活的一面镜子，它来源于百姓生活，为百姓所熟悉。由于社会新闻多取材于民间，既有反映积极向上的内容，也有反映世态炎凉、人世沧桑的内容，这些都使受众在心理上对它产生了接近性和广泛的兴趣。

③ 人情味浓。

社会新闻由于选材的范围与老百姓的生活息息相关，因此受众常常会感同身受其“大事不大，小事不小”的特点，虽然该类新闻报道的都是“家长里短”的小事，但它与老百姓的生活密切相关，谁也离不开这种“家长里短”。因此，社会新闻常常而会在受众当中引起较大的反响，能够以情动人，激起受众的情感，这也是其受欢迎的原因之一。

④ 涉及面广。

人们的社会生活是丰富多彩的，因而社会新闻也是丰富多彩的。不仅仅是有关人们的衣食住行的社会新闻要关注，就连社会生活中能给人以某种启迪，传承知识、文化，能给受众的生活增添情趣的事件也在社会新闻的报道视野之中，如《专家辟谣人一生只能吃 9 吨食物传言：约 50 吨》就属此类。

二、工作要点提示

(1) 用“三勤”(腿勤、手勤、嘴勤)在生活中发现社会新闻线索。

(2) 抓住以小见大、受众关注的特点，反映出社会新闻的鲜活性、贴近性的特征。

(3) 笔触活泼、饶有情趣，让受众爱听、喜看。

三、方法技巧

1. 写出情趣

在写作社会新闻时，记者要尽可能地寻找事件中本身所蕴涵的戏剧性或含有幽默感的细节或情节，并将其适当地突出出来；要运用人性化的笔触，抓住受众的求知欲和好奇心理，让这些新闻在受众读完后还能向他人津津乐道。

例文选评3-9

公交车卡通标语悄然上车[①]

晨报讯 “哇，这个手绘卡通语好可爱，太温馨了！”昨天早上。市民谢守英意外发现，她所乘坐的 17 路公交车上贴了好几张手工绘制的卡通提示标语，“有提醒让座的，有提示小心下车的，与平时见到的硬邦邦的提示语相比，感觉大不一样。”谢守英说。

昨日上午，记者几经周折，见到了这些卡通提示语的创作者之一——17 路公交车驾驶员林丽丽以及这辆车号为 A57451 的 17 路公交车。

公交车的外观没有什么特别，走进车内，记者一眼就能看到车窗玻璃上贴着几条手绘卡通提示语——“为了你我的健康，请勿‘吸’以为常”、“让出一个座位，得到一个微笑”、“向陋习告别！”等字样的提示语。

这些提示语全部是在白纸上手绘而成，采用绿、蓝、粉、黄等颜色，白纸上除了提示语外，还有颜色稍浅的各种图案作背景。

乘客王琳说，这是她第一次在公交车上见到这么卡通的标语，比起那种砖头块的宣传口号，这种提示语更加活泼可爱，“太温馨了，即便是挤公交车的坏心情看到这些提示也会好

---

① 陈岩等：《公交车卡通标语悄然上车》，2009 年 10 月 28 日《都市消费晨报》，第 B1 版。

不少。”

据记者了解，这些卡通提示语都是林丽丽的两位朋友所为。林丽丽早有想法把自己所开的公交车环境美化一下，这个想法与她的一位名叫罗根的朋友不谋而合。罗根曾在一个巴士网站上发帖征集过不少提示语，这些提示语非常温馨，没有平时乘客见到的“禁止”“不能”等生硬字眼，罗根将这些提示语在其邻居卞爱芬的手绘帮助下，设计制作成一个个可爱、温馨的提示语，最后贴上了林丽丽开的公交车。

…………

公交车上的提示语的变化是一件非常小的新鲜事，却能让众多每天都乘坐公交车的乘客耳目一新，让受众感受到社会更加注重人性化的公共秩序管理。例文选评3-9这篇新闻报道在选材上富有时代气息，同时记者通过人物言语、现场观察把这篇新闻写得很有情趣、生动活泼。

例文选评3-10

杭州“最美司机”吴斌忍痛救24名乘客①

新华社消息称，2012年5月29日，杭州长运客运二公司快客司机吴斌驾驶大客车从无锡返回杭州。大客车在高速公路上正常行驶途中，一块数斤重的铁块从空中飞落击碎车辆前挡风玻璃后砸中吴斌腹部和手臂，导致其三根肋骨被撞断，肝脏被击碎。危急关头，吴斌强忍剧痛，镇定地完成换挡、刹车等一系列安全操作，将车缓缓靠边停好，开启双蹦灯、打开车门，安全疏散旅客，确保了大客车上的24名旅客安然无恙，而自己却因伤势过重献出了生命。

杭州市见义勇为基金会秘书长姜建生表示，吴斌能在生命垂危的关键时刻以超乎常人的意志力做出这些举动，成功挽救24名乘客的生命，已经超越了一个司机的职责，属于舍己救人，见义勇为基金会依照相关规定对他进行表彰。

“最美司机”为何最美？美在他在遭受重击后仍然凭借超乎常人的意志力完成了停车操作的动作，美在他安全疏散了旅客，确保了大客车上的24名旅客安然无恙，美在他的职业道德让人肃然起敬。这种细节的描写让读到报道的受众深受感动。

2. 故事性强

社会新闻往往以情节取胜，它的故事性比较强，某些事件本身很平凡，但经过记者笔下那么一两个情节的叙述，就使人对这篇新闻报道产生了要阅读的欲望。记者要学习戏剧创作中的悬念经验，吊住受众的胃口，通过合理的结构安排，取得引人入胜的效果。

---

① http://news.xinhuanet.com/politics/2012-06/03/c_112103252.htm。

例文选评3-11

女大学生应聘遭嘲笑　反问一句被掐脖拖行近30米[①]

她是今年合肥24万大学毕业生中的一个，他是招聘会上几家为数不多电子公司的HR(人力资源管理者)；9月18日这一天，她和他一同出现在合肥一招聘现场内。

早晨8：30，23岁的她将自己的应聘简历打印成册，挺了挺腰杆，第一次走进了阜南路市体育中心的招聘现场。与此同时，37岁的他戴着粗粗的金项链，在人流如织的应聘队伍前，靠在座椅上。

他笑她“土包子，你也敢递简历?”

9：00，两人之间隔了张桌子。她说了句：“你好，老师。”随后将自己的简历递上前去。他看了看简历，抬头朝她看了一眼，随即问道：“你农村来的吧?”

还未自我介绍就听到这样的话，她顿时心头一怔，往嗓子里咽了口口水，镇定地说：“您好，我是合肥一高校的大学毕业生，名叫……”

“你穿成这样子也敢来投简历？有胆。”他再一次打断了她的话，“瞧瞧你这上衣、裤子，现在大学生找工作是不是都没衣服穿了啊，怎么穿得跟土包子似的?”说罢，他朝身后的一名工作人员指了指她，两人笑了起来。

在她眼里，自己比起当天参加招聘的女大学生，并未有很大区别。“我没穿什么奇装异服，白色短袖衫和牛仔裤是旧了点，但为了今天的招聘，提前几天就把衣服洗好了。”

笑声仍未停止，她再次打量了一下自己的穿着，加重了语气：“请您让我……把自我介绍说完……再笑吧。”

“呦，还是个结巴。”他笑得更开心了，周围人群发出一阵嘘声。她面子上有些挂不住了，对着他说了句：“很好笑么?”

令她没想到的是，此话一出，他竟然站了起来，大声嚷嚷起来，猛地朝她伸出了胳膊。

他出手女孩被掐脖拖行近30米“掐人啦!”见女孩子的脖子被他死死掐住，女孩身后原先井然有序的应聘队伍顿时乱作一团。

“我就看你不顺眼，怎么了，瞧你这又矮又瘦的样子!”他边说边掐着她朝体育馆大门口走去。她后仰着脖子，不断地被迫撤着步，双手死死抓住脖子上的胳膊，试图掰开。

他显然没有放手的意思，她的脸则涨得通红，直到门口处才松开。有心的大学生算了一下，从招聘点到大门口，约有30米的距离。

松手后，他仍双手叉腰对她破口大骂。她则咳嗽着，大口地喘着粗气，哭着质问他：“我只是一个应聘的大学生，跟你没什么瓜葛，凭什么动手打人?”

3分钟后，庐阳区公安分局巡警大队的民警赶到现场。在赵海峰等民警的维持下，招聘会很快重新井然有序。

---

① http://news.longhoo.net/2010-09/20/content_4268490.htm。

他狡辩："大哥，我正当防卫错了吗？"

民警将两人叫到身边，听完女孩的遭遇后，民警质问他，事实是不是如女孩所说。

"我管你呢，我反正看着她不顺眼，怎么了？"面对警察，他如此说。周围几名目击者实在看不下去了，主动上前跟民警介绍情况。听到群众的讲述，她哭得更厉害了。

"是不是如他们所说，你掐人了。"民警再次问他。"大哥，你知道什么是正当防卫吗？我那是正当防卫！"他摇着头。

听见巡警决定将他移交至当地派出所做进一步调查，男子这才慌了神。"她，他们说得对，我的确是掐人了，大哥，我真的错了。"

随即，民警将他移交至附近的县桥派出所做进一步调查。

民警透露，他姓李，在外地一家电子公司负责人力资源事务。事发后，他所在的公司很重视，目前正协助配合警方做调查。女孩姓张，是合肥一高校的应届毕业生。

在例文选评 3-11 这篇新闻报道中，一位应届女大学生在应聘时，因为穿着"土气"遭到嘲笑、侮辱，受众在初步了解这件事情后就很想知道这位女大学生有何反应？周围的应聘者有何反应？在得知女大学生不但遭到嘲笑，而且还被招聘方掐脖拖行 30 米，受众会因此替这个女孩打抱不平，很想知道肇事者是否会因此受到相应的惩罚，直到派出所的介入，受众一颗悬着的心才有所平复。这篇新闻报道正是抓住了女大学生应聘受辱的戏剧性情节，让受众一步步跟随记者来揭示事件的全过程，将事件的全貌展现在受众的面前。

3. 富有个性特征

社会新闻的题材广泛，内容丰富，因此在写作上也应多样化，量体裁衣，不拘一格。有的社会新闻可以写成新闻消息，有的社会新闻可以写成新闻特稿，有的社会新闻可以写成新闻评论。但一般而言，如果不是重大题材，社会新闻以新闻消息的形式出现居多，结构上用"倒金字塔"结构、悬念式结构的居多，语言上多以富有个性化的散文式语言见长。

例文选评3-12

两岁半男童从 17 楼坠落奇迹生还①

昨天，武昌团结大道 1026 号爱家皇家公馆小区二期，两岁半的儿子"淘淘"（化名）随家人看新房时，从 17 楼阳台护栏缺口坠落，幸运的是，由于地面灌木丛缓冲，淘淘虽然身受重伤，但是奇迹般保住一命。

男童从 17 楼坠地哇哇大哭

昨天中午 12 点半，记者赶到事发小区时，淘淘已经被送往中南医院救治。"当时听到'轰'地一响，然后有个孩子哭起来了！"目击者涂师傅回忆说，他听到哭声跑出去查看，发现

① 谭德磊，戴维，陈菁：《两岁半男童从 17 楼坠落奇迹生还》，2013 年 1 月 5 日《武汉晚报》，第 9 版。

灌木丛中躺着一个小男孩，男孩身上穿着厚厚的衣服，看不到明显的伤痕。很快，就有一个外婆跑下楼，围观人群听她说才知道孩子竟然是从1603房掉下来的。

1603号房是复式楼，淘淘是从复式楼的二层阳台掉下来的。这套房子正在装修，淘淘和家人一起来看房的，没想到发生了意外。

外婆目睹事发来不及施救

昨天下午，在中南医院内科综合楼三楼重症监护中心，淘淘的外婆说，复式楼二层阳台上，有块玻璃因为尺寸不对被装修工人换了下来，还没装新玻璃。正当大人们商量安装玻璃的时候，孩子独自爬到了阳台上，从栏杆的缺口处向外张望，"我发现孩子的时候，他的身体已经伸出玻璃外，我想抓住已经来不及了，几乎就是看着他掉下去的！"她说幸好孩子的脑袋被灌木托住了，没有接触地面，只有屁股在松软的泥土上砸了一个小坑，要不然后果不堪设想。

手术中连闯三道关

淘淘的伤势主要是多处骨折、腹膜后血肿、脾脏破裂。经过一个半小时的手术，昨天下午3点35分左右，淘淘被推出了手术室。主治医生何跃明介绍，孩子术后生命体征稳定，可以暂时认为命是保住了。

何跃明说孩子在手术中闯过了三道关。淘淘下午1点40分被送到医院时，心跳超过每分钟100次，而血压却接近于零，其腹部因内出血胀得厉害。幸运的是淘淘还有意识。经过检查，医院估计孩子内脏出血达到了1000毫升，对体重只有32斤的男童来说，全身的血液不超过1200毫升。医生们立即为孩子紧急输血，这几乎相当于他全身血液换了一遍。

手术过程中，最危险的是淘淘大约有20分钟时间血压测不出，心跳骤停。医护人员轮流为孩子心脏按压并注射了大量肾上腺素，刺激心脏，终于让心脏恢复跳动。

脾脏是人体最脆弱的器官，一般脾脏破裂就要摘除。手术中医生发现，淘淘长有一个很小的副脾，这是一种与脾脏结构很类似的"多余"脏器。可以理解为孩子有2个脾脏，它可以承担部分脾脏的功能。仅有5%～10%的人会长有副脾。

坠地冲击力约为1.44吨

男孩体重约32斤，他从16楼落下与地面产生的冲击力究竟有多大？积玉桥学校的物理老师肖丹妮用自由落体物理公式估算后表示，如果不考虑风力的因素，男童落地的冲击力相当于1.44吨的物体对地面产生的压力。

幼儿坠楼生还率大于成人

中南医院显微骨科的病区主任陶圣祥介绍，医学上没有准确的统计数据来说明幼儿从高空坠落的生还率可大于成人多少倍，但从经验和个别案例中确实可以发现，幼儿坠楼的生还率确实会大于成人。例如在很多空难事故中，幸存者就只有孩子。他认为原因有两点：一是幼儿体重轻，在下落过程中容易受到气流、风的托举；二是幼儿肌肉、骨架柔韧性比成年人更好，能承受更大压力。

孩子长大后不会有心理阴影

这样死里逃生的经历对任何一个成年人来说都将是一场噩梦，这次经历会给洵洵留下难以愈合的心理创伤吗？

中南医院神经内科的心理专家肖劲松副教授说，大多数人都不会记得3岁以前的经历，只要家长以后不经常提起，孩子就不会留下明显的心理阴影。

肖劲松还说，3岁以前，孩子对某些事情有天生的危急感，如陌生的环境、被陌生人搂抱、父母突然离开等。但孩子会对很多需要“学习的危险”并不敏感，例如水、火、电、距离感、高度感等。不过，3岁以内的幼童会对需要“学习的危险”好奇，家长们对此只能防范，说教的效果不佳。

例文选评3-12这篇新闻报道对受众来讲简直就是奇闻异事。两岁半男童从17楼坠落竟能生还本身就是个奇迹。再加上这类新闻的稀缺性、传奇性，使得受众在茶余饭后津津乐道于这个话题。记者运用了叙述、描写外加一些散文的笔法，为受众展现了一个从17楼坠落的男童生还事件的现场、医院救助、事件分析、后续影响等全过程。特别是针对这个事件的悬念，在记者逐步深入的叙述分析中一一化解，满足了受众的求知、好奇的需求。

4. 注重社会效果

由于社会新闻所涉及的社会层面广，事件比较复杂，因此在写作时要全面考虑所写新闻的社会效果。记者要尽可能地避免因新闻报道可能带来的副作用，如对于未成年人的报道一定要慎之又慎，避免对报道的人物造成不必要的身心伤害；另外，对于一些犯罪的细节也不必写得太详细，要注意不能侵犯公民的隐私权，避免引起不必要的负面效果等。

例文选评3-13

4岁女孩被继母打成重度脑伤　亲妈痛不欲生①

9月12日下午5点20分，垫江货车司机谭向平回家正准备洗澡，女儿小雅(化名)叫着“爸爸”在冲向自己的途中却突然昏倒……截至记者昨晚8时许发稿时，时间虽然已过去了75个小时，但年仅4岁的小雅在被继母打昏后，仍一直没有苏醒过来。据悉，小雅的继母翁光友已被垫江警方治安拘留。到底是什么原因让她对孩子下如此狠手？警方目前正在作进一步调查。

① http://www.babytree.com/community/club200600/topic_1409543.htm19。

幼女叫声爸爸后栽倒在地

昨日下午6点，为垫江警方作了两小时笔录的谭向平在家人的搀扶下，缓缓走出了儿童医院重症监护室。30岁的他双眼通红，眼角还能依稀看见泪痕。在重症监护室外，他向记者回忆了这几天来如同噩梦一般的经历。

“那是12日下午5点20分，我跑车从长寿刚回到家。”谭向平称，女儿小雅当时在屋里叫着“爸爸”，伸出双手急切地向自己跑来。然而还没等女儿跑到自己面前，就一头栽倒，人事不省。谭向平见状立即将女儿送到垫江县人民医院抢救。

检查发现孩子大脑移位

昏迷中的小雅被送到医院时，一脱下衣服，其浑身上下的伤痕让检查的医护人员大吃一惊。一护士回忆称：“她浑身上下都是伤痕，屁股已被打得稀烂，头部的包大得惊人！我们不少护士见状都哭了。”

经检查，小雅不仅身上、腿上、屁股等部位有多达数十处外伤，而且出现了尿血现象，最为严重的是颅内也有出血现象！医院立即对其进行了开颅手术，但小雅一直没脱离生命危险。在昏迷了54小时后的14日晚上11时，小雅被送到儿童医院抢救。

儿童医院重症监护室医生昨日介绍，小雅头部诊断为重型颅脑损伤、脑疝，而且小雅的大脑由于外力所致，已经移位了。

继母称只是打了2个小时

到底是谁如此残忍殴打小雅？事发后不久，小雅的继母、27岁的翁光友在医院里，面对谭向平近乎疯狂的质问，显得十分慌张，而且一直不敢说话。最后，在小雅的舅舅等人不断催问下，她才终于说出了原因。

“她下午在家调皮，我就打了她。”翁光友蹲在地上哭着说：“我只是打了她2个小时，没想到会这么严重。”至于她是用什么打的孩子？孩子怎么调皮？翁光友没有解释。随后，翁光友被垫江警方带走。

“我绝不会放过她”

“我没想到会发生这种事。”昨日，一说起翁光友，谭向平显得十分愤怒，称事发后自己和翁光友已没有任何感情。至于是否离婚，他表示现在想的都是孩子，还没有考虑。据谭向平介绍，自己在家时，小雅从没对他说过任何关于继母虐待她的事，翁光友也没有表现出任何对小雅的不满。事发后，翁光友的母亲打电话给谭向平求情，但谭坚定地表示：“他们再向我求情也没用，我绝不会放过她。”在儿童医院重症监护室外，记者还见到了小雅的舅舅李润军。他激动地说：“如果医好了，要让她赔偿，并让她坐牢。如果医不好，要让她偿命！”而小雅正在新疆打工的亲生母亲李春燕，知情后也正在赶回重庆的路上。

昨日，记者从垫江县桂阳派出所了解到，目前翁光友已被治安拘留。

继母为何要下狠手

到底是什么原因让翁光友对小雅下如此狠手？谭向平分析可能有3个原因：其一，自己长期在外没有细心照顾翁光友，导致两人感情变得淡薄；其二，近日二人吵架后一直处于冷战状态，有可能翁光友将对自己的恨发泄在了女儿身上；其三，有可能是因为小雅并不是翁光友亲生，加之家庭并不富裕，翁光友为了自己的两个孩子，刻意虐待小雅。

孩子曾被继母打过

昨日，记者走访小雅就读的垫江县桂阳小学的老师及邻居。

据知情邻居介绍，小雅的父母2007年离婚，小雅被判给了父亲谭向平。谭向平离婚后不久，就和当时年仅24岁的翁光友结婚。由于谭向平在主城工作，小雅一家也一直在主城生活。今年暑期，小雅到了上幼儿园的年龄，一家人才从主城搬回垫江。据了解，和谭向平结婚时，翁光友已有一个比小雅大2岁的女儿翁丝路，2008年，二人又为小雅生下了个弟弟。由于谭向平很少在家，平时都由翁光友照顾家庭。

"这已不是小雅第一次被打了。"桂阳小学大三班班主任陈老师回忆称，小雅是今年才到该校读书的，平时不爱说话，但每次吃午饭时，小雅吃得总是比其他孩子都快，像被饿了饭一样。9月8日，陈老师发现小雅脸部红肿，小腿和屁股上都有淤青。经她再三询问，小雅才战战兢兢地说："我抢了弟弟的玩具，就被妈妈打了。"随后，陈老师找到小雅的姐姐、在该校一年级就读的翁丝路询问情况。"妈妈叫妹妹吃饭，妹妹不听话就被妈妈用叉棍打了。"虽然说的被打的理由不同，但翁丝路的话证实了小雅确实曾被继母殴打。

四岁女童遭继母虐待本身就是一件引起社会关注的人伦事件，由于涉及未成年幼童，体罚虐待触目惊心，所以记者在报道时均采用化名，全面显示出记者既报道了新闻事实，又考虑因报道会给小雅今后成长带来的负面影响。同时，这篇报道的主题是叙述留守儿童受虐事件，在现代社会具有典型性，因此由于其关注百姓生活、贴近民生，事件虽小，关注度却很高。

四、注意事项

(1) 社会新闻的新闻来源源于民间的较多，记者要注意查验新闻线索的真实性。

(2) 记者在写作社会新闻时不能因为其情趣性特征就放弃了新闻的基本特征——真实性和时效性。记者要运用准确的语言来叙述事件，不能由形式决定内容。

(3) 由于社会新闻的传通性广，要求记者的新闻法律意识时刻体现在笔触上。

五、实训操作

一位记者报道了某市那些有不良用心的人使用银行已经盖过章的假币当真币用的新闻，可是报道刚过去两天，该市的公共场合又发现有人用同样的手段坑害市民，记者对此进行了追踪报道，分析一下这位记者前后的报道步骤如下。

1. 收集发生变动的社会新闻信息

《又现盖章假币》述说的是社会上假币出现的新闻事件。由于该事件关系市民的切身利益，因而传通性较大，影响较广，有继续追踪报道的必要。

2. 确立新闻主题，写作精彩的新闻导语

由于这篇新闻报道是一篇追踪新闻，且主题的确立在于"又现"，因此该新闻报道的导语既要回述"首现盖章假币"新闻事件，又不能过多纠缠于"首现盖章假币"新闻事件，而要把侧重点放在"又现盖章假币"的新事件中。

3. 进行富有人情味的写作

一位乘客因付钱问题与出租车司机产生假币纠纷，记者通过对这个事件的叙述进行了富有戏剧性的人情味写作。

以下是新闻记者所撰写的报道全文。

又现盖章假币①

——《盖章假币还流通追踪?》

晨报讯(记者　郭玲)　10月26日本报B7版报道《盖章假币还流通?》这一消息后，乌鲁木齐经济技术开发区公安分局的陈警官打来热线电话说，他也见到一张这样的盖章假币。

陈警官说，10月23日中午，他正在局里值班，开出租车的徐师傅和一名女士拿着一张100元假币来了。他们说，到公安局来是为了解决他们之间因这张假币引起的纠纷。

陈警官了解到，23日那天，这名女士搭乘徐师傅的出租车去上班，到单位下车时给了徐师傅一张100元钱，当时徐师傅模糊地看到钱上有印章，并没有太在意。但等徐师傅拿着这张100元钱去买东西时，却遭到商店售货员的拒绝。徐师傅这才看清钱上面的印章是银行盖的"假币"的章子。等徐师傅开车找到那名女士时，时间已过去2个小时。

"都过去两个小时了徐师傅才去找她，谁都不能保证这两个小时内他是不是拉过其他乘客，这张假币是不是别的乘客给的，说不清楚，这名女士自然不会承认价钱是她给的。"陈警官说，这名女士坦陈自己的钱都是从银行取出来的，不可能有假钱。

陈警官拿出这张假币给记者看，记者发现假币上的金属线断断续续的，水印"100"的数字几乎看不见，对着光看可以发现毛主席头像显得比真币大，纸质也略显粗糙，纸币的正反面各盖了一个"假币"字样的印章，章子上标注着"新31000012"的编号，没有注明银行的名称。

陈警官认为，目前没有充足的证据来证明这张假币就是乘车女士给的，因此，徐师傅的损失也无法得到赔偿，陈警官提醒市民要留心盖章假币的流通方式往往是在出租车等人多眼杂的地方，并同时告知，警方正在全力侦破此类案件。

---

① http://news.iyaxin.com/content/2009-10/28/content_1315851.htm。

女乘客给了出租车司机假币，司机当时没发现；事后乘客不认账，警官也无奈。故事曲径通幽，人情味十足，就好像在我们身边发生的一样。

（1）警事新闻报道要点。

很少有报道领域能像警事新闻那样产生如此大量的报道。由于警事新闻戏剧性强而且影响面广，大多数新闻媒体都给其以突出的位置和时间。

警事新闻的报道有哪些方面的内容是选取要点，运用参与式教学法进行实训：

第一步：组成基础小组（20 分钟）。
每 6 人一组，分别扮演记者和受众的角色。研讨警事新闻报道有哪些要点？以书面形式记录下讨论成果。

第二步：每个基础小组扮演受众的人要告知他人，对于警事新闻报道，他最想知道什么（8 分钟）？

第三步：扮演记者的人要根据受众的想法，选取警事新闻报道的要点（10 分钟）。

第四步：受众、记者的扮演者相互研讨警事新闻报道要点（8 分钟）。

第五步：展板展示（20 分钟）。
每个基础小组展示自己小组研讨的成果并做成展板，选派一名同学进行说明。

第六步：教师点评（20 分钟）。
教师针对展板内容进行点评。

警事新闻报道的要点包括：

① 受害者身份说明；

② 受害时间、地点、日期；

③ 犯罪凶器；

④ 官方鉴定的死亡原因及评论；
⑤ 谁发现的尸体；
⑥ 线索，凶手的任何身份说明；
⑦ 警方的评论、犯罪动机；
⑧ 谋杀事件对受害者的家庭及对他人产生的影响。
（2）法治新闻报道要点。
① 原告的身份及背景。
② 被告的身份及背景。
③ 起诉时间、受理案件的人民法院。
④ 原告提出的赔偿条件。
⑤ 起诉动机。
⑥ 双方冲突与不和的历史。
⑦ 该案件是否成为里程碑式的判决。
⑧ 庭外和解的可能性。
⑨ 该起诉的重要性及对其他人的影响。
⑩ 双方的律师。
⑪ 审理时间及审理首席法官。
⑫ 人民法院在处理同类案件的声誉。

例文选评3-14

高校女教师在校区内被车撞后不治身亡[①]

1月4日傍晚，上海交通大学一名女教师在闵行校区遭遇车祸，肇事车辆是校区间职工通勤班车。昨天，上海交通大学官方微博发布消息，称受伤教师经全力抢救，终因伤势过重，不幸去世。

1月4日傍晚，交大一名女教师在校内遭遇车祸严重受伤，事发后，经过警方确认受伤女子是材料科学与工程学院的老师。得知消息后，众多学生在“饮水思源”BBS和微博等网络平台表达了祝福，希望老师渡过难关、早日康复。

不幸的是，昨天中午，受伤女教师经全力抢救，终因伤势过重去世。而肇事司机已被警方控制，事故原因警方尚在进一步调查中。

目前，学校已将受害女教师的家人接至上海，并成立工作组，配合家属全力做好善后事宜。学校方面表示，将立即采取措施，加强校园安全管理和教育，坚决杜绝事故再次发生。

在交大“饮水思源”BBS论坛上，也引发了师生关于校园安全问题的大讨论。同学们纷

① http://news.163.com/13/0107/13/8KKCMOI 500011229.html。

纷为校园安全献计献策。

有同学建议进行人车分行管理，在关键地点安装摄像头和测速照相，在关键路段严禁行车速度超过 30 公里/小时，有必要将一些关键路段设成单行道。还有同学建议学校重新梳理一下所有校内道路的照明情况。

这是一起校园内的交通车祸法治新闻。由于这起突发事件的报道不是在 2013 年 1 月 4 日发生事故的当天，故记者另辟蹊径主要以报道该事件的最新结果为主题。记者尽可能最大限度地报道了事故受害人的身份信息、事故发生后的救助措施以及校方的善后处理措施。

若后期事故受害人的家属向人民法院提起诉讼，记者可继续追踪原告、被告双方当事人的信息以及案件审理过程和案件判决的结果来进行报道。

例文选评3-15

河南光山校园伤害案嫌犯被鉴定为限定刑事责任能力①

记者 7 日从河南光山检察机关获悉，此前发生在当地的校园伤害案嫌犯被鉴定为限定刑事责任能力。

2012 年 12 月 14 日，在光山文殊乡陈棚村完全小学发生校园伤害案，造成 23 名学生受伤，此外受伤的还有 1 名教师和 1 名当地群众。同年 12 月 16 日，光山县检察院以危害公共安全罪对犯罪嫌疑人闵拥军予以批准逮捕。

因为此前闵拥军被传患有癫痫病，检察机关同时要求公安机关对其有无刑事责任能力进行司法鉴定。光山县公安局遂委托湖北省武汉市精神病医院司法鉴定所对闵拥军进行精神病鉴定。期间，光山县检察院公诉科派员提前介入，就嫌疑人精神病鉴定的问题提出可行性建议，并对司法鉴定意见的合法性依法进行审查监督。结果显示，闵拥军被鉴定为限定刑事责任能力。

光山县检察院办案人员介绍，中国刑法第十八条规定，限定刑事责任能力是属于特殊人员的刑事责任能力，这类人员一般是指尚未完全丧失辨认或者控制自己行为能力的精神病人；对于限定刑事责任能力的嫌犯，应当负刑事责任，但是可以从轻或者减轻处罚。

例文选评 3-15 这篇新闻报道是针对法院审理、审判一类新闻的报道。记者在新闻导语里突出了关于光山校园伤害案法院审理的最新进展情况，即该校园伤害案嫌犯被鉴定为限定刑事责任能力。然后第二段简单地回顾了案件的经过(因为这个经过前面已经报道过，所以这里不能叙述得过多)。接着第三段详细地叙述了对犯罪嫌疑人闵拥军患有癫痫病进行司法鉴定的经过。最后对这类限定刑事责任能力人员的刑事责任进行了叙述分析，由此使

① http://news.xinhuanet.com/legal/2013-01/07/c_114284908.htm。

得受众对这样一起重大案件的审理程序以及审判结果有了比较清楚的了解。

(3) 社会情趣新闻的报道要点。

① 新颖性。

社会情趣新闻是人们在茶余饭后的议论话题，被称为“饭后甜点”，虽然这类新闻的政治价值和社会价值不大，但是如果抓住了它的新颖性特征，一样会得到受众的口口传播。所以，记者报道此类新闻时要力求新的主题或新的角度。

② 情趣性。

社会情趣新闻往往是人们生活中的轶闻琐事。由于其生动、有趣、出人意料，常常成为老百姓街头巷尾热议的焦点，满足了受众好奇、求知、娱乐的心理。

③ 题材短小。

社会情趣新闻与时政要闻、经济大事比起来显得很“小”，正因为它“小”，才更贴近生活，就像老百姓身边的事一样；但同时记者在写作时，又要以小见大，正所谓“小事情讲出大道理”。

社会情趣新闻是人们在茶余饭后的议论话题，虽然这类新闻的价值不大，但由于其新鲜、生动、有趣、出人意料，故常常成为受众街头巷尾热议的情趣事件，满足了人们的好奇、求知、娱乐的心理。

例文选评3-16

泰最胖女出门需要爆破房子[①]

泰国一名妇女体重高达 274 公斤，是泰国最胖的妇女。她 3 年都待在公寓中，足不出户。不过，26 日，她在一辆铲车的帮助下，头一次离开了公寓。

据报道，这名 40 岁的泰国妇女 Umnuayporn Tongprapai 在邻居们的帮助下，联系了曼谷市镇当局，她需要离开自己的公寓去医院做手术，以便移除右腿上的一个肿瘤。

这名妇女说，她靠自己的力量走路，只能走几米远。要前往浴室，都需要 2 名养子的协助，于是很少出门。3 年以来，她足不出户，但是现在，她需要上医院看病。

当局召集了工程师、爆破专家、医护人员前往协助这名妇女出门。他们前往她位于曼谷郊区的 3 层公寓，展开这项浩大的“工程”。据报道，这名妇女的体重与一架钢琴的重量差不多。首先，她的 2 名养子让她坐入一辆推车中，将她推到隔壁一间空置的房屋中，然后由当局将一面内墙爆破，让她通过，并拆除了部分建筑，让这名妇女搭乘一架建在建筑外的升降机，终于出了公寓大楼。

现场关心她的邻居们为她终于出了门而感到高兴，她自己也笑了，用手比出“胜利”的手势。

---

① http://www.gddg.chinanews.com/news/zh-CN/Detail/41427.html。

据报道，这名妇女除了上医院切除肿瘤外，医生还计划为她减肥。当一切都恢复正常后，她希望能去海边走一走，在沙滩上玩耍。她含着眼泪说道，"我想去海边戏水"。

例文选评 3-16 中的新闻事件很小，但非常有趣，受众非常希望知道这位泰国最胖的妇女出门了没有？是怎样出门的？她出门要干什么？她有什么表示？该新闻所选择的报道要点如下：

① 姓名——Umnuayporn Tongprapai；

② 看点——体重高达 274 公斤，是泰国最胖的妇女；

③ 最新事件——最胖的妇女想离开自己的公寓去医院做手术；

④ 情趣之处——爆破出门。

4. 校内实训基地实训

学生利用校报和院报进行社会新闻综合写作练习，教师公开评报。

5. 校外实训基地顶岗实习

学生利用校外新闻媒体进行社会新闻综合写作实习。

六、总结点评

(1) 社会新闻以小见大，以趣见长，题材丰富广泛，要求记者能够在广泛接触社会后发现新闻。

(2) 无论哪种类型的社会新闻，都要显示记者的人文关怀和民生意识。

(3) 社会新闻宜低而不俗、新而不硬，这样才更具有吸引力。

七、拓展提高

(1) 写社会新闻常常是出力不讨好，写了半天只写了个豆腐块，我是否可以不写豆腐块，直接写大稿？

(2) 社会新闻部的记者常常感到自己的地位要比其他部门记者的地位低，因为他们写得新闻太琐碎了，还具有猎奇心理，你怎么看？

(3) 如何才能既写出好的社会新闻又不惹上官司？

(4) 观察身边发生的与百姓生活密切相关的事（水、电、乘车、供暖等），写一篇 600～700 字的社会新闻。

任务三　经济新闻

自21世纪初以来，中国传媒业中的经济新闻异军突起。在我们现在这样一个“无处不经济”的时代，有人戏称所有的社会新闻也都可以用经济的眼光、经济的视角去看待。

教学目标

通过本任务的学习，培养学生在现代新闻传媒业中经济新闻的综合写作能力。

案例导读

国内汽柴油价涨至历史新高[①]

在国际原油价格连续突破80美元/桶的背景下，10月26日零时起，国内汽、柴油价格每吨分别提高230元和220元，折合每升约涨0.17元和0.19元。此番调价后，全国各地汽、柴油价格均创下了历史新高，以北京地区为例，93#汽油涨至每升6.92元，97#汽油涨至每升7.30元。

与此同时，受国际市场油脂油料价格大幅上涨的影响，国内食用油价格也走出一轮上涨行情。国家粮油信息中心监测显示，今年7月初沿海地区一级豆油出厂价格集中于7100元/吨，到8月底上涨至7900元/吨左右，进入9月份后，沿海地区一级豆油出厂价格涨至9300元/吨左右，较7月初累计上涨31%。

成品油和食用油的双双上涨引起业内人士的高度关注。银河证券首席经济学家左小蕾25日接受《经济参考报》记者采访时表示，一段时间以来，美元贬值刺激了国际大宗商品价格的大幅上涨，对国内会造成一定的输入性通胀压力，值得警惕。

目前，中国是世界上第二大原油消费国和进口国，同时也是世界上最大的油脂和大豆进口国。其中，中国原油对外依存度已经超过了53%，而食用油消费对国际市场的依赖程度更是达到了60%。显然，此次国内成品油和食用油的上涨均不可避免地受到了国际市场的传导。

---

① 陈伟：《国内汽柴油价涨至历史新高》，2010年4月14日《经济参考报》。

"一方面，美元发行越来越多，长期来看肯定是要贬值的，而国际大宗商品一般是以美元计价，所以肯定是上涨的趋势；另一方面，大量发行的美元很多并没有进入实体经济，而是进入大宗商品市场，投机行为进一步助推了价格。"左小蕾说。左小蕾认为，不只是石油和油脂，国际上其他大宗商品也面临上涨的趋势，虽然成品油和食用油涨价的影响难以量化，但涨价因素一旦与其他因素叠加，输入性通胀的影响不可低估。

中国政府年初定下了居民消费价格总水平(CPI)同比上涨3%的调控目标，但今年CPI涨幅却呈现了逐季上涨的态势，9月份CPI同比增长3.6%，这已是连续三个月CPI同比增速超出3%，完成物价调控目标实有难度。

在左小蕾看来，政府今年能否完成把物价涨幅控制在3%以内其实不是那么重要。她表示，政府没有必要把CPI涨幅定得那么死。在某种程度上，输入性通胀难以避免。于具体指标而言，中国经济的可承受能力更应该成为物价调控的考虑因素。

"只要中国经济保持8%以上的增长，那么即便CPI今年突破4%也没什么了不起的。当然了，货币发行过多特别是美元贬值所带来的副作用将逐步释放，政府要注意到将来可能由此引发的问题。"左小蕾说。

对此，多名专家接受记者采访时建议，中国应提高对通胀的容忍度。比如社科院在一份报告中称，可考虑上调CPI调控目标至4%左右；经济学家厉以宁也提出通胀率应该提到4%～4.5%。不过，这些建议未能获得官方的正式回应。

关于此次成品油调价，国家发改委价格司有关负责人表示，国内成品油价格提高虽然可能在一定程度上影响社会涨价预期，但成品油价格调整对国内价格总水平的实际影响很小。

对于食用油价格上涨，国家粮油信息中心主任尚强民认为，不讲价格炒作行为，油脂油料价格上涨的影响具有双重性：一方面价格上涨给国内消费者造成福利损失，现阶段还给国内带来了较大的通胀压力；另一方面则有利于刺激国内外油料生产扩大，促进油脂油料产量增加，对实现长期的供给安全有利。

这是一篇有关国内汽、柴油涨价的常规报道，为什么它属于经济新闻的范畴？为什么每次国际国内原油、汽油涨价跌价都要报道？

工作任务

1. 认知经济新闻的写作特色。
2. 写作经济新闻。

理论基础

一、术语解释

1. 经济新闻的含义与类型

所谓"经济新闻",是指侧重于对有关国民经济、生产建设、人们生活等各领域新近发生的经济政策、经济事件、经济人物的报道。

社会经济活动与每个人的生活息息相关。人们的衣食住行由社会中的企业来生产,它们的质量以及我们为其支付的价格在很大程度上取决于政府等有关方面的决策。价格变动信息直接关系老百姓的生活质量,企业的发展变化直接关系国家的发展变化。因此,只要有人的活动,就会有经济新闻的发生。

经济新闻包括以下三种类型。

(1) 突发性的经济事件。

突发性的经济事件,如知名企业开业或者倒闭、重大的人事变动、新的建设项目、企业的公告、突发性环境污染事件等。

(2) 解释性报道。

解释性报道,如对新的国家政策及地方政策的解读、全国性或国际性经济活动对当地经济的影响。

(3) 深度报道。

深度报道,是指重大经济新闻背后的新闻。

2. 经济新闻的特点

(1) 实用价值明显,直接服务于现代经济生活。

经济在我们的现代社会生活无处不在,无论是经济领域的决策者,还是产品的生产者、经营者,或是商品的消费者,都会把经济新闻看成是现代经济生活中不可缺少的重要信息来源。百姓日常生活中的柴、米、油、盐都离不开经济。因此,经济新闻比起其他类型的新闻来讲更具有实用价值。

(2) 政策性强,有突出的指导作用。

经济是国家的命脉,它的强盛直接关系国家的兴衰。因此,无论是宏观经济政策还是微观经济政策都会对整个社会、受众产生较大的影响。经济新闻的一个重要使命就是要对党和国家的经济政策做最新的、及时的解读,成为受众行为处事的参谋和根据。

(3) 具有一定的专业性。

经济新闻具有一定专业性,它有自己的专业术语、专业数据及专业知识,因此,要求从事经济新闻工作的记者需要具备一定的专业知识,成为内行或专家,只有这样才能报道准确、分析到位、解读深刻。

二、工作要点提示

(1) 成为一个财经新闻的关注者。

(2) 熟悉基本的财经术语。

(3) 在写作前后至少有一次亲身近距离的观察、正式采访、两次补充采访。

(4) 核实人名、地点和数据。

(5) 在新闻发布会和惯常通稿中寻找新闻背后的新闻。

(6) 写作上富有人性化。

三、方法技巧

1. 强化对经济事件的敏感性

一位优秀的财经新闻记者应该对市场中的经济政策、企业、价格、数字的变动情况保持高度的敏感性,这有助于其及时地发现经济新闻,分辨出不同类型的经济新闻题材。

例文选评3-17

首府逾十万人备战创业板①

本报讯 "截至目前,我们营业部的创业板开户数已经达到1600户,约占营业部总客户的12%。"昨日光大证券乌市营业部营销总监黄燕玲这样对记者说。

与光大证券相方,国泰君安、湘财证券、宏源证券等乌市营业部创业板开户比例也在10%~20%,以我区80万股票投资者来计算,目前有逾10万投资者备战创业板。

不过在经历了9月由于创业板开闸所引起的开户潮之后,创业板30日正式上市挂牌交易的消息,并没有抵过人们对创业板交易的小心谨慎。

记者走访了首府几家券商营业部了解到,"十一"过后,创业板开户遭遇到"强冷空气"的袭击,目前,一些证券营业部的创业板开户数由"十一"前每天3户的数字直降到1户的数字。

一位湘财证券的股民黄阿姨告知记者,前面来过一次,开户人太多,就没凑热闹,今天开户也来得及。她炒股偏向稳健,拿出20%的资金投进创业板没什么问题,大部分资金还在主板市场上。

30多岁的张健是一位资深股民,他与黄阿姨的乐观截然不同,对创业板表现得十分冷静。他说,从目前创业板的发行价格来看普遍市盈率较高,散户投资创业板的风险就比较大,创业板挂牌之际,可能参与期间更多的是机构投资者。他认为自己目前在创业板上投资

---

① 唐成荫:《首府逾十万人备战创业板》,2009年9月27日《都市消费晨报》。

完全没有优势，而开通创业板账户是为了以后投资而用，现在自己仍会选择观望。

…………

股票市场已成为中国经济生活不可或缺的一部分，与每位股民的生活、利益息息相关。因此，记者选材于创业板开闸，就是直接服务于现代经济生活，对股民来讲更具有实用的经济价值。有关创业板的开市问题，国家有关部门的相关法规和政策对于普通投资者也有着很强的指导意义。例文选评 3-17 这篇新闻报道正是着眼于此，透过新闻报道同时也宣传了国家的相关指导政策。在题材的把握上，这篇新闻报道的题材是由国家出台的相关政策引发的本地化影响类经济新闻，因此适合做消息报道。这篇新闻报道在写法上既有专业性，也有人物对话以及现场的描写，显示出叙事的生动性。

2. 迎合时事，数据准确

经济新闻的发生与国家的经济政策息息相关，作为一位财经新闻记者，每日都应通过各种渠道很好地知晓、把握经济政策的动向，这样才能把握国家经济发展的脉搏。同时，在写作时要注意数据的准确性，有时一个失之毫厘的数据在市场上最终可能反馈出差之千里的结果。

例文选评3-18

韩国泡菜荒带动山东白菜价格每吨上涨 150 元①

中广网济南 10 月 12 日消息(记者　桂园　山东台记者　李振利)　泡菜一向被韩国人视为餐桌上必不可少的佳肴。最近，受天气影响，韩国白菜和萝卜的产量大幅减少，致使泡菜加工出现原料短缺，需要大量从海外进口。山东省作为中国距离韩国最近的省份，出口大白菜让很多企业大赚一笔，同时也造成了近期白菜价格上涨迅速。

威海宇王蔬菜食品有限公司是一家以泡菜加工为主的企业，所生产的产品大多出口韩国。据公司介绍，由于韩国目前腌制泡菜所需的白菜萝卜原料稀缺，使得他们公司的泡菜销量明显增加订单不断。前几天他们还接到三家韩国新客户打来的电话，商谈合作事宜。

泡菜销量和订单涨势明显，威海市原料价格也一路走高。市场上，白菜每吨由国庆前的 600～650 元人民币，增长到每吨 750～800 元。据了解，今年三到五月份，我国市场上的白菜价格每吨涨到 1000 多元，但那时是因为我国国内白菜产量不好导致，而眼下我国白菜价格疯长，是源于韩国白菜歉收。

为摆脱泡菜危机，韩国政府一方面紧急从中国进口大量大白菜补贴市场，一方面宣布，从本月十四号起取消白菜和萝卜进口关税。这一政策将持续到今年年底，这也成为威海市场白菜价格上涨的有利推手。

---

① http://www.cnr.cn/newscenter/gnxw/201010/t20101012_507161123.html。

白菜价格直线上涨，让威海的不少种植户和蔬菜批发商赚了个盆满钵满。黄金周后，随着大批东北大白菜流入威海市场，白菜价格小幅回落，但总体仍然呈上扬态势。

从事蔬菜批发生意20多年的齐先生说，中国大白菜频频走出国门，国内存储量直线下降，这极有可能带动其他蔬菜价格上涨。他说："因为咱们一些蔬菜你不外走的话，够国内老百姓用了，价格比较平稳。你一旦价格起来，白菜价格高了，其他菜可能也会涨。"

我们会发现例文选评3-18这篇经济新闻对价格波动的数据非常敏感。韩国白菜和萝卜的产量大幅减少，致使泡菜加工出现原料短缺，需要大量从海外进口导致泡菜价格上涨的国际市场信息，必然传导到与之接壤的中国东部门户——山东，该报道的记者由于对国际市场信息的敏感，进而联想到山东白菜的价格因此会上涨的经济新闻。在这篇新闻报道中，记者将山东白菜的价格由国庆前的600～650元/吨，增长到750～800元/吨的数据了解得非常清楚，而且对山东白菜价格今后的发展趋势作了研判，对山东的白菜市场具有指导意义。但是，如果记者把750～800元这个数据的后面多加了一个零，可想而知，白菜市场可能要闹翻了天。

3. 注重经济新闻中的故事性写作

尽管经济新闻基本上是由数字和图表构成，面对专业性较强、数据冷冰冰的客观现状，财经新闻记者尽可能地在报道里加进"人"的因素，这样就可以使平面的报道中有了盎然有趣的立体效果。

例如，一般的受众认为在一篇关于退休人员财务问题的报道里没有什么情趣可言，可是下面这位记者却是这样来写作的：

美联社纽约电　在为匹兹堡附近肮脏的钢铁厂干了30多年后，理查德·L.沃尔斯特以为他能过上干净体面的退休生活了。

但是，由于早早离开了LTV公司，60岁的沃尔斯特和他54岁的妻子奥德丽的生活简直无以为系。他每月922美元的养老金不足以支付这对夫妇在宾夕法尼亚新布莱顿和维多利亚的贷款，还有食品及其他增加的开支。

因此，他想回去工作。"这附近现在很难找到工作。我笨手笨脚地为人们的汽车做一些修补，到处挣钱。我想过退休生活，但是，以目前的情况我做不到。"①

在以上这篇新闻报道里，记者没有一开始就把退休人员的收入下降了多少这些硬邦邦的数字放在受众的面前，而是以一位原准备靠退休金生活现在却不敢退休的工人的生活遭遇开头，引入了"人"的因素，使得整篇新闻报道一下子"活"了起来，受众的视野在进入理查德·L.沃尔斯特遭遇的同时，也了解了匹兹堡普通退休工人所面临的生活窘迫。

四、注意事项

(1) 经济新闻中的数字、图表虽然枯燥，却可以成为新闻事实体现的客观依据，因此一

① 梅尔文·门彻尔：《新闻报道与写作》(展江等译)，北京. 华夏出版社，2004年版，第589页。

篇经济新闻少了数据就会显得空洞无物。

（2）作为财经新闻记者，要在故事中体现数据，这样就可以使枯燥的经济新闻更富有人情味，更具有可读性。

（3）经济新闻报道具有一定的专业性，因此在社会新闻中的一些散文化的报道语言在经济新闻中不能照搬使用。

五、实训操作——经济新闻报道写作训练步骤

1. 收集发生变动的经济新闻信息

使用扩展小组法对经济新闻中常常会发生变动的信息进行筛选、收集，具体训练操作步骤如下。

第一步：独立思考（8 分钟）。

每位同学独立思考、收集常常会发生变动的经济信息，把思考的结果记录下来。

第二步：两人合作（10 分钟）。

两位同学组成一个小组，比较你和搭档的答案并简述理由。

第三步：4 人一组（10 分钟）。

小组成员比较答案，选出你们共同认可的发生变动的经济新闻。

第四步：小组合作（20 分钟）。

一个 4 人小组与另一个 4 人小组组成大组，在大组中比较答案，在形成最后讨论结果后，选取一人将结果以词条形式公之于众，并简述理由。

第五步：教师点评（20 分钟）。

教师根据项目要求，针对每个大组的讨论结果进行评析，加深印象。

（1）国际国内经济环境的变化、国际国内经济政策变化以及对本地的影响。

（2）企业开业、倒闭、重组、人事变动、新开工建设项目。

（3）本地商界领袖的商界对策以及商界人物的创业经历。

（4）关注各类经济数据。

2. 确立经济新闻主题，写作精彩的新闻导语

例如，当沃尔特·迪斯尼公司收购马彼特木偶角色计划失败之时，《华尔街日报》的一条新闻报道拟制了下列导语：

加州伯班克电 在历时一年半的求爱之后，米老鼠离开了圣坛上的猪小姐。

在这条新闻导语里，记者把“沃尔特·迪斯尼公司收购马彼特木偶角色”形象地比喻为“求爱”，而“米老鼠离开了圣坛上的猪小姐”则意味着这次收购的失败，语句形象生动，把一个本来枯燥无味的经济新闻写得有声有色。

3. 在新闻躯干、新闻背景里显示数据的重要性

在经济新闻里最为重要的是数据的真实性，因为这些数据体现了新闻报道的客观事实，如一个企业的效益是好是坏，只要把数据摆在受众的面前便一目了然。

例文选评3-19

400万吨增运，新疆铁运历史性突破[①]

时至年关，新疆出疆物资铁路运量最高一日达3100车左右，这个历史性的最高数字，比400万吨增运之前铁运日均数量多出了900车左右。

大宗物资争抢出疆

当记者刚走进乌鲁木齐铁路局运输处（以下简称乌铁局运输处）处长袁清磊的办公室时，巧与“八钢”协调运输的负责人擦肩而过。袁清磊介绍到，刚才“八钢”的人来说，他们对目前铁运对“八钢”运输的安排表示满意。现在每日给“八钢”运送钢材的车皮达110个车皮，比运力增加前的每日多40～50个车皮，“八钢”有关负责人说，这样他们完全可以把由于运力紧张而已经积压下来的20万吨钢材全部送到疆外买家手中，年底实现百亿元销售收入不在话下。

然而曾几何时，在铁运400万吨增运任务还没有下达时，该负责人就像热锅上的蚂蚁一样，整天围着乌铁局运输处转，甚至扬言，如果运输问题解决不了，“八钢”就只有停炉。

另一家首府能源大亨——乌石化也遭遇到相同“瓶颈”。由于国际油价持续上涨，内地市场需求旺盛，一位乌石化高层人员曾在自治区第三季度经济运行会议上告知与会者称，乌石化今年铁路发运量增幅远远低于原油加工量和产品产出量的增幅，致使三季因铁路运力不足而导致公司少出库10.78万吨，乌石化三季度以来成品油库存始终在高位，影响到产品的正常出厂。

后自10月12日铁路增运以来，由于成品油被列为自治区首当其冲的大宗出疆物资，乌铁局每日均以130～140车的速度全力运送。但即便是这样，由于乌石化的产品加工量一天比一天增加，所以，目前的增运补欠也只是解了燃眉之急，要真正满足乌石化的全部需要，还差一些车皮。显然乌石化仍感到运力上“吃不饱”。

其他的大宗产品像原煤、棉花、番茄酱等，在增运补欠之前均是排着队轮番在区经贸委

① 唐成荫：《400万吨增运，新疆铁运历史性突破》，2009年12月29日。

有关处室和铁路局要车皮；运力增加后，基本上把眼前的铁运力短缺之急缓解。

来自乌铁局的最新统计显示，现在离 2005 年年关的最后期限只剩下半个月左右的时间，乌铁局开足马力每日运量达 16 万多吨左右，每车装载量由原来的 55 吨提高到 57 吨。

小宗物资难解运力之痛

与大宗出疆物资相比，疆内的小宗物资出疆就没有那么幸运。

据了解，从上个星期一开始，内地糖批发市场期货价格连续四天涨到停板，价格已由 10 月份开轧时期的 4100 元涨到了 4250 元，"按往年来说，11 月 15 日南方糖本应该开轧，糖价就应该有所回落，然而，今年南方糖厂开轧的时间已经推迟了近一个月，南方糖的迟迟不开轧，让本已是急锅上蚂蚁的新疆糖企看到了希望。各家糖厂都开足了马力加紧生产，加紧外运。"

但是让新疆绿翔糖业有限责任公司最着急的不是 5 万吨的生产量，而是还没有运出疆的 38 000 吨糖，这已成为该公司陈志江董事长的一块心病。他介绍，上个月 20 日以前卖的非常好，已经运出 12 000 吨糖，但是现在运的比较少了。

他还介绍，最初他们与兰州可乐公司商谈好了价格，但是在签约的时候他们害怕了，他们不敢签约，因为这家大的公司的执行力很强，而他们对自己的运输却没有底。而现在内地客商已经付了款的 8000 吨糖还在仓库中压着，运不出去。他们也没有办法。

另一家来自昌吉的民营企业，是专门生产棉浆粕的。该公司的销售部经理专程电告记者，能否帮忙协调车皮赶快把内地厂家订好的货运出去，否则他们不仅会失去这个客户，还会交相当数量的违约金。

当记者问他，为何不通过公路运货时，这位销售部经理直言不讳地告知，公路运费比铁运费用贵 2—3 倍，由于棉浆粕只是初加工产品，附加值不是很高，如果通过公路来运货，公司不仅没有利润，有时甚至是倒挂。

尽管如此，今年的新疆交通运输就像一列开足马力的火车在不停地高速奔驰。

据区经贸委运行局的相关数据显示，2005 年，我区预计完成货物运输量 4.23 亿吨，其中铁路发货发送量 5390 万吨，同比去年增长 6%(出疆物资运输完成 3830 万吨，同比去年增长10.7%；阿拉山口过货运输完成 1100 万吨，同比去年增长 18%)，公路货运量 34 200 万吨，同比去年增长 8%；管道运输 2700 万吨，同比去年增长 28%；民航货运量 3 万吨，同比去年增长 15%。

经济增速加剧运力"瓶颈"

新疆的经济增速连续数年都是在两位数运行。

据来自区经贸委的相关数据表明，今年新疆的经济生产总值(GDP)同比增长将在 10%左右。

而另一组铁路运力的数字也引起我们的注意。记者从乌铁局获悉，去年乌铁局完成货物发送 5083 多万吨，今年目标为 5350 万吨，同比去年增加 5.7%左右。

从两组数据的对比看，显然乌铁局运力的增速，低于新疆经济目前增速 5 个百分点。因此，这 400 万吨的新增运力可以说是市场的需求所致。

另一个暴露运力矛盾凸现的因素是，今年国际能源紧俏的大环境带动了全国范围内资源性产品价格的大幅攀升，致使新疆成为全国资源的掘金地。

一个明显的事实是，除了油、煤等能源型资源产品价格大幅攀升外，矿石、棉花、番茄酱等农副产品资源价格也在节节攀升。

按国家有关规定，新疆只能运送甘肃武威以西需求地的煤。一位煤商这样告诉记者，要是不控制的话，新疆有多少煤，内地全能消化。

这种市场机遇带来的利益驱动，就使得疆内大宗资源性产品生产企业加足了马力，产能也随即大幅攀升。仅乌石化前三季度成品油生产就为333.71万吨，增幅为8.8%。"八钢"现在日产钢就能达到1万吨左右。这显然给外运上主要依赖的铁路运输，带来了巨大的压力。

然而，铁路方面在增运之前也是苦于"没车"来运，干着急。

新疆每年出疆主型车每日只有700多个车，把其他车型加起来，也不过2100个车左右，可实际上三季度以来每天到乌铁局运输处来提报出疆的车就达6000多个车，实足是能承载运力的2倍，缺口达1/2。

在这种状况下，自然是一车难求，托关系要车者络绎不断。疆内的一些大宗物资都出不去，那些中小企业就更排不上队了。

为何所有出疆物资都拥堵于铁运，而不能选择公路和空运呢？

自治区经贸委有关负责人告知，由于公路运输比铁运价格高出2—3倍，空运价格就更不用说了，新疆大多数出疆物资基本上属于资源性产品，附加值低，所以铁运是绝大多数企业的必然选择。公路多承担了疆内的运输。

乌铁局运输处处长袁清磊他给记者算了一笔账，一车棉花出疆，运价可能只有4000元左右，但是一车棉花的总价值遇到年头不好时，也比运费高不到哪里去；如果这车棉花要走公路运输，仅运输成本企业就难以承受。

解决"瓶颈"

新疆铁运历来存在的最大问题就是没有车，由于乌鲁木齐是尽头站，疆内铁运的总体形势是出疆物资多，进疆物资少，铁运"出"与"进"很难平衡。这也造就了铁路运输进疆空载，出疆满载，成本难以承受的困局。

造成这种困局的原因，区经贸委有关负责人解释，由于进疆车多是拉来的日用品，随着新疆经济发展水平的提高，自给自足的日用品外向需求会越来越少，而全国对新疆资源性产品的需求却越来越大，因此造成这种空车来满车走的矛盾一直无法解决。

即便如此，此次400万吨增补欠任务一下达，铁道部便从广州、上海、东北等各地调集主型车每日600车左右。可是铁道部派来的一个排空车仅成本就达4000元上下，因此，这笔亏损只能是铁道部支援新疆经济建设了。

与此同时，自治区人民政府也制定了相应措施，以缓解铁路运输的压力。

据了解，日前，自治区人民政府专门下发了《关于进一步做好自治区出疆物资运输组织协调工作的意见》(2005,66号)责令自治区经贸委、铁路、公路、民航等部门要建立高效、互动的运行机制，各负其责，密切配合，形成合力，在现有运输条件下，充分发挥综合运输的优势，千方百计组织调配好运力，更多、更快、更好地完成出疆物资运输任务。

据悉，区经贸委会同有关部门，向自治区政府提出在公路运输上为了鼓励出疆物资公路运输，由自治区发改委、经贸委会同交通厅制定可减半征收区内道路运输通行费的相关建议，以吸引部分化工、机电、轻纺、农副等附加值较高的产品，在承运双方都能接受的情况下，安排公路运输，实施公铁分流，此建议还在协商之中。

民航方面，对自治区出疆物资运输协调领导小组安排的紧急物资调运，有关部门也紧急协调航空运输企业以优惠价格给予承运。

在例文选评3-19这篇新闻报道中，记者在标题中就突出了“400万吨增运”的数字，随后在下面的四个小标题里就增运的现状、发展的瓶颈、突破方法等方面展开叙述，文中的数据是该报道非常重要的事实支撑。我们读了数据才知道新疆的GDP增速，知道新疆的运力现状与GDP的增速差距究竟有多大，所以，数据是经济新闻报道的基石。但是，在经济新闻报道中，新闻不能唯数据至上，应该把数据融入故事、事件中。以上这篇新闻报道通过“八钢”、乌石化等大企业在增运前与增运后的变化，使受众在了解事件的同时也读懂了相应的数据，叙述精彩，数据坚实，相得益彰。

4. 进行富有人情味的写作

经济新闻虽然多由枯燥的数据、名称构成，比起波澜起伏的突发事件和饶有情趣的社会新闻均有着先天的弱势，但这并不意味着经济新闻就不能写得生动、不能富有人情味。透过叙述商场征战的新闻事件，在财经新闻记者的笔下同样能写出生动有趣的经济新闻。

例文选评3-20

购房最低首付比例提至30%　部分客户弃购新盘①

本报讯（记者　刘宇鑫）　昨天是中粮万科长阳半岛三期开盘的日子，由于恰逢新一波宏观调控实施伊始，该项目也被业内和购房人视作检验政策效果的“新政第一盘”。而记者发现，调控政策的力度已经显现。尽管昨天上市的376套房源远少于1172户的有效客户登记数，但在现场选房销售过程中，仍出现了个别购房人因最低首付比例由20%增至30%而放弃购房的现象。

本次推出的长阳半岛11号地块1、2、3号楼，以84～102平方米精装两居、三居为主，开盘前公布的均价为15 600元/平方米，与二期成交均价持平。北京万科有关负责人介绍，考虑到新一波调控政策对楼市立竿见影的作用，最终成交均价比9月29日预售登记时的均价低了500元，为15 100元/平方米。

① 刘宇鑫：《购房最低首付比例提至30%　部分客户弃购新盘》，2010年10月3日《北京日报》。

上午10时30分，中粮万科长阳半岛售楼处内，拿着选房序号的客户正在大厅内有序排队等候。据现场销售人员介绍，上午有一些购房人被叫到号，却未按时选房。“销售人员9月30日已经致电客户，告知因政策变化导致最低首付比例提高的情况，所以不排除有购房人因为凑不齐突然增加的10%首付款而放弃选房，毕竟这多交的十几万元不是小数儿。”他解释说。

截至下午5时，长阳半岛新推出的376套房源全部售罄。

面对枯燥的经济数据，例文选评3-20这篇新闻报道的记者却用“中粮万科长阳半岛三期开盘”这个“新政第一盘”的故事里把受众引进去，通过现场描写，告知受众本来对于楼市来讲的“金九银十”的销售旺季在本个国庆长假里却出现了少有的观望情绪。这种写法把一个纯粹的数字报道写得有声有色。

5. 校内实训基地实训

学生利用校报和院报进行经济新闻综合写作练习，教师公开评报。

6. 校外实训基地顶岗实习

学生利用校外新闻媒体进行经济新闻综合写作实习。

六、总结点评

(1) 经济新闻虽然专业性较强，但却并非只有经济专业毕业的人员才能做此类报道，不间断的学习会为报道经济新闻打下良好的基础。

(2) 经济新闻的写作比起一般的新闻报道要更加深入，因为任何一个经济新闻事件都能追溯到其背后的利益价值，因此无论是采访还是写作均要拥有翔实的证据作为支撑。

(3) 经济新闻的写作应该是专业性突出又生动形象，朴实不造作而又富于人情味。只有这样的经济新闻的影响力才是最大的。

七、拓展提高

(1) 社会新闻总感觉事件太小，施展不开；经济新闻又总感觉事件太大，很难驾驭，记者应该怎样理解二者的不同点？

(2) 在经济新闻中写进人情味，说的容易，做起来难，怎样才能抓住经济新闻中的人和事？

(3) 中央召开全国经济工作会议，你认为这是时政动态新闻，还是一条纯粹的经济新闻？

(4) 常态的经济新闻要报道什么？节假日、数据、价格和效益对于经济新闻有什么意义？

(5) 去发现你身边的经济事件的变化：涨价、跌价、开业和倒闭，只要是能与货币、效益挂上钩的都是一本经济账，特别是要对数字、数据敏感一些。根据你自己发现的经济新闻线索，写一篇700字的经济新闻稿件和一篇2000字以上的经济新闻深度报道。

任务四　娱乐新闻

改革开放以来，娱乐新闻以迅猛的速度充斥于受众的视野。娱乐新闻从国外传导进国内，无论从数量上还是从形式的多样化上都让中国的受众耳目一新。据不完全统计，在美国现代新闻传媒业中，娱乐新闻几乎占据了整体新闻报道的半壁江山。随着中国现代社会的发展，受众对娱乐新闻的需求也愈来愈多，娱乐新闻可谓无处不在。

教学目标

通过本任务的学习，培养学生学会在现代新闻传媒业中娱乐新闻的综合写作能力。

案例导读

蔡琴计划建“华语经典100首”　力劝王菲唱老歌[1]

在2010年的12月4日晚，这位HIFI界的女王将为成都观众带来一场名为“海上良宵”的演唱会。一路走来一路唱，蔡琴愈发觉得，华语老歌是亲切的艺术品，是宝贝。近日，蔡琴明确提出，想要建立“华语经典100首”的计划，在她眼中，王菲、王力宏等一批年轻好声音，都是老歌传承的绝佳通道。

蔡琴透露，私下，她曾建议陶喆、王力宏、林俊杰、林志炫、张信哲等“年轻实力派”尝试演绎老歌，在女歌手当中，蔡琴认为王菲的声音戏剧性强且很柔软，可以多唱华语经典歌曲；而周杰伦要唱老歌，得先解决咬字问题。

翻唱老歌是否一定要原汁原味？蔡琴认为：“我反而希望他们当新歌来唱，重新编曲，重新演绎。”事实上，蔡琴对老歌的传承，就融入了自己的理解。若干年前，《明月千里寄相思》的原唱者吴莺音就盛赞这位后辈，“蔡琴加入了自己的个性，她没有丝毫降低质量，却让这些老歌传播下来”。

记者从主办方成演集团了解到，蔡琴成都演唱会开票不到10天，门票已经销售过半。歌迷的热情，让人很难想象这是蔡琴第三次在成都举行个唱。业内人士称，“如果说张学友

---

① 赵宇光：《蔡琴计划建“华语经典100首”　力劝王菲唱老歌》，2010年10月20日《华西都市报》。

是男歌手中最具票房号召力的，毫无疑问蔡琴绝对是女歌手中最有号召力的。两位实力唱将不约而同选择在省体育馆举行一场 HIFI 室内演唱会，是岁末年初最值得期待的两场明星个唱”。

一位普通受众张晓红翻唱“华语经典 100 首”不足为奇，而蔡琴计划建“华语经典 100 首”为什么就是娱乐新闻？因为它正符合了“不平常人＋平常事”的新闻模式。

工作任务

1. 认知娱乐新闻的写作特色。
2. 写作娱乐新闻。

理论基础

一、术语解释

所谓娱乐新闻，是侧重于报道对社会产生重大影响的文化娱乐事件、文化娱乐人物以及人们生活中富有知识情趣的文化科教类新闻。

娱乐新闻的内容比较广泛，包括：娱乐作品的出版、上演、展出、评论和研究方面的信息；娱乐人物的创作、生活和娱乐界的各种活动信息；群众文化艺术活动的信息；中外文化艺术交流方面的信息；文艺方针、文艺政策和文艺文化改革方面的信息。

娱乐新闻的特点体现在以下两个方面。

1. 思想性与娱乐性的统一

从本质上说，娱乐新闻是陶冶人的情操的，它拒绝抽象说教，必须让受众喜闻乐见、怡情悦性，通过美的形式感染受众。因此，娱乐新闻的写作比起其他类型的新闻来讲更加注重生动性与娱乐性，文笔轻松活泼；在内容上要尊重新闻真实性的基本原则，为受众提供有意义、有价值、积极向上的娱乐内容。

2. 专业性与群众性相结合

娱乐新闻涵盖的内容极其丰富，专业性强，档次不一，既有阳春白雪，也有下里巴人。因此，记者在写作娱乐新闻时要兼顾雅和俗两个方面，而且要尽可能地将高雅题材写得让受众饶有兴致，将俗的题材提升出高雅品位。

二、工作要点提示

(1) 具备一个娱乐新闻记者的基本素质。

(2) 熟悉娱乐新闻的各个领域。

(3) 在写作前后至少有一次亲身近距离的观察、正式采访、两次补充采访。

(4) 核实事件的真伪。

(5) 写作上文笔幽默风趣。

三、方法技巧

(1) 宣扬有益无害或益多害少的娱乐主题。

(2) 文笔风趣幽默，富有生活气息。

(3) 有一定的知识含量、价值判断或审美作用。

例文选评3-21

麦当娜非洲建学校

晨报讯 据新浪娱乐报道，10 月 27 日，麦当娜抵达非洲的马拉维，参加了她在当地投资建设的一所女子学校奠基仪式。

麦当娜最近与非洲接触频繁，自不久前领养了两名非洲南部来的孩子后，她又斥资在马拉维建造一所女子学校，预计整个学校建成将花费 1500 万美元。

麦当娜抵达马拉维后，立即受到当地居民的欢迎，妇女和孩子们纷纷出门为麦当娜表演了许多精彩节目。

明星做善事是娱乐新闻中经常报道的正面主题，麦当娜是美国也是世界上颇有影响的歌星，她的善事行为自然会成为一条娱乐新闻。另外，这种善事之举是连续性的，善举的额度也相当大，因而此事在娱乐界的影响也构成了其新闻内涵。

例文选评3-22

釜山开幕　汤唯气度压众星　山楂树剧组受最高礼遇[①]

搜狐娱乐讯 在釜山电影节的红地毯上，一众韩国女星统统性感上阵，可是无论是Deep V还是高开叉，都难敌汤唯的气度。作为开幕片的《山楂树之恋》，在开幕式上也受到了最高的礼遇，导演张艺谋携两位主演窦骁、周冬雨压轴走上红地毯。

汤唯风采迷人　笑着说“谢谢”

韩国女星几乎无一例外走的都是性感路线，放眼望去，皆是女星袒胸露背的身影，虽然愉悦了眼球，但是千篇一律难免乏味。因此，走个性风格的日本女星苍井优和打扮优雅、气

---

① http://ent.sina.com.cn/s/u/p/2009-10-27/04442745767.shtml。

度落落大方的汤唯走上红地毯时，除了引爆全场的尖叫声，也让人颇耳目一新。

汤唯此次是带着自己主演的电影《晚秋》前来的，因为《色戒》的关系，还有《晚秋》和韩国当红男星玄彬合作，汤唯在韩国有着很高的知名度。在拍摄区的记者统统对汤唯非常热情，而当广播播出汤唯的名字时，现场的观众也都在尖叫。

张艺谋势压全场　窦骁周冬雨青涩可人

《山楂树之恋》剧组在釜山以压轴的气势走的红地毯，张艺谋是红地毯上的老手了，一招手就引来无数的闪光灯，另外值得一提的是，釜山电影节主席亲自陪同山楂树剧组走的红地毯，可见重视程度。

至于两位初踏国际舞台的小演员窦骁、周冬雨，虽然在前一日接受搜狐娱乐的采访时表示自己“很紧张”，但是表现同样非常出色。窦骁双手合十以儒教的礼法向众人问好，周冬雨的打扮清秀俏丽，很是亮眼。

韩国本土明星方面，引爆全场最高掌声的是今年最红的电影《大叔》剧组，当男主角元彬携片中的小女孩穿着式样相似的礼服走上红地毯时，在场的韩国观众纷纷激动尖叫。

明星的演艺动向历来都是娱乐新闻追逐的重点。例文选评 3-22 这篇新闻报道主要就釜山电影节中国军团的亮相作了报道，尤其是针对电影导演张艺谋以及他导演的《山楂树之恋》的亮相追踪更是娱乐新闻关注的焦点之一。这篇新闻报道的文笔活泼幽默，在报道新闻事件之时彰显了娱乐新闻的娱乐风格。

体育新闻主要是对体育赛事、体育明星以及体育政策、体育大事件的一种报道。体育新闻报道吸引着数以百万计的受众，很多人都是体育迷，因为和平时代的较量通过体育能够展现出来。因此，体育在现代既是一种竞技，又是一种娱乐。

体育新闻报道的要点包括：

(1) 比赛在何时、何地举行；

(2) 比赛的转折点，带来胜利的机会，关键策略；

(3) 表现突出的运动员；

(4) 名次、排名或者个人纪录；

(5) 得分，重要投篮、射门、跑垒等细节，对其他情况的概述；

(6) 个人或球队的连胜、连败纪录；

(7) 赛后评论；

(8) 外部因素(如天气、观众)；

(9) 上座情况；

(10) 运动员的伤病情况及后果；

(11) 数据统计。

例文选评3-23

姚明5分7篮板3次盖帽　德州内战马刺队甘拜下风[1]

人民网10月8日电　北京时间10月8日，火箭季前赛第二战在主场以90∶87击败了马刺。姚明再次首发出场，最终在13分钟的时间内贡献了5分7板3帽的数据，火箭队也在他的帮助下以90∶87的比分逆转击败了来访的马刺队，获得了今年季前赛的第一场胜利。凯文·马丁为火箭拿下了21分，乔丹·希尔16分，阿隆·布鲁克斯14分，库特尼·李11分。

比赛开始后，姚明成为焦点。首节打了近2分钟后，姚明从身后紧追理查德·杰弗森，在他准备上篮时将球拍掉，这是姚明复出后首次盖帽。本节还有8分11秒时，姚明首次在运动战中得分，他接布鲁克斯传球，上篮得手后还造成帕克犯规，连投带罚拿下3分。姚明打了6分钟后就下场休息，火箭比较被动，首节以23∶32落后。

姚明第二节没上场，火箭一度落后9分。顶替姚明的希尔表现不俗，本节中段他近距离投篮命中，巴丁格此后三分得手，火箭连得7分，将比分追成36∶38。火箭此后甚至将比分超出，上半场结束时，双方战成50∶50。

第三节姚明上场后连续投篮不中，直到本节还有5分47秒时，他才上篮得分。不过在防守端，姚明却连续送出大帽，令场边的解说高呼“长城”。姚明甚至给了邓肯一记大帽，可惜裁判吹了犯规。火箭逐渐取得优势，本节还有3分33秒时，布鲁克斯三分命中，他们以69∶64领先。一分钟后，布鲁克斯妙传，马丁空中接力扣篮得手，火箭保持领先。布鲁克斯在本节结束前还打板命中压哨球，火箭以77∶68领先。

最后一节比赛开始阶段依然是火箭双后场的舞台，他们两个人连续走上罚球线，可惜合计7次罚球只命中了3个，马刺趁机以74∶80追近了比分。火箭队喊出暂停，随后李和希尔连得4分，不过马刺的尼尔连得5分再次逼近。双方就此展开拉锯，不过火箭队始终占据着微弱的领先优势。最终全场比赛结束，重新回到丰田中心的火箭队以90∶87的比分击败了马刺，获得了季前赛的第一场胜利。

马刺首发阵容：邓肯、布莱尔、理查德·杰弗森、吉诺比利、帕克；

火箭首发阵容：姚明、斯科拉、巴蒂尔、凯文·马丁、布鲁克斯。

例文选评3-23这篇新闻报道是关于NBA球星姚明伤后痊愈参加NBA大赛的新闻，这场赛事新闻得到世界球迷的广泛关注，再加上姚明伤后痊愈，所以这场比赛对姚明来说也是一种考验。记者按照体育新闻报道的要点，将这场比赛的时间、地点、比赛双方、比赛过程、赛事结果均作了详尽的报道，突出了姚明为中心报道人物。

---

① http://sports.people.com.cn/GB/63/570/12892343.html。

例文选评3-24

北京主场口号遭投诉　不许再喊“这是哪？北京”[①]

新浪体育讯　北京时间1月8日消息，主持人：“这是哪?”球迷：“北京!”——这一幕以后在CBA北京主场将不会再出现。原因是有球迷投诉此口号有表现地域优越感之嫌，北京主场主持人刘芳宇在微博上进行道歉，并表示将服从相关部门的要求，以后杜绝此类口号再次发生。

北京队主场主持人刘芳宇率先在微博上曝光了此事，他表示球迷的投诉已得到有关部门的积极回应，他本人坚决服从此后杜绝此类口号再次发生，并强调这一口号并无任何挑衅含义，如果对方觉得受到冒犯，“我正式向您道歉，绝无此意。”

在上赛季总决赛期间，篮协曾警告北京主场不许再出现京骂，否则将取消主场。本赛季，广东现场主持人也因为不遵守“活球状态下不许说话”的规定，被篮协处罚。

至于“这是哪？北京”的口号是否合适，微博上球迷众说纷纭，刘芳宇说：“营造和谐稳定的主场是我们每个人积极努力的目标。特别是离不开现场球迷的配合。还是一句话希望大家多多理解，多多支持，谢谢”。

体育新闻的范围比较宽泛。例文选评3-24这篇新闻报道虽然不是报道体育赛事的新闻，但是它报道的是与体育有关的——“北京主场拉拉队口号遭投诉”新闻事件，这条新闻同样属于体育新闻的范畴。因此，有关国内外体育界人员的变更、政策的变化以及体育台前幕后的人和事，只要是有新闻价值、不违反相关规定的，都可以进行报道。由此，体育新闻报道的内容才丰富多彩。

四、注意事项

(1) 娱乐新闻在记者活泼幽默的笔触中要注意对明星隐私权的尊重，把握娱乐新闻报道的尺度。

(2) 作为娱乐新闻记者，要遵守新闻的真实性原则，不能捕风捉影，只热衷于娱乐新闻的娱乐性，却忽视了娱乐新闻的使命，要坚守核实信条。

(3) 娱乐新闻在写作时应以政治素养和艺术修养为根基。

五、实训操作——娱乐新闻报道写作训练步骤

1. 收集发生变动的娱乐新闻信息

明星的一举一动、歌唱演艺和体育赛事等均是娱乐新闻搜寻的范围，是格外受人关注、大众茶余饭后喜欢谈论的话题。

---

① http://sports.sina.com.cn/cba/2013-01-08/15006368928.shtml。

2. 确立娱乐新闻主题，写作精彩的新闻导语

娱乐新闻的主题一般是以小博大，注重传通性与受众的影响力。

3. 文笔风趣幽默，富有生活气息

在娱乐新闻记者写作娱乐新闻的笔触间往往流露着幽默诙谐、富有情趣的语句，让受众读后感到轻松愉悦，能够消除疲劳。

例文选评3-25

侯耀华公开道歉①

希望停止广告播出

晨报讯 据新浪娱乐报道，11月6日，侯耀华就代言10个虚假广告一事，在自己的博客上发布了公开道歉信，不仅恳请公众原谅，希望大家继续监督自己，还请电视台不要再播放这些广告。

近日，中国广告协会披露了侯耀华代言多个虚假广告，侯耀华在事后接受记者采访时，辩驳自己十分冤枉，但此举引起群众不满，还遭到了网民的炮轰，他也被大家戏称为“侯药华”。

6日，侯耀华在博客里承认，经过核实这些广告大约是在三至六年前的期间拍的。由于自己当时的确不知相关的规定，也未能精确核实有关文书和内容，就参与了拍摄，对此产生的影响深表遗憾和歉意。

因身陷“代言门”侯耀华的人气直线下滑，去年还名列“戏曲演员公众满意度”排行榜第一的他在今年公布的榜单中却不见踪影。

而即将收侯耀华为徒的相声大师常宝华说，他会批评侯耀华。对于师傅的指责，侯耀华在博客里表示感谢老师的监督。

侯耀华是相声、小品等表演界的热门人物，因此2010年11月6日，侯耀华身陷虚假广告“代言门”这样的新闻事件就不失为上好的娱乐新闻选题，传通性巨大。

侯耀华在广告“代言门”事件发生之后，就曾有过多家媒体关于侯耀华代言虚假广告的报道，因此以上这篇新闻报道的主题确立为侯耀华对虚假广告“代言门”事件的回应，这也能够看做是对前面新闻报道的追踪，因此新闻导语也应该突出回应的新闻要素。

例文选评3-25这篇新闻报道通过侯耀华因虚假广告“代言门”事件成为公众的热议对象的前前后后，用活泼幽默的笔触来展现整个事件，形象生动。

4. 校内实训基地实训

学生利用校报和院报进行娱乐新闻综合写作练习，教师公开评报。

① http://ent.sina.com.cn/m/2009-11-06/14382760140.shtml。

5. 校外实训基地顶岗实习

学生利用校外新闻媒体进行娱乐新闻综合写作实习。

六、总结点评

(1) 娱乐新闻形在娱乐，重在内涵。无娱不成新闻，然而，捕风捉影则有违娱乐新闻的初衷。

(2) 娱乐新闻被称为受众茶余饭后的甜点，因此，让受众饶有兴致、津津乐道才是娱乐新闻捉人眼球之处。故事性和情趣性是娱乐新闻主要的写作特征。

(3) 娱乐新闻记者要有验证新闻的工作态度，既要对新闻媒体负责，也要对当事人负责。

七、拓展提高

(1) 新闻媒体上的娱乐新闻是真实的吗？如果需要验证的话应该怎样进行验证？

(2) 作为一名娱乐新闻记者，我常常会报道一些名人或者明星，他们对我的态度时好时坏，我应该怎样处理与他们的关系？

(3) 对于名人的隐私，娱乐新闻记者在报道时应该怎样把握分寸？

(4) 娱乐新闻现在被诉诸于法律的情况越来越多，作为新闻娱乐记者我应该怎样做才能更好地对新闻媒体负责并保护自己？

(5) 对于微博中爆出的明星轶闻琐事，娱乐新闻记者应该本着怎样的精神和原则进行报道？

(6) 去发现你身边新近发生的娱乐事件，写一篇 600 字的娱乐新闻。

要求：写作真实，文笔优美、富有情趣。

任务五　深度报道

深度报道意在“深度”，它常常是“新闻背后的新闻”的一种深入挖掘，这些新闻多深藏于复杂的新闻事件当中，需要记者运用其敏锐的洞察力与睿智，才能从表象当中挖掘新闻事实的本来面目。

教学目标

通过本任务的学习，培养学生学会在现代新闻传媒业中深度报道的综合写作能力。

案例导读

消毒餐具市场狂打价格战①

离3月中旬餐具消毒9家企业开会协商价格战问题不到一个月，五月初，乌鲁木齐市洁力康消毒环保餐具有限公司的负责人谢家伟又要召集这波企业老总们开会了，因为上次的协商不仅没有好的结果，反而这个市场的价格战愈演愈烈，现在已经有低于成本价的0.35元/每套餐具价格在市场上冒头。谢家伟说“再不整顿内部秩序，我们都得死”。

价格战满天飞

“今天还是你的客户，明天就可能成了别家的客户”，记者5月1日见到谢家伟时，他第一句话对记者说的就是这些。

就在他愤懑的话语未落，新疆天天餐具消毒公司的主管负责邓经理则在电话中向谢告状，说原为其客户的果树巷的家常酒煲，一直在用他们公司的消毒餐具，每套餐具在向顾客收取的1元钱中，天天公司拿走0.60元，给家常酒煲0.40元；可前两天，突然该酒煲老板告知邓经理，有一家餐具消毒公司以0.45元的价格要向他的酒煲供应消毒餐具，这样酒煲可以从消毒餐具中获利0.55元，如果邓经理不降价，他的酒煲就准备用这家的消毒餐具。

无奈之下，邓经理只好把每套消毒餐具的价格降到0.50元，双方各退一步，天天公司的

① 唐成荫：《消毒餐具市场狂打价格战》，2008年5月6日《都市消费晨报》。

这个老客户才算没有失去。而邓经理的每套供应该酒煲的利润又少了0.10元。

邓经理的话音未落10分钟，被邓经理投诉的才开业2个月的新疆辉煌餐具消毒公司的何心玉总经理也打来了电话，他反过来控告另外的餐具消毒公司挖走了其公司位于友好路老妈厨房这个客户。他花了20余万元购置的餐具消毒高端设备，从最初销售的每套餐具0.80元降到现在的0.50元，他怨诉，何时才能把成本收回来?

这时，被弄得一头雾水的谢家伟突然想起，前两天，位于果树巷的胖仔鱼庄一直是他的老客户，上月底结账时，该老板突然告知有餐具消毒公司给他的鱼庄提供0.35元/套餐具的价格，希望谢家伟能考虑一下。不过谢家伟没有答应，因为他认为自己的0.50/消毒餐具已是最底线，不能再降了。

据记者了解，现在位于首府的餐具消毒公司在13家左右，它们大多成立于去年底今年初，多是由来自山东、甘肃、福建等疆外民营商人经营，这种舶来的消毒餐具经营市场在首府初起气候之时就发生了大规模的价格战，13家左右的经营企业无由一例外地加入了这场缺失行业自律的价格战之中。

蛋糕越做越小

当记者问及6家消毒餐具经营的企业，这个市场的经营前景时，他们均毫不犹豫地告知记者，这个市场潜力非常大，在内地已经相当成熟，从某种意义上说首府还是僧少粥多的情况。谢家伟说，他们去年10月开业时做过市场调研，根据现有的乌鲁木齐总人口数量以及首府现有中的上千家中小型餐厅数量，首府的消毒餐具使用量应在日使用20万～30万套。可是目前首府消毒餐具的全部日使用量不过5万套左右。

辉煌公司的何心玉告知，2月前，他从福建满怀信心地投资50万元来到乌鲁木齐，本希望通过首府消毒餐具市场的空白点16个月之内收回成本，但现在这种市场价格战状况让他难存幻想。

洁力康公司的谢家伟告知，去年10月他们开业的第一个月，就亏损了7万元左右，直到这个月，他们公司才见到盈利。

既然该行业企业均认可这种市场潜力，为什么价格战如此白热化?该市场的蛋糕会越做越小?

谢家伟认为，由于刚进入该行业的企业不注重开发新的市场，只是一味地用低价抢占别的消毒餐具企业已经开发出的成熟客户，以至于每套消毒餐具的价格越降越低，经营企业的利润越来越少。

记者访问的辉煌、天天、晨昊等6家消毒餐具企业中，没有一家认可该行业是景气的，均告知，现在生意是越来越难做了。虽然他们彼此之间仍在进行价格战，但很多老板均告知是出于无奈之举。

作为不依靠此利润为生存目的的谢家伟在这个行业的经营者中颇有些威信，他给记者算了一笔消毒餐具的成本经营账。告知记者，一套消毒餐具的成本包括0.10元电费、0.15元人员工资、0.05元的配送成本，再加上筷子套、瓷耗等成本，1套消毒餐具的成本怎样算也在0.40元。他不知道同行中那些0.35元/套的经营者为什么会亏本做生意，除非这些公司的经营设备简陋或消毒程序简化。

另外，谢认为，消毒餐具使用的中小餐厅主要以火锅和炒菜餐厅为主，所以在新疆这样一个以民族餐饮为主的地区，其市场发展存有一定的局限。而市场上三星级以上的酒店均有自己的消毒中心，餐具消毒公司如果想拓展潜在的市场空间，必须在使用消毒餐盘上下工夫，因为相当一部分民族餐饮使用更多的是餐盘而非现有的套装餐具。

行业监管缺失，上游企业牟利

现在已处于水深火热之中消毒餐具市场，却依然有企业源源不断争相进入这个市场。该行业中的知情人士告知，进入门槛低是其主要因素。

据谢家伟告知，消毒餐具行业购置1万套瓷器餐具、再买上一套10万元左右的消毒设备，有个300平方米的清洗工厂就可以开张。

而更重要的是这个行业的监管有所缺失。记者从市卫生局相关部门了解到，2004年5月1日《国务院关于第三批取消和调整行政审批项目的决定》中所公布的取消行政审批的6个项目中，其中取消的第2项即消毒服务机构许可，因此现在进入这个行业的企业不需要办理卫生许可只需要送样检查便可进入该行业。

同时，现有的乌鲁木齐13家消毒企业中，没有自己的行业协会，因此在行业监管缺失的情形下，企业各自为政，价格混乱也就不足为奇。

尽管如此，使用消毒餐具的餐厅却一再打压消毒餐具市场的利润空间。记者日前在南昌北路一家新开的柴窝堡大盘鸡店吃饭时使用过这种消毒餐具，在记者作为消费者所支付的1元消毒餐具费用中，该餐厅拿走了0.50元，日月星光花园里有4家餐厅也在使用消毒餐具，这些餐厅无一例外的都能从1元/套的消毒餐具中获得0.50元的利润。

而对于餐厅来讲，顾客使用消毒餐具，买单的是顾客，餐厅既不花成本，还能省去一个洗碗工，还能获益，何乐而不为呢？因此，在这种价格战导致的利润空间下降之中，消毒餐具企业的日子越来越难过。

日前，上海市消保委就消毒餐具一事认为，消费者可拒付“消毒碗筷费”，认为此举涉嫌强制消费。不过记者采访已使用多年消毒餐具的首府桃园人家餐厅，该餐厅老板李云告知，来他们餐厅消费的顾客均是自愿接受这种消毒餐具的，个别顾客不愿意，他们也给顾客提供自己的消毒餐具。假如这种消毒餐具完全由餐厅来买单的话，那么现在餐厅的额外收入是否会消失？首府消毒餐具的价格战是否会平缓一些呢？

以上这篇新闻报道主题的深度表现在哪里？它与同类报道中新闻消息的区别在哪里？

工作任务

1. 认知深度报道的写作特色。

2. 写作深度报道。

理论基础

一、术语解释

1. 深度报道的定义

深度报道亦称深入报道，是指完整反映重大新闻事件和社会问题，追踪其来龙去脉，解释其实质意义或预测其发展前景的一种深层次报道方式。

一般的新闻消息常常报道事实的片段、概貌或一个侧面。这种一事一报的短平快新闻简洁明了，让受众迅速了解事件的新闻点，取得轰动效应。但是，由于以下原因，受众也需要深度报道的新闻。

(1) 社会生活的多样性和复杂性，要求新闻有更深、更高的角度。

(2) 当今人们主体意识的发展，求知欲望的增强，使人们认识上的不确定因素增多。

(3) 人们处于信息爆炸时代，对于信息的变化不仅仅要求短平快，也要求其深度与高度；要求新闻信息从表层向深层发展，从事件型向问题型发展，从单一型向密集型发展，深度报道正是符合了受众的需求应运而生。

2. 深度报道的特点

(1) 题材的重要性。

只有重大新闻事件，或与大众利益密切相关的问题，或是社会上舆论的热点等，才有必要做深度报道。如果是较为浅显的、受众一看就明白的新闻事件，只需要用新闻消息或别的新闻报道形式表现就可以了。

(2) 材料的详尽性。

深度报道要从事件的发生、发展、高潮到结局的全过程，从时间、空间等多个角度，从微观、宏观等多个层面来叙述整个新闻事件，在叙述中不乏多层次的分析论证。从这个特点上讲，记者如果不能充分占有材料，就难有什么写作的深度。

(3) 内涵的深刻性。

深度报道对新闻事件的内涵有较为严格的要求。现实中突发的新闻事件只是因矛盾的激化而产生的必然结果。而表面事件爆发的背后，却有着深层次的多方面原因。记者要对大量的材料进行深度加工，有现场、有分析、有逻辑、有揭示，还应有预测和判断。因此，深度报道的内涵既丰富又深刻。

(4) 综合性。

深度报道常常不能由一篇报道承载整个重大新闻事件的内涵。它主要是由现场发生的新闻事件、新闻事件背后的原因分析、针对新闻事件的应对之策、高端人物的分析解读等重要内容构成。因此就它的体裁而言常常是以系列、纵横捭阖的方式展现给受众：纵在展现事件发生、发展、高潮、结局的全景图；横在展现点与面相互补充、典型性与普遍性相互映衬的综合性特征上面。

(5) 深度报道只是一种报道方式，而不是一种独立体裁。

深度报道是现代新闻传媒业根据受众接受新闻的整合需求而创造的一种新型报道方式，无论时政动态新闻、社会新闻、经济新闻还是娱乐新闻都可以做深度报道，现代新闻传媒业的发展趋势更趋向于用报道、评论、访谈、背景链接等综合性方式来进行深度报道。

3. 深度报道的类型

(1) 单一型深度报道。

单一型深度报道主要是报道一个重要的新闻事件发生、发展、高潮、结局的全过程。这个事件必须选择那些具有典型性、影响力大、传播范围广的新闻事件。其主题比较单一，可以在大主题之下由2～3个小主题组成，但是每个小主题都是大主题的一个展开部分。

① 提出问题型深度报道。

提出问题型深度报道只提出问题，并不给以明确解答的深度报道。但这种问题必须是具有普遍意义的同时又不是众所周知的，而往往是受众所忽略的、深层次的问题。这种问题本身就具有一定的意义和价值。

② 分析解释型深度报道。

即对于某些新闻事实，一般人不易理解其新闻实质、意义、发展趋向等，分析解释型深度报道能给受众以充分的分析与解释，使受众从中受益。如嫦娥二号升空，一般人对于这样过于专业的新闻事件很难理解，而新闻媒体在报道中通过专业人士的分析与解释，最后使受众有所了解。

③ 综合概括型深度报道。

综合概括型深度，是指记者对众多的事实进行整理、归纳，使一团乱麻变得条理清晰的深度报道。如有关电信诈骗的事件很多，如果给以综合概括，归纳出几种典型的识破诈骗的技巧并集中告诉受众，人们就能引以为戒。

④ 典型传播型深度报道。

典型传播型深度报道在新闻报道中运用解剖麻雀的方法对一个典型新闻事件加以解剖、深入分析，能够起到震撼的效果。

⑤ 对比揭示型深度报道。

对比揭示型深度报道是在新闻报道中用一好一坏的两个新闻事件加以对比，揭示一个重要的道理，让受众具有黑白分明的清晰感受。

(2) 集合式深度报道。

集合式深度报道，是指多篇报道集合在一起或运用新闻体材类型将多种事实排列组合在一起的一种深度报道，借此形成新闻报道全方位的广度和多层次的深度。

① 连续报道。

连续报道是对新闻事件或新闻人物在一定时间内持续进行的报道。连续报道适用于反映正在发展过程中的事物、正在进行的事件或其他较重要的题材。

连续报道包括以下三种形式。

● 进行式(跟踪式)连续报道。

进行式(跟踪式)连续报道着眼于事物的连续性,以事件的发展顺序为线索,以时间为特点,不断地发消息。任何一个事物都有一个发生、发展、高潮、结局的过程,是呈阶段性的,是在运动中发生变化的。一些事物的本质暴露、高潮出现、症结显示常常需要一个过程,由浅到深、由简到繁、由表及里、由量变到质变……不可能一次完成,一次新闻报道也难以反映出事物真实的全貌。采用进行式(跟踪式)连续报道,可以让受众了解事物的全貌,也是吸引受众的一个好办法。

● 反应式连续报道。

反应式连续报道在进行了重要新闻事件或重要典型报道之后会引起方方面面的社会反应,把这些多方面的反应再次通过新闻媒体公之于众,把文章做足,这样会给受众留下深刻的印象。

● 追溯式连续报道。

追溯式连续报道以新闻事件或新闻人物为报道起点,通过连续报道的方式,追溯、联系其过去的历史、起因以及事件发展的历史脉络,使新闻报道立体感、深刻化。

② 系列报道。

系列报道,是指对于典型新闻事件、新闻人物,从不同角度、不同侧面、不同层次,用不同的体裁与形式进行的一系列报道(新闻消息、新闻特稿、评论图片、背景链接、专访等一起上)。报道逐步展开,逐步深入,点面结合,给受众以重磅炸弹式的深刻印象。

系列报道着眼于选材的重大性、复杂性、多面性,常常以问题为线索,从提出问题、分析问题到解决问题,逐步深化报道内容,使报道形成一个全方位的整体,有点有面、有高度有深度、有背景连接、有专访人物的深度解析这样一种系列。

一条新闻能否做系列报道,首先取决于这条新闻题材的重要性,是否事关全局,是否有足够大的营销力度,是否能起到震撼的效果。另外,还取决于新闻媒体的版面和播出时间是否充足,如果这两个条件有一个不具备,那么系列报道就很难实现。

系列报道可细分为纵深式系列报道和并列式系列报道。

● 纵深式系列报道。

即抓住一个问题深入挖掘新闻背后的新闻,逐步呈现事件全貌的系列报道。

● 并列式系列报道。

即对一个新闻事件的不同侧面进行全方位、多侧面、多角度的系列报道。通过这种多方面的展示,以便受众判断和取舍。

二、工作要点提示

（1）选择那些重大的、有影响力的深度报道题材。

（2）采访准备多角度、多侧面的写作材料。

（3）写作前规划好大主题与小主题、点与面、深度与背景。

（4）写作后注意核实。

三、方法技巧

1. 选取重大报道题材

能够进行深度报道的新闻一般在题材的重要性、显著性、时新性上都比较突出，事件本身就具有强烈的传播效果和影响力。因此，写作深度报道的首要条件就是善于判断什么样的新闻题材适合做深度报道。一般而言，突发性事件由于时效性的限制很难做出深度报道，反而是新闻背后的新闻或者是问题式新闻在探究其深度的原因时往往能进行深度报道。

例文选评3-26

紫金矿业遭遇污水渗漏重大污染事故　9天后披露①

紫金矿业董事长公开道歉　称接受任何处罚

今日8时27分，紫金矿业集团股份有限公司董事长陈景河突然出现在公司所在地的上杭县电视节目中，就16天前发生的一起导致汀江污染的重大突发环境事件，向当地各界人士道歉。

陈景河说，7月3日，紫金矿业集团公司所属的上杭县紫金山铜矿湿法厂待处理污水池发生渗漏，引发重大突发环境事件。公司对事故发生及信息披露处置不当，造成矿山下游库区网箱鱼养殖户重大损失和不良社会影响，代表公司对受影响的社会各界人士表示深深的歉意。

他说，这几天自己和公司管理层处于深深的自责中，心情非常沉重。陈表示，此次事故是公司成立以来最为严重的环境事故，不仅给社会和企业带来巨大的经济损失，也使企业的诚信和社会责任形象受到重创。公司会承担应有的责任，愿意接受任何的处罚和处理，感谢并虚心接受全国各地媒体和社会公众的舆论监督和批评。

陈景河承认，此次事故对紫金矿业的品牌形象打击很大，因为环保原本是紫金矿业对外拓展的一个品牌。他表示，尽管个别高管可能会因为这次事故离开公司，但有信心从头开始新一轮的创业，通过环境安全工作的整改、提高，重塑企业的环保、社会责任和诚信形象。

---

①　本文在项目一“新闻消息写作”任务六“提炼新闻主题”中全文引摘。陈强：《紫金矿业遭遇污水渗漏重大污染事故　9天后披露》，2010年7月20日《中国青年报》。

一个多小时后，紫金矿业在其官方网站以公告的形式发表了与会全体董事一致通过的“董事会致歉信”。信的开头使用了与陈景河在电视上相似的措辞，表达了公司董事会“最诚挚的道歉”，然后分析了造成此次重大事故的原因：“企业在高速发展的过程中，过于自信，缺乏危机和忧患意识，未能正确处理好经济效益与生态效益、群众利益之间的关系；集团公司各级管理层没有把‘生命第一，环境优先’的经营方针落到实处，基础管理工作薄弱，应急抢险机制和危机处理能力严重不足。”

致歉信表示，要切实提升环境安全意识，深刻认识环境安全是公司生存和发展的根基，全面落实各项环保安全措施，并向社会各界作出三点承诺：全面接受本次事件的沉重教训，加强完善环保安全内控体系建设，全力杜绝环保安全违规行为与环境安全事故；保证公司规范化运作，及时、准确、全面地履行信息披露义务；认真研究公司发展战略，适度调整规划目标，保障企业持续稳定发展。

该公司官网还同时公布了“紫金矿业集团股份有限公司董事会关于加强环境安全工作的特别决议”，除了强调“从认识上高度重视环境安全工作”外，还要求集团公司及附属企业“实行环境安全各级企业主要领导负责制”、“认真核查和解决环境安全问题”、“全面提升环保设施装备规范化建设水平”、“完善突发事件应急处置工作体系”、“健全环保安全协调机制”。

紫金矿业证券部总经理赵举刚今天晚间在接受《中国青年报》记者电话采访时认为，紫金矿业暴露出的问题是同类企业的一个缩影。公司过多地考虑对股民的回报，扩张步伐太快，片面追求经济效益，却忽视了环保的重要性，结果欲速则不达，反而给股民的利益带来了损失。

此次受污染的汀江流域位于闽粤边区，不仅影响闽西，还波及下游的广东部分区域。昨天，广东省环保厅紧急致函福建省环保厅，称“近日福建棉花滩电站下游出水与广东梅州大埔青溪电站水体混合后铜含量明显增加，从7月15日的0.0135毫克/升，增加至7月16日的0.0233毫克/升，超出渔业水质标准，且该电站下游出水的铜含量有进一步增加的趋势，已对两省跨界河段产生明显影响”。广东方面担心，“随着库区下泄水量不断增多，对梅州境内河段水质的影响逐渐加大，渔业养殖将面临较大风险”。

此外，紫金矿业此番备受诟病的是，在事发9天后才发布公告说明事故情况。据悉，该公司因涉嫌信息披露违规，今天已被中国证券监督管理委员会福建监管局立案调查。

在例文选评3-26这个新闻事件中，第一篇新闻报道主要是质疑福建上杭的紫金山铜矿污染事件在造成福建汀江重大污染9天后，紫金矿业作为上市公司才刊发公告，这件事情本身就让受众感到疑惑，为什么当天不公告？是不是当地棉花滩库区死鱼和鱼中毒约378万斤的事实实在隐瞒不住了才发公告告知公众？这个公司隐瞒事实的真实目的又在哪里？第二篇新闻报道是追踪该事件的报道，让受众知晓紫金矿业在造成如此巨大的环境污染后，其管理层如何表态，政府有关部门有做怎样的处罚？这是典型的问题式新闻，适合做深度报道。

2. 准备翔实的材料

深度报道由于是比较重大的新闻题材，一般不是三言两语就能把话说清楚，它往往是大主题下套着小主题，每一个层次都有翔实的数据和材料作为客观事实的支撑。这就要求记者在采访时要把事件的来龙去脉弄清楚，尤其是对于事件发生发展的原因查证翔实。必要时在写作中记者还要进行回访，查证必要的数据、人名和地名等。只有有了翔实的材料，大篇幅的报道才有血肉的支撑，否则就会有空洞之感，难以写成深度报道，让受众读完。上述《紫金矿业造成重大污染渗透事故　9天后披露》一文，首先对污染事故本身的事实作了大量的采访，有着详尽的材料，包括紫金山铜矿所处位置、污染渗漏原因等；其次有福建省环保厅的调查结果、福建汀江重大污染程度、死鱼现状；再次还有紫金矿业在二级市场的蹊跷表现；最后是紫金矿业有关负责人对此事件的态度、紫金山铜矿的背景材料等，这些都是作为此篇深度报道必备的材料，受众可以根据这些材料作出自己的判断。

3. 强化人和故事的写作

例文选评3-27

西部豪庭物业招标终成正果①

经过四个多月的好事多磨，在全国人民喜气洋洋过大年的2007年春节之际，西部豪庭物业招标终成正果，乌鲁木齐市电信物业有限公司（以下简称电信物业——中标第二名）最终成为西部豪庭业主自我选取的物业“新东家”，服务期三年。

记者在大年二十九的早晨前往西部豪庭，原物业管理公司的牌称已被取下，而换上了“乌鲁木齐电信物业中心”的字样。虽说当天下了厚厚的积雪，但西部豪庭从商铺到住宅17多万平方米的区域内，积雪被清扫得非常干净；小区的业主告知记者，春节前夕，16栋楼的下水全部疏通，这解决了原来在新的物业公司未进入之前50%住户下水不通的头痛问题。

另外，西部豪庭原有50%电梯间电灯不亮，记者去时，所有电梯间电灯均可照亮；每个单元门的防盗锁都进行了维修；每部电梯又进行了新的保养。

西部豪庭商住小区业主委员会的有关负责人感慨地告知记者，这所有的一切都是西部房产公司（以下简称西部房产）配合新入主的电信物业共同完成的，小区业主对此表示相当满意，他们从今年的2月1日起，按照1元/平方米的标准向新的物业公司缴纳相应的物业管理费用。

据西部豪庭商住小区业主委员会的有关负责人告知，春节之前的元月19日，在西部房产写字楼的七楼会议室里，召开了西部豪庭住宅、商铺、西部房产三方代表联席会议，会议主要就电信物业入主西部豪庭达成一致共识。小区业主委员会与电信物业顺利签署《西部国

① 唐成荫：《西部豪庭物业招标终成正果》，2007年1月23日《都市消费晨报》。

际超市商住小区物业管理委托合同》。

至于代表西部豪庭大业主的西部房产与新入主的物业管理公司在签署委托管理合同中所产生的四大敏感问题，电信物业表示：第一，缴纳设备保证金20万元；第二由乌市电信集团有限公司担保；第三，在三年合同期内与保险公司协商缴纳设备保险金20余万元；第四，对于小区辖属商铺按使用面积分摊设备使用费用，根据经营情况不同具体商定物业管理收费。

由此，春节前夕的元月22日，在西部豪庭商住小区住宅入口等一些显著位置，再一次张贴出由西部商住小区业主委员会刊发的《通知》。该《通知》的主要内容称，“乌鲁木齐电信物业中心提供的物业管理服务费用的条款，满足了辖属商业区业主的要求，同时也得到西部房产公司和小区业主委员会的认可。为此，小区业主委员会正式与乌市电信物业中心签订《物业管理委托合同》，于2006年1月21日进驻小区从事物业服务和交接工作”。

至此，西部豪庭物业招标终于一锤定音。

乌市房产局物业监管处处长王玉良认为，小区业主为自己选“东家”，这在首府是新生事物；正因为是新生事物，好事多磨也非常正常；在招标过程中，如果中标的第一名不能满足小区业主的具体要求，小区业主也可以选择符合小区业主要求的第二名、第三名等，直到小区业主选上自己合适的“东家”，这充分体现了保证小区业主利益的目的。虽然西部豪庭小区业主招标为自己选“东家”的工作已经完成，但真正能够正常有序的为小区业主进行长期良好的服务，还是摆在物业公司面前一条更长的路，它需要业主与物业公司共同磨合而完成。

作为这次西部豪庭商住小区中标第一名的广汇物业有限公司，虽然未能最后入主西部豪庭，但广汇物业公司有关负责人认为，如果广汇物业缴纳20余万元设备保险金，那么广汇物业也会最后入主西部豪庭。但是广汇物业直到现在还认为，设备保险费不应由物业公司承担，为了不扰乱市场，广汇物业决定最后退出西部豪庭。

看来，小区业主的地位的提升最终在物业市场激烈的竞争中，得到了最大化的体现。

例文选评3-27这篇系列深度报道由两篇组成。在第一篇（项目二的案例导读）报道里，记者首先把广汇物业有限公司、乌鲁木齐市电信物业有限公司和众利德物业有限公司竞标西部豪庭物业招标事件遭遇停滞局面放进了新闻导语，然后通过“业主委员会与房产开发商之间亮黄牌”、“招标中的曲曲折折”等小标题将这场招标中的尴尬尽如细数。第二篇报道通过“好事多磨”、“终成正果”等小标题，把这场招标的最终结果一一道来。由此，一个经济新闻中物业招标的专业话题在记者的笔下写得有声有色、峰回路转，主要是因为中间穿插了业主委员会与开发商、三个物业公司在这场招标中的故事，显得比较生动。

四、注意事项

（1）深度报道由于是重大题材，往往新闻的看点在于那些不是一眼就能让受众看到的事实，而是那些隐蔽的、复杂的、为人所不知的新闻事实。这就要求记者的敏感与睿智都应时刻具备，这样才能挖到新闻材料。

（2）深度报道具有一定的风险性，因此也需要记者具备相关的社会知识和记者的职业操守，带好必要的设备，打有准备之仗。

五、实训操作

1. 深度报道写作步骤

（1）选择那些重大的、事件相对复杂、有影响力的题材作为深度报道的题材。

（2）运用多角度、多侧面的采访材料，尤其是挖掘新闻背后的新闻材料作为深度报道的写作基础。

（3）写作前规划好大主题与小主题、点与面、深度与背景的逻辑结构。

（4）写作后注意核实材料的来源和出处。

2. 案例解析训练一

原来一向收取门票的某市人民公园，在该市市政府年初的一次会议中透露出要免门票的信息，根据这个线索，记者完成了以下深度报道的写作步骤。

（1）收集发生变动的经济新闻信息——市政府新政带来了人民公园由原来收费到现在免票的变化，这个题材切入的角度具有时效性和震撼性。

（2）确立主题——从原来收费到现在免票的变化中所确立的新闻主题是带来了人民公园新的投资商机。

（3）材料的翔实——人民公园原来的门票收入与免票后的收入模式对比数据，投资者免门票前后的收入数据比较、投资者的投资原因等。

（4）鲜活的事件实例——选取不同类型、不同所在地的三位投资者，以个体投资者和公园主体在人民公园免门票前后的心态故事为例，强化主题，引人入胜。

以下是记者的相关报道。

例文选评3-28

免门票催生公园商机[①]

一场初春的倒春寒并没有阻挡住前来人民公园投资者的脚步。日前，由于免票而催生的投资热，使得50余位投资人同时把目光聚焦到今年的人民公园的投资承包项目上。

免票带来的商机

向先生是来自石河子的一位投资商，在石河子世纪广场一直经营水上摩托艇和水上步行球的生意，颇有收获。向先生早有意向在首府一展其经营才能，却苦于没有合适的经营场

① 唐成荫：《免门票催生公园商机》，2007年3月14日《都市消费晨报》。

所。所以当向先生在节前的新疆“两会”期间，听到市政府公开承诺今年要为首府市民所办的20件好事之一就是对人民公园免门票开放的消息时，他立刻意识到自己的机会来了。于是他托自己在首府的朋友到自己以前就相中的人民公园和南湖公园打听情况。

通过详细而周致的市场调研，向先生放弃了南湖公园，主要原因在于虽然南湖公园的人气较旺，但南湖公园的面积较小，水上摩托艇施展不开；于是他专心致志于人民公园2万平方米左右的鉴湖。春节之前他曾多次来到人民公园管理办公室打探，现在天气渐渐走暖，他的心也随着3月中旬新一年经营合同签订日期的临近而越绷越紧，不知道他这回人民公园水上摩托艇、步行球的经营梦是否能实现。

与向先生的初来乍到极为不同的是，本来就在首府多个公园已经扎根很久的朱玉文，这回又瞄上了人民公园。朱玉文是从事彩泥雕塑的，三年前她挑头成立了自己的乌鲁木齐斌院石膏彩绘厂，没想到在公园里为游人提供彩泥雕塑游玩项目却让她小有名气。当朱玉文在儿童公园、红山公园等多个公园均开展自己的彩泥雕塑游玩艺术项目后，随之而来的同类竞争者也蜂拥而至，在同类经营者的恶性竞争下，利润越来越薄，有时也只是赚了个吆喝。

人民公园是一个彩泥雕塑的死角。由于这里的游人比起红山公园等少了近50%，且以中老年游客为主，去年就在人民公园安营扎寨的朱玉文虽然没有赚得太多但也没有遇到太多的竞争对手。

朱玉文告知记者，由于人民公园具有悠久的文化历史特点，她预计人民公园在免门票之后客流量会比以前多出几倍，同时由于彩泥雕塑游玩项目设在室内并不受天气太多的影响，因此心里暗暗期盼人民公园能与自己尽快签订合同。可她又听说她的同行的竞争者也是趋之若鹜，心里更是着急，现在其外围的准备工作已经基本就绪，只欠鸣锣开张了。

从年前至年后一则免票的信息让人民公园管理办公室也同样忙得不亦乐乎。王新是人民公园商务公司的经理，在他主管的人民公园20余个经营项目上，虽然每个项目的承包额较去年的承包费均有进1倍的增长，但他那记录招商电话的稿纸上，还是密密麻麻记录三页50余位投资者的联系电话，仅此就比去年多了一倍的投资人。他们中间，有来自疆外的也有来自本土的。王新告知记者，这些人从年前听到免票的消息就陆续来了，现在天气热了之后亲自来咨询的人有时一天就能达到近10人。由于此次是人民公园首次常年免票开放，因此公园管理办公室对相应的经营政策也作了细致周密的调整，公园的经营合同的签订日期也较往年有一定的推后，签约时间约在3月中下旬。就在记者的采访期间，王新还时不时地接着一个又一个投资商的电话，不过他都很婉转地告知对方“现在合同还没有最后确定签订日期，确定了，我会立即通知你”。

客流量带来的利润

园林商机的经营主要依存的是客流量的大小与环境的保护。这在现有的首府的一些颇有知名度的公园里均一一得到印证。据悉，去年首府的红山公园与水上乐园的客流量基本上比人民公园多出60%左右，随之而来的是这两个公园各自的总收入也比人民公园多出60%左右。因此首府的各大公园均是绞尽脑汁地要增加自己的客流量。

红山公园依托的是其独有的乌鲁木齐的象征——红山的自然风光，山顶观市貌的特色，水上乐园则依托的是其他公园所无法比拟的游乐设施；相比之下，人民公园虽然历史悠久，但在适合现代生活发展的园林特色上却稍逊一筹，中老年这个不爱消费的群体成为其主要客流，因此在经营上连续三年均处于略有亏损的状况。用一位人民公园负责人的话讲就是，现在若要将他们与红山公园、水上乐园摆在同一个起跑线上来竞争，他们已经觉得力不从心。

此次人民公园的免票给其带来了发展的机遇，人民公园初步预测免票之后的客流量约比免票前的客流量 50 万人多出 3 倍左右，为 200 万人左右。

最先关注这个商机的人莫过于那些有敏感嗅觉的个体经营者。

当时新疆“两会”期间一传出人民公园自今年 2 月 1 日免费开放的消息，记者的一位梁姓朋友立刻打电话问记者在人民公园是否有熟人。记者问他要做什么，他告知，他想在公园里摆一个卖“三凉烤肉”的摊位。因为他预测，由于人民公园免费开放后，客流量会增加很多，自己的这个小生意也会有许多赚头。

现在看来，对前来竞争人民公园四个“三凉烤肉”摊位的 20 多位竞争者来说，人民公园内部那些自愿带职经营的职工则有更多的胜算。

包玉文，一位在人民公园工作了 23 年之久的一般工作人员，此次即将成为在人民公园经营“三凉烤肉”摊位的内部职工之一。包玉文现在一个月的工资是 1400 元左右，其妻子无工作，有一个上初中的孩子。之所以包玉文会带职下来做经营，主要还是考虑家庭经济的增收问题。

他给记者算了一笔账，在没有免票之前，人民公园一个普通的“三凉烤肉”的摊位的承包费为 2 万元左右，他私下打听了一下，去年那些“三凉烤肉”的承包者虽然没有那么“暴利”，但除去一切费用外，每年承包者的收入有 4 万左右。现在免费开放后，客流量增大了几倍，可是“三凉烤肉”的摊位仍然控制在 4 家，自然“三凉烤肉”的生意也会好过以前。再者公园办公室只让自己交 6000 元承包费，成本比以前的承包者降低了 2/3，所以自己的这个摊位盈利是毫无疑问的。如果经营得好的话，还会比自己的工资要高出几倍，他何乐而不为呢？

对此，人民公园管理办公室有关负责人这样认为，人民公园由于历史最为悠久，其历史的包袱较重。仅管理人员就有上百人，其管理成本的支出也相当大。免费开放后，管理成本的支出更会大于以前。此次“三凉烤肉”摊位优先内部职工，一方面可以让职工走向市场，减轻公园内部管理成本的支出，以商养商；另一方面即便是内部职工经营不善，也可以重新回到公园的管理岗位上，不承担失去原来职业的风险，所以许多内部职工竞争这些摊位这是非常自然的。

而作为人民公园一个彩泥雕塑淘金者的朱玉文，事实上她在去年已经在人民公园尝到做彩泥雕塑的甜头。朱玉文私下给记者算了一笔账，去年在人民公园她的承包费是 5000 元左右，今年即便是承包费再增加也就 1 万元左右，但今年由于免票而带来的客流量至少要比以前增加 3 倍，那么预示着她的收入也会增加 2～3 倍，而且人民公园的文化氛围比起红山公园和儿童公园来讲更浓厚，这对经营彩泥雕塑者来讲更为有利。在这种志在必得的意志之下，朱玉文表示，如果有同业竞争者，她愿意再花比现在承包价格更高的价格来买断人民公园彩泥雕塑的经营权，这样虽然她成本支出大一些，垄断经营后的收入也必然会多许多，不再会出现恶性价格战。

另外还有一家不愿透露芳名的演出公司则相中了占地1000多平方米的朝阳阁广场。他们对此处作为企业产品展示、交易会展地以及文化商业演出均表示出异常的兴趣。该位负责人初步测算，去年人民公园的游人是50万，今年免票之后可能达到200万左右，这种客流量对于该广场仅门票收入一项来讲也是相当可观的，更何况还有其他一些商业方面的运作。

可是在此之前，人民公园就因为客流量仅在50万左右，且消费群体主要以老人群体为主的原因，一些重量级的投资者却与之擦肩而过。

据了解，去年12月底时，曾在全国专门经营公园游乐项目的武汉福特设备公司曾派项目负责人来人民公园打探过，当时正值冬季，当该负责人了解到人民公园一年的游人只有50万左右之时，便一去再无消息。然而最近人民公园有关人士又接到该公司询问免费开放之事，可见客流量在投资商心目中的绝对分量。

商机与风险

现在首府园林局的管辖之下的公园大大小小加起来有10个左右，免费开放的只有人民公园一个，是不是其他的公园均认同这种免费开放所带来的商机呢？80%的公园管理者对此持一种否定的或不确定的态度。

记者就此采访了与人民公园几路之隔、均处闹市区的红山公园。该公园有关负责人告知，他们去年的收入近1000万，80%来源于门票，因此如果让他们选择的话，他们不愿意免费开放，这等于把他们收入的绝大多数断送了。同样的话语在水上乐园管理办公室有关负责人那里也能听到，该负责人告知，他们收入的70%左右来源于门票，如果门票免费，他们不知道自己那些最能吸引游客的游乐设施的维修费用如何筹集，因此他们也不希望水上乐园免费开放。显然这种想法里显示出客流量较多的公园并不希望免门票的商机。

与此同时，免票之后200万左右的客流量也给人民公园的环境保护带来隐忧。

据悉，曾经在2005年前的一次“五一”大假为期1天的免费开放日中，人民公园在免费日一天所清扫的垃圾是平时不免费开放时的数十倍。因此，免费开放后随着客流量的增加，势必环境的保护受到严峻的考验，而如果没有优美的环境作为人民公园商业运作的支撑，那么这种由客流量所带来的商机也必然是一种短期行为。为此人民公园管理者们已经认识到必须从人力加大了一倍、从绿化、卫生设施等物力上也加大保护环境的力度。

但是，这种加大环保的投入从哪里来，人民公园的上级主管单位告知他们正在商讨整体方案。于是人民公园管理者们只有先从自身想办法。一方面去年人民公园总体上20余个经营项目在数量上增加不多。同时他们提高了这20余个将要招商摊位的单价，基本上比原来上涨了1倍左右；另一方面就餐饮、鉴湖的承包经营者来讲，他们更希望能引进有实力、有档次的总体承包经营投资商。这样不仅使人民公园的各种经营上档次，也使人民公园的环保比较好管理。

可是从现在众多投资者来看，独家独户的小经营者颇多，而投资规模在50万左右投资商较少，这让人民公园的管理者们感受到压力。一位公园负责人称，他们准备在现在的后门停车场一带建一个占地2000平方米左右、双层玻璃透明体的名吃餐饮广场，希望新疆的一些大酒店、酒楼能落户人民公园，但是至今这些令他们期望的投资商并未到此问津。

有关专家认为，以前人民公园的商机运作与首府的其他公园相比落后不少。由于历史的原因，其基础设施条件等比较差。但是人民公园历史文化悠久，就环境来讲整体上比较整齐，这也是其长处。今年应是其经营起步的一年，由免票给其带来了历史性经营的机遇，但也同时给其带来了环保的压力。俗话说"靠山吃山"，公园商机主要依赖生存的基础是公园的环境，所以加大环保力度，这就抓住了公园经营运作的主干。但同时还应发挥人民公园文化历史的特色，加大聘用管理的力度而减少在职管理成本的支出。这样才能在强手如林的园林经济的竞争中拓展出自己的一片天空。

例文选评3-28这篇新闻报道用一个橱窗式导语开头提携全文，告诉受众公园免票带来的商机。第一部分运用横式结构列举了石河子和乌鲁木齐的两位投资商是怎样瞄上这个商机的。第二部分就是通过各种各样的经营投资商来给这些已往的经营者和未来的投资者算账，算出商家热衷的投资能给他们带来何种利益。第三部分分析了这种商机展现同时的环保风险。整篇新闻报道步步为营，以点带面显示出深度报道的深厚功底。

3. 案例解析训练二

2003年，全国棉价上涨，棉花产量占全国1/3的新疆主产棉区，来自全国各地的资本在这里开始了一场跑马圈地的较量，对于这样一个关乎国家棉花供需平衡的大题材，记者采取了深入采访，积累了大量的资料，最后形成了集合式的深度、系列报道《新疆白色产业大变局》，剖析记者的报道步骤如下。

(1) 收集发生变动的经济新闻信息——全国棉价上涨所带来的新疆棉花市场格局及棉花价格的变化，这个题材切入的角度是在全国棉业市场价格飞涨的背景下，这篇新闻报道的选材具有时效性、震撼性以及影响力。

(2) 确立主题——这篇新闻报道仅用一篇深度报道很难把整体新疆棉业市场的情况说清楚，因此，采用深度报道中的系列报道形式从多侧面、多角度进行报道，更显其高度与深度。经过与编辑商讨，该新闻报道采用两篇深度报道加一篇新闻专访构成。

(3) 此系列报道的大主题为"白色产业大变局"，下设第一篇深度报道小主题为最具时新性和震撼性变化的市场篇"新疆棉业掀起整合风暴"；第二篇小主题为产业深度考探，选取了当时在全国都颇具影响力的产业资本大鳄——德隆公司所做的"德隆棉业资本图谋"，以此来具体解剖一个新疆棉业资本整合运作的个案；第三篇为市场观点高度探究分析，小主题为专访"棉业之变，划时代的转折"。这三篇新闻报道组成一个系列报道，把"白色产业大变局"从市场的平面、纵深、高度三个角度加以展现，让受众对新疆棉业大变局的事件有一个全面的了解。

(4) 材料的翔实——这篇系列报道需要采访新疆棉业掀起整合的材料、德隆帝国涉足棉业的材料以及针对新疆两大棉业巨鳄负责人、政府主管负责人对这个市场的格局发展的观点等。采访的难度和深度都体现了深度报道的特点。

(5) 鲜活的事件实例——选取不同类型、不同所在地的涉水新疆棉业市场的投资主体，通过经营主体、政府主管部门等，以新疆棉业市场整合的前前后后的心态故事，强化主题，引人入胜。

以下是这篇系列报道。

报道一 新疆棉业掀起整合风暴[①]

今年，新疆棉业"躁动不安"，日前，华润轻纺在首府设立办事处，试水新疆棉业；这使我们不由得拾起上半年国内两只"巨鳄"纷沓而至新疆棉业的记忆。6月6日，新疆德隆集团与玛纳斯县全面达成棉纺产业合作框架协议，德在玛纳斯的棉纺工业园"开张"；紧接着6月8日，中纺棉花进出口公司(以下简称中纺棉)"跻身"呼图壁棉业，控股新组建的新疆中纺棉锦华棉业有限公司，业内人士认为，新疆棉业的"战国时代"已经到来。

近日战况

北疆之争

沿天山北坡经济带的棉业种植加工，昌吉州应是最富有潜质也是最有魅力的地区。

据了解，在全国优质棉基地中玛纳斯历来位居第二，年产优质棉5万吨以上，呼图壁在北疆的产量仅次于玛纳斯，年产优质棉2.5万吨以上。就像两颗明珠，它们尽享着邻近首府带来的交通、信息等各种"好处"。

6月6日，国内资本巨鳄——德隆集团的棉业部负责人黄三星及助手出现在玛纳斯，他们此行的目的是——玛纳斯棉业。德隆在玛纳斯将投资6亿元建设占地5000亩的棉纺工业园，5年内，10万锭棉纺项目，20万吨食用油项目和3万吨棉浆板及红麻浆项目将在德隆手中一一变为现实。德隆有关人士称，玛纳斯最终的棉纺项目将突破30万锭，累计投资也会突破10亿元。

无独有偶，仅仅2天之后，中纺棉——中国最大的棉花贸易商"中国纺织品进出口总公司的全资子公司"，迈开进军新疆棉业的第一步——整合呼图壁棉业。

中纺棉的新疆之行更带有一些"神秘"色彩，中纺棉的代理人孙兆龙只是笼统地告知，其整合呼图壁棉业宗旨在于发展棉花的出口贸易及棉副产品的深加工。

然而，当问及中纺棉具体打算如何运作时，孙兆龙却给记者留下了一些悬念："这是商业秘密。"

---

① 唐成荫：《新疆棉业掀起整合风暴》，2003年9月10日《都市消费晨报》。

据称，中纺棉此次整合呼图壁棉业，是因为双方长久以来就有着良好的合作关系，所以首选呼图壁。

而令人颇感兴趣的是，孙兆龙此行还对南北疆几个重要产棉区进行了“秘密”考察，虽然孙现在并不愿意透露考察的“结果”，但中纺棉“做大”的心迹可见一斑。

有关专家预测，德隆、中纺棉两只巨鳄的北疆棉业之争只呈初起之势，更大变数可能在今后一两年之中，可以肯定的是新疆棉业现在已聚集了越来越多资本的目光。

昨日烽火

南疆之变

在此之前，德隆与新棉集团已在南疆有过一番较量。

南疆地区历来是我区棉花的主产区，全疆每年150万吨的棉花当中有70%以上来自于南疆，其中，喀什是全国最大产棉区，年产棉花25万吨左右，在新疆各产棉区中举足轻重。

在这片辽阔的、适宜优质棉生长的土地上，德隆集团和新疆棉花产业(集团)有限责任公司(以下简称新棉集团)，无疑是其中两个最有实力的角逐对手。

据了解，自中华人民共和国成立后，自治区供销社、自治区棉麻公司一直起着棉花购销主渠道作用。

1999年以后，国家有关部门三令五申要求放开棉花流通体制，鉴于棉花轧花将逐步会被蚕食等种种情况，在2001年9月，新棉集团在新疆棉麻公司的基础上改制而成，总资产达60亿元，自治区供销社控股52%，堪称国内也是我区最大的棉花经营龙头企业。

然而，让这个龙头企业真正感到威胁的，却是德隆集团。

2002年9月4日，德隆与喀什地区供销社签订了框架协议，称以10亿元整体收购整合喀什地区11个县的棉麻、棉纺织业及新兴棉纺织有限公司。

这意味着喀什棉麻公司将首先从新棉集团原来的版图上被划走。

新棉集团有点“上火”，从集团最高领导人到最基层一班人马，立刻赶到喀什，但“为时已晚”。

然而，事情的最终结果却完全出乎人的意料之外。

今年5月8日，最终与喀什地委书记史大刚握手签署正式棉花产业合作协议的不是德隆集团，而是新棉集团。

这让新棉集团有了第一个得意的整合之作，也让业内人士一头雾水。

据了解，德隆在与喀什地区具体操作收购事宜时出现“故障”。

据知情人士透露，有权威部门测算，要整体收购喀什棉业，约需100亿元资金，因此德隆一开始测算的以10亿元资金收购喀什棉业的想法似乎太过于乐观。

喀什地区棉麻公司王建民曾透露，1998年喀什地区棉麻系统亏损挂账就达10亿元，目前历年累积亏损挂账约19亿元。王的说法正好佐证了专家对收购喀什棉业整体资金量的预测。

于是，当德隆高层对整体收购喀什棉业举棋不定时，去年年底，新棉集团找到喀什当地政府洽谈合作。

经过半年多的协商，新棉与喀什地区正式签订协议：新棉集团对喀什地区现有的11个县(市)棉麻公司、7个棉纺厂进行重组。

新棉集团高层就此曾对媒体透露，“负资产按零资产并购，有净资产的由我们与对方商量出资并购，新棉集团在喀什棉业整体投入不会太大，约为12亿～15亿元”。

喀什地区有关人士也认为，自治区新棉集团收购地区棉麻公司，更可谓“顺理成章”。

喀什棉业的购并风波，到底是德隆“金蝉脱壳”，还是新棉“乘虚而入”，业内一时也无法说清。

德隆、新棉握手阿克苏棉业

与喀什棉业购并也有类似之处的阿克苏棉业购并却有了点“新主题”。

阿克苏地区年产棉花20万吨左右，德隆是最早进入这个地区的棉业整合的，紧接着新棉集团也随即介入，然而阿克苏地区政府很有“耐心”。

今年4月22日，在乌鲁木齐假日大酒店内，阿克苏地区政府和德隆、新棉集团共同达成框架协议，在新组建的新疆托峰棉业股份有限公司里，塔里木棉花集团(隶属阿克苏地区)控股51%；德隆和新棉集团共同参股49%。

新棉集团和德隆从昔日幕后的购并对手，到今日的幕前能彼此携手，一位业内人士分析说，这是双方在互相“借势”，德隆虽然在资本市场上长袖善舞，但在棉业领域却是初来乍到，需要借助新棉集团的资源和网络优势。

而新棉集团也需要德隆资本和经营机制上的强力支撑，因此双方“一拍即合”。

阿克苏地区更是“一石三鸟”。

决战纵深

资本角逐

2003年，对新疆棉业来讲可谓不平静的一年，各路资本角逐也成为焦点。

据了解，新疆年产棉花3000万吨左右，优质棉种植1500万亩左右这个数字是全国棉花总产量的1/3。

这样一个惊人的“量”，成就它能够成为全国最大的商品棉基地也成为各路资本竞相角逐的瑰宝产业。

据自治区外经贸厅的资料显示，自去年下半年以来，我区棉花出口势头一路上扬，今年上半年更是急剧飙升，甚至出现了内销价格高于出口价格的少有局面。

据新疆喀什地区有关人士告知，仅喀什每年就有200余名来自浙江的私商贩棉，他们控制着一定数量的棉花资源，在新疆当地租用轧花厂加工，然后售卖给江浙等地的棉纺厂。

受其影响，全疆的棉麻公司“主渠道”棉花收购量已从2001年的80%锐减到2002年的60%。

这些私商棉贩不仅令"主渠道"——棉麻公司们"头疼",也令刚刚进入棉业的民营资本、区外资本"头疼"。

德隆、中纺棉、华润之所以不远万里,并耗资惊人地来新疆"跑马圈地",控制原料主产地的绝对优势是其棉纺产业做强做大的基本条件,也是对付私商棉贩的最好办法。

据了解,棉花期货预计将于年内上市,新疆也在国内三大棉花交割区之列。有关期货人士分析,在期货市场,企业如果单纯进行投机交易,手中没有原料,交易风险将会很大,企业如果手握相当数量的原料,交易风险就小得多。

新棉集团、德隆、中纺棉、华润在新疆棉业的跑马圈地,从某种意义上说,就是掌握原料产地,进而取得战略资源优势,谁又能说与即将开启的棉花期货市场无关呢?

"还有源源不断的各种资本甚至国外资本在窥视新疆棉业。"德隆一位高层说,"再多几个大集团进入新疆棉业也能容得下,因为新疆的市场太大了。"

报道二　德隆棉业资本图谋①

德隆正将资本的种子播撒在新疆望无际的棉田里,并期待着一个新的产业梦想。

此次,德隆出手棉业可谓有备而来,但一路走来却磕磕绊绊。从喀什到阿克苏,从南疆到北疆,德隆还从未在整合一个产业时遇到这么多对手。实际上,德隆自己也明白,"这个市场太大了、绝不是一家能玩得了的"。

业界资本

资源的潜在力量

从去年开始,德隆的目光就投向了新疆主要的产棉区,从喀什到阿克苏,再到巴州。德隆收购的主要对象是当地的棉麻公司和轧花厂,作为收购棉花的国有"主渠道",它们手中控制着绝大部分市场份额,谁得到了这些资源,谁就可以主导当地的收购市场。

未来,德隆将会像它的番茄产业一样,用资本的方式不断巩固和扩大棉花资源产业链。按照一位业内人士的推测,这个产业链将囊括从棉种、播种、生产、加工、销售到技术支持的所有环节,将与农户直接挂钩甚至让大户入股,实行订单农业。

然而,在得到了玛纳斯县的棉花资源后,德隆一位高层表示,近一两年德隆将潜心运作玛纳斯和阿克苏两地的棉花产业。其言下之意似乎是"不再收购其他地区的棉花资源",但目前新疆的棉业收购风暴才刚刚刮起,德隆真的就此罢手吗?

业界图谋

做期货交易商?

从股市起家的德隆在期货市场上却鲜有涉足,或许棉花期货的即将推出将给德隆提供一个全新的扬名之所。

---

① 孙民:《德隆棉业资本图谋》,2003年9月10日《都市消费晨报》。

对于此前难觅德隆涉足期货市场踪迹的原因，一位期货业人士戏称是由于国内大部分期货品种规模偏小，“像德隆这种习惯于一掷千金的大腕级资本玩家，玩起来恐怕不过瘾”。而即将推出的棉花期货规模当在500亿元左右，有足够的空间令其闪转腾挪。

实际上，更合理的解释是德隆如果单纯以资金进行投机交易，手中没有原料，交易风险将会很大，熟谙资本之道的德隆显然不会干这种傻事。

数年来，棉花期货一直是业内关注的焦点，作为中国最大产棉区的新疆也一直希望能让这一新的期货品种落地新疆。然而，最终因新疆综合等各方面的因素，而花落河南郑州。

2003年4月，郑州商品交易所关于棉花期货的上市准备工作已经基本完成，在新疆，交割仓库的设立准备工作也已基本到位。

“因受‘非典’的影响，不得不将6月上市日期推迟，从目前来看，年底推出的可能性比较大。”新天期货一位不愿透露姓名的工作人员称。

“实际上，目前疆内的棉业整合行动与棉花期货的推出有着直接的联系。”该人士称，没有棉花期货，谁也不敢玩。如2002年，棉花是一个大牛市，棉价卖到了每吨14万元，2003年，棉花收购价高达1.7万元/吨，而新疆的棉花成本在8000元左右，利润接近一倍。但在2000年，棉价每吨只有6000多元，可以说是种多少赔多少。

而推出棉花期货后，通过期货的“套期保值”功能，可以有效地规避市场风险。

在采访中该人士表示，期货市场巨大的资本蓄水池功能也为德隆等资本玩家提供了一个有效的融资通道。毕竟这样大的一个产业，对资金的需求无疑是巨大的。

有未经证实的消息称，德隆已聘请了一批期货专业人才参与棉花期货的研究。一位证券界人士表示，德隆将来参与期货的运作并不奇怪，这不仅是产业的需要，也是德隆的拿手之戏。

业界连锁

ST中燕的使命

ST中燕西飞新疆，和德隆的棉花产业息息相关。

如今，在乌鲁木齐市宏源大厦的16楼，ST中燕与德隆棉业比邻而居，其亲密程度可见一斑。而在ST中燕的经营范围中也早已加上了“棉花的收购加工和销售、棉麻制品的制造和销售”。ST中燕已俨然是德隆承载其棉产业未来的旗舰。

但ST中燕却可谓命运多舛，当初，德隆看中ST中燕，认为它是一个不错的“壳”，先后投入数千万元，本想轻松搞掂，没想到一度深陷泥潭。

直到去年八九月间，德隆有关人士还表示，对ST中燕的收购是一次失败的收购。并称，德隆有意放弃ST中燕，令其退市，当时，ST中燕在二级市场上的表现也犹如“一江春水向东流”。

然而，到了年底，ST中燕却奇迹般地死而复生，短短数月，德隆对ST中燕的态度发生了如此大的转变，究竟是什么原因不得而知。

但一个事实是，2002年9月4日，德隆与新疆喀什地区供销社签订了整体收购喀什地区

10个县价值十几亿元资产的棉麻和棉纺织业及新兴纺织有限公司的协议。

虽然该项目最终并未成功，但作为德隆对心仪已久的棉业的首次出手，在时间上似乎暗合了ST中燕命运的转折，这不禁让人怀疑：德隆要进入棉业的迫切改变了ST中燕的命运。

ST中燕的一位高层人士在谈到ST中燕的未来发展时，表示首先要做的是完成亚麻的产业整合，之后将是棉业的整合。

显然，棉业的整合也已纳入ST中燕的发展规划之中。同德隆进入的每一个传统行业一样，在其身后都会有一家上市公司来具体打理，如汽车零部件行业的湘火炬、果蔬业的新疆屯河、电动工具行业的合金投资等。这些上市公司除了具体的经营管理外，它们还有一个重要的使命，那就是为该产业发展融资。

面对棉麻业巨大的产业链条，ST中燕担子显然不轻。

业界构想

打造"德隆制造"

有人说在德隆的身上或多或少可以看到一些美国股神巴菲特的气质，但与巴菲特处身实业之外、笑看风云淡的宁静雅致不同，德隆更愿意事必躬亲。

实际上，以资本为手段和切入点来进入并整合传统产业已成为德隆的"招牌"，从德隆耀眼的资本之光中蔓延出的是其另一个梦想——德隆制造。

此次，德隆潜身棉业，其操作思路和方法恐怕也概莫能外。

据德隆公司一位高层介绍，德隆两年前就开始对新疆乃至全国的棉花资源、棉纺织工业及产业链进行了深入调研，并制定了涉足棉产业的详细发展战略。

德隆公司董事长唐万里此前也表示，进入新疆棉花产业是一项战略决策，他们将利用新疆棉花的资源优势，做大做强棉花及棉纺产业，并进入国际市场。

此前，德隆对新疆亚麻产业的整合就可以看成是其未来全面整合棉产业的一块试验田。

2002年年初，当德隆将目光转向纺织业时，伊犁有3家亚麻企业正面临破产，德隆拿出2亿元收购了这3家企业，通过注资和整合，使德隆旗下的亚麻产业迅速拥有了中国最大的亚麻种业公司，集培育优质亚麻种系、麻种植、麻加工和麻纺等产业于一体的基本构件。

但是这仅仅只是整个整合策划的一端，随后德隆在欧洲收购了一家有150年历史、名叫Hahex(希尔泰克)的亚麻制品公司，收购成功以后，通过这个企业的品牌和营销网络，获得了国内亚麻原料及产品通往终极市场的通道。

对于德隆来说，这样的操作模式已不新鲜，但却屡试不爽。

6月6日，德隆集团在玛纳斯县为其棉纺工业园举行了奠基仪式，这个计划投资6亿元、建设占地5000亩的棉纺工业园，将用5年的时间建设完成10万锭纺棉项目、20万吨食用油项目以及3万吨棉浆板和红麻浆项目。

显然，这一项目的启动已经在向世人表明德隆对"德隆制造"的渴望与信心。

报道三　棉业之变，划时代的转折[①]

专访人：新疆农业厅棉花办公室主任马玄

德隆集团董事长唐万里(引自《中国工商时报》)

新疆棉花产业(集团)有限责任公司总经理徐延毅

“主渠道”
打破一家垄断

记者：作为全国最大的商品棉基地，新疆的优势、弱势在哪里？

马玄：新疆有全国最大的优质棉基地，并被国家确定为棉花优势产业带，具有丰富的光、热、水、土资源，有良好的植棉自然条件，在面积、总产、单产、调出量、商品出口率、人均占有棉资源等七个方面位列全国第一。因而新疆有发展棉花产业优势的基础。

但是，新疆的棉花如果仅停在原料的出口，那么其附加值还远远没有被开发。因而经营流通体制的彻底放开搞活，提高棉花附加值，引入大企业集团竞争机制恐怕是我们必须面对的弱势。

记者：民营资本、区外资本的进入会给我们的棉业带来一种怎样的变化？

马玄：政府对于像德隆、中纺棉、华润等这样有实力的大企业集团的介入一直是持支持的态度。只有大企业集团的进入，才能使我们各地的棉花资源优势最后变为产业优势；也只有大企业集团的介入，才能使我们原有棉业格局发生一定变化，实现良性竞争，增强抗风险的能力。

这样也同时解决了一直困扰我们难以解决的棉花流通体制问题。

记者：你预测一下将来新疆的棉业格局会是怎样的？

马玄：在大力抓好畜牧业、林果园艺业的同时，通过内涵挖潜，使我区的棉花产业继续成为农民增收的一个亮点，这是我们追求的目标。

为此，到本世纪末，我们棉花要稳定在1400万亩左右，内涵挖潜，提高单产和品质，增强单位面积收益的思路，加快棉花产业的经营步伐。

新疆棉业将来会出现几个大的产业集团共同经营，一家垄断的“主渠道”可能不会存在。

“整合中”
提升竞争力

记者：新棉集团为何要大张旗鼓地实施整合战略？

徐延毅：我们如果没有货源，市场的经营风险就会很大，常常是国际市场需求一紧俏，我们的棉价格就会100%的上涨，而国际市场棉花一过剩，我们的棉价又会100%下降。

现在我们整合的目的，就实施订单农业这一块来讲，增强了自己抵御抗风险的能力。

---

① 唐成荫：《棉业之变，划时代的转折》，2003年9月10日《都市消费晨报》。

另外，想做产业，没有一定规模的原料、流通环节、下游纺织企业来支持，是做不起来的，你就不会在这个市场中占有相当量的份额。

记者：新棉集团是否在将来的新疆棉业市场格局中，仍能占有龙头的地位?.

徐延毅：将来的事情有很多不确定因素，这取决于我们自己把棉花产业做得怎么样。

新棉集团有其固定的资源与网络优势，但新棉集团也有一般国企的通病，我们希望能在同先进企业的整合过程中，学习新的理念、管理模式，使自己在锻炼中不断成长，把自己从计划优势变为市场优势。

德隆打造

纺织新概念

记者：德隆为什么要进入纺织业?

唐万里：首先这是个传统产业，同时又是中国加入 WTO 之后的相对优势产业，更是新疆的基础产业。德隆集团是在新疆发展壮大的，我们有强烈的责任感帮助家乡完成棉麻优势资源向产业资源的转化。

记者：德隆为什么选择亚麻产业作为第一突破口?

唐万里：纺织业本来不是我们的主要产业目标，介入其中纯属偶然，而亚麻进入我们的视线更是源自一个故事：

德国绿党的创始人克朗兹先生，对当年希特勒用荨麻制品很感兴趣，因为荨麻制品制作得好可以用来做防弹衣，但是德国毕竟土地有限，克朗兹进一步扩大生产时受到限制。

结果，痴心不改的这位克朗兹先生通过查资料"划地图"发现比德国还要适合荨麻生产的中国伊犁河谷，并且通过德隆欧洲公司与新疆德隆取得了联络。

我们在和克朗兹先生的接触中洞察到了麻纺产业的前景，况且亚麻行业在整个纺织业中占的比重不到1%，整合的难度和风险相对较低，而一旦整合成功，则可以顺利进入棉纺、毛纺等相关产业，

也恰好在此时，伊犁州的三家亚麻企业面临破产，州政府在我们收购过程中给予了德隆最优惠的政策扶持，使我们拿到了一个有现成产业链、现成市场的企业，伊犁州也实现了国有资产保值增值，解决了职工就业。

记者：德隆在纺织业的整合目标是什么?

唐万里：在整合伊犁亚麻企业的时候，我们提出过一个目标过程。

首先要成为中国重要的麻种植及加工商之一、中国重要的麻种子生产商之一、中国重要的麻纺厂之一，以此为契机逐步进入棉纺、毛纺等相关行业，进而整合欧洲的服装加工业及营销网络，形成全球化的德隆大纺织概念，建立在世界叫得响的德隆品牌。

以上这篇集合式深度报道以"白色产业大变局"为总题，首先以新疆棉业掀起整合风暴为新闻事件的起点，着眼于事物的连续性，以事件发展顺序为线索，下设了"整体整合事件"、"典型整合事件"、"人物专访"三条主线，以此来把这个重大新闻事件发生、发展、高潮、结局

的事件全貌展现在受众面前。受众在读完这三篇新闻报道后就会对新疆棉业为何发生整合风暴，资本大鳄整合背后的利益链条以及这种整合将会给新疆棉业发展乃至全国的棉花市场带来怎样的影响有一个全景的了解；不仅了解了新闻事件本身，也了解了政府对这个市场变化的态度，了解了整合企业对这个市场变化的态度。之后，这种整合后续的发展依然受到新闻媒体的关注，这样就形成了有关新疆棉花产业大变局的系列报道，形成了报道的深度与高度，引起经济界的关注，以下还有记者的后续报道。

在进行完此次系列报道之后的一年，德隆集团由于资金链的断裂，其新疆的棉业整合之旅也遭受到前所未有困局，记者继续开始了延伸报道。下面是记者进行延伸报道的步骤。

(1) 收集发生变动的经济新闻信息——德隆集团由于资金链的断裂，其新疆的棉业整合之旅也遭受到前所未有困局，这个题材切入的角度具有时效性、震撼性。

(2) 确立主题——从原来的德隆集团欲打造棉业帝国到如今的资本困局，按照“不平凡的人(主体)＋不平凡的事”的新闻标准判断，这个主题属于受众关注的主题。

(3) 材料的翔实——从原来的德隆集团欲打造棉业帝国的投资承诺到如今的资本困局数据对比，从原来打算整合新疆棉业企业的数量到如今已经整合和未能整合的数量之比，以及德隆集团关于新疆棉业整合的前后说法、未能整合的原因等。

(4) 鲜活的事件实例——以不同类型、不同所在地的被德隆集团整合或未能整合的新疆棉业企业的前后心态故事为例，强化主题，引人入胜。

以下是记者的后续报道。

德隆吞吃阿克苏棉业受阻①

德隆质疑“股权证质押”

享有“百天”之好的德隆与阿克苏棉业，如今却要劳燕双飞。

一位中国农业发展银行自治区分行(以下称农发行)知情人士透露，德隆已口头照会农发行，表示要退出新疆托峰棉业股份公司(该公司由阿克苏地区控股51%，德隆和新棉集团共同参股49%)。

当记者就此事向德隆有关高层求证时，该高层表示现在仍在努力协调此事。德隆并未退出阿克苏棉业，要以书面照会为准。

但记者从新棉集团及阿克苏地区有关部门都得到托峰棉业搁浅之事。

记者问起德隆受阻原因，德隆有关人士只字未提。据农发行一位高层解释说，主要由于农发行给德隆提供收购棉花贷款资金受阻。

据了解，德隆为争取农发行贷款，早在棉花收购数月之前就向相关部门提交申请，农发行新疆分行也向总行写了书面报告，但一直没有结果。

农发行之所以迟迟未给德隆“满意结果”，主要考虑贷款抵押风险问题，农发行一位高

① 唐成荫：《德隆吞吃阿克苏棉业受阻》，2004年5月25日《都市消费晨报》。

层说。

据悉，由于德隆贷款数目巨大，农发行对德隆提出了八条防范风险意见。其中“要求德隆用股权证作质押及中介公司对德隆可变现的优质资产作抵押来进行担保”遭到了德隆的质疑。

据知情人士介绍，德隆认为上述两条款，有农发行对德隆与主渠道棉麻公司采用“非同等国民待遇”之嫌，如果德隆用股权证作质押，那么将会对德隆系股票产生较大影响。

据了解，新疆供销棉麻系统在农发行开设账户约有100家，国家为支持新疆的商品棉基地建设每年均有大笔专项资金通过农发行投入到新疆棉花收购的主渠道中，这些主渠道的棉麻公司自然和农发行建立了多年的“信任”，也无须那些质押的条框。

然而，德隆在棉业上属于初来乍到，信任度较弱，农发行的一位高层曾发出这样的疑问，市场好的年景，抢购棉花自不用多说，市场不好的年景，如果民营公司不收棉花，棉农咋办？农发行会有很大的资金风险。

因此他表示，在风险和收益共担的形式下，“主渠道”更让农发行放心，自然德隆在农发行受阻就成了必然之事。

阿克苏棉业新“悬念”

此时，阿克苏地区棉业有关负责人的“新动向”值得我们关注。

据了解，8月28日，阿克苏地委一位副书记在杭州举行棉纺专场招商会；与此同时在首府举办的阿克苏与新疆浙江企业联合会的招商会上，棉业成为“亮点”，吸引住浙商“淘金”的眼球，会后就有几家跃跃欲试。

乌洽会期间，阿克苏与浙江金晖集团一举签订10万锭大单；山东鲁能棉纺集团与阿克苏签订5万锭合作项目，并表示对阿克苏的“南疆轻纺城”颇感兴趣，有意“介入”。

9月底，阿克苏地区招商局牛局长奔赴大连的一个贸易洽谈会，棉业正是他此行的“重要目的”。

据了解，阿克苏已规划在本地区建一个150万锭的“南疆轻纺城”，意在“用工业谋划农业”，在农业产业化的进程中，使阿克苏的农业产业结构调整走入实质阶段。

对于德隆目前动向，阿克苏有关人士表示，仍希望德隆能入主阿克苏棉业，因为双方都为此付出太多的“精力”与“代价”，但如果农发行的贷款拿不上，德隆在整合阿克苏75个榨花厂后需用30亿—50亿元的资金去收购新棉，这笔数目实在太大了！

而一个准确的事实是，今年由于棉价井喷式的上扬，农发行在新疆收棉主渠道总共投放的贷款数额仅6亿元左右，连德隆想象的零头都没有，主渠道都不完全依赖农发行了，德隆还想从那里得到“实惠”吗？

怪不得日前一位德隆高层表示，他们在潜心打造玛纳斯棉纺工业园，不同国内一些棉纺大鳄“同抢一块荤腥”（意指阿克苏），也未必就不是一件好事。

新棉集团也表示现在对阿克苏棉业的整合不置可否。

至此，阿克苏棉业之格局又现迷离之势，德隆到底是去是留，阿克苏是否将同新棉集团或是新成员重新组阁，业界一时无法说清。

《新疆白色产业大变局》是一组系列式的深度报道。在这篇系列报道中，有最新的整合现状——《新疆棉业掀起整合风暴》，业界典型个案剖析——《德隆棉业资本图谋》，标志高度的专家访谈，再到后续追踪式报道——《德隆吞吃阿克斯棉业受阻》，形成了一个多角度、大视野的系列深度报道，体现出新疆白色产业大变局"变"在何处、结果怎样？纵横交错，此起彼伏，点面结合。系列深度报道强调的是其系列性、连贯性、深度性。系列中的每篇报道既有其内在的逻辑联系，又有其独立的新闻价值，系列强调的是站在全局看问题；而与此同时在宏观上展现出的发展趋势，又是由微观中一个个量变的事件所引起的。这样由点到面，既有鲜活事件，又有观点层面的高度分析，最终才能展现报道的立体化效果。

4. 校内实训基地实训

学生利用校报和院报进行深度报道综合写作练习，教师公开评报。

5. 校外实训基地顶岗实习

学生利用校外新闻媒体进行深度报道综合写作实习。

六、总结点评

(1) 深度报道首先源于记者能够选择与判断进行深度报道的新闻题材。突发性事件的报道由于受到时效性的严格限制，不适合进行深度报道；反而是突发性事件的延伸报道、新闻背后的新闻等具有复杂性、曲折性、重要性的新闻题材适合深度报道。

(2) 深度报道的灵魂在于确立好新闻主题，选择适合的新闻结构，占有翔实的新闻材料。

(3) 记者既不能把一个消息题材拔高到深度报道去写作，也不能井底观天、忽视新闻事件的内在价值而浪费了一个值得受众期待的深度报道题材。

(4) 深度报道需要记者积累深厚的社会知识与工作经验方能完成。

七、拓展提高

(1) 日本发生9.0级特大地震这样的新闻事件能进行深度报道吗？

(2) 面对王家岭煤矿透水事故这样的新闻事件，你作为一名记者应该采取什么样的形式进行报道？怎样使其新闻价值最大化？

(3) 在进行深度报道时，记者应该怎样根据题材选择报道的结构？

(4) 深度报道在语言方面有什么要求？

(5) 连续报道应侧重哪些报道层面的主题？

(6) 请你根据身边的问题新闻、新闻背后的新闻事件，选择重大、复杂的报道主题写一篇3000字以内的深度报道。

任务六 人物专访

21世纪初，人物专访在中国的新闻传媒业盛行之后，以其实录性、现场感和真实感颇受受众的喜爱。人物专访的题材非常广泛，大到对国家政策的解读，小到对焦点人物的专访，形式生动、活泼。

教学目标

通过本任务的学习，培养学生学会在现代新闻传媒业中人物专访的综合写作能力。

案例导读

芮成钢专访巴菲特：继承者至少有三名候选人①

9月29日晚，比尔·盖茨和沃伦·巴菲特在北京与商界、慈善界人士会面交流，就慈善事业发展这一话题进行深入探讨。

央视财经频道主持人芮成钢专访巴菲特。对于“高调做慈善”、投资比亚迪以及继承人等问题，巴菲特都一一作答。

拥有多少钱并不会改变我的生活

芮成钢：沃伦先生，很荣幸今天能够请到你来参加我们的节目。查理芒格今天告诉我，他并不是很赞成你和盖茨这样的非常高调的慈善活动，他说他会直接把钱捐给需要的人，并不会组织一个像这样的活动或者晚会，你对你的老朋友有什么想说的吗？

巴菲特：我会说，每个人都有不同的做法。我们做的只是为感兴趣的人们进行解释，在美国我们就是这么做的。我们在美国的时候，我们可能联系了80个人，其中只有40个人对此感兴趣。我们很高兴有40人对此感兴趣，我们也不会因为其他不感兴趣的40人而生气。

芮成钢：你赚了很多的钱，现在你又把这些钱还给社会，为什么要一开始就努力赚钱呢？

---

① 中央电视台，记者芮成钢，2010年9月30日。

巴菲特：我很享受我所从事的工作，我并不是为了赚钱而工作。我想要赚钱，那是因为这是我为成千的投资者所做的工作，我希望伯克希尔哈撒韦公司有一个很优秀的记录。我为我今天从事的工作感到高兴，我在25岁的时候会为此感到高兴，现在我依然为此感到高兴。如果我现在回到25岁或者30岁，我当然会更加高兴，但是我现在已经感到很高兴了。我到底拥有多少钱并不会改变我的生活，所以我认为，现在应该是捐赠一些东西的时候了。并不是要捐赠我现在必需的财产，而是捐赠出那些我现在并不需要的财产。我四年以前就做出了这个决定，决定了我如何捐赠这些财产。

芮成钢：有不少你接触的中国人，他们在20年前刚刚开始的时候非常的艰苦，过着十分贫穷的生活，甚至是10年之前，有些人认为现在出现了一个过度补偿的效应，他们想要享受美好的生活。

巴菲特：我完全支持。

芮成钢：有的时候，他们确实相信，财富金钱等于快乐。

巴菲特：不，不，不，爱等于快乐。如果有许多的人爱你，那么你就是一个快乐的人。健康也是其中的一个因素，但是那只是运气，我在健康方面只是运气很好。如果你让我在200亿美元与爱我的20个人之间做出一个选择，我会选择爱我的那20个人。

绝不会减持BYD

芮成钢：你很少在美国之外进行投资，但是这次你却在美国之外进行了投资，你在他的公司见到了什么？

巴菲特：我看到了一家在世界上都可以说是一流的公司，如果你看一下他们从1995年的记录，从30万美元开始，或者是短短的七年之前，公司开始进入汽车市场，这家公司都取得了历史上没有人取得过的成绩，他完成的事情我从来没有见过，无论是在汽车行业，还是从我一生的经历来说，他是一个很神奇的人。我一直没有发现这家公司，我希望我可以早一些看到这家公司。

芮成钢：你是乘坐比亚迪的车出现的，查理芒格甚至戴了一条比亚迪的领带，你们对于你们投资的公司和产品表现出来的支持显得非常的开放。

巴菲特：我认为这是一家非常棒的公司，非常棒。我认为这家公司在未来应该做的最重要的事情，当然没有人能确保未来会发生什么，但是他们在非常严肃的从事着一件对这个星球很有意义的事情，当谈到电力汽车、太阳能等等，这样的话题会影响成千上万的人们，也许会上亿。这是一家非常重要的公司。

芮成钢：我了解了，你目前还没有要卖掉你持有的部分比亚迪股票？

巴菲特：不会，不会，这个我可以向你保证我不会。我不敢保证我不会买进，但是我可以保证我不会卖掉这些股票，我会一直持有这些股票很多年，也许会一直持有它们到我离开人世。

我希望伯克希尔公司成为一个教学项目

芮成钢：你对你自己的孩子们说过什么？你给他们留了足够的钱，保证他们有个美好的生活吗？

巴菲特：当然。他们有足够的钱来过好自己的生活，如果我在他们之间平分我的财产，那将是很夸张的。我的每一个孩子都会过得很好，他们非常的感激，他们知道他们出生在这样的家庭非常的幸运，他们在教育和健康需求方面等等都被照顾得很好，但是他们并不会只是因为是我的孩子就变得异常的富有。

芮成钢：你已经80岁了，你有没有认真考虑过，谁会成为你的继承者？

巴菲特：你所说的继承者就算是选出来了，也许也会因为一件事情而发生改变。当我和我的董事见面的时候，这是我们会议的一个主要的议题。现在在伯克希尔哈撒韦公司内至少有三名候选人，他们中的每一个都会成为一个很出色的执行总裁，他们也都有着我所不具备的一些优点，如果我今晚不幸离开人世，第二天早晨，董事会知道要选择谁来接任。如果我在五年以后离开人世，也许这个选择会发生一些改变。在公司管理层，我们至少有3名，其实还有更多比较活跃的人。这三人中的每一个人都会受到董事会的欢迎，来接替我的职务。

芮成钢：谈到你的遗产，无论是给你的孩子们，或者是你孩子的孩子们，你认为留给他们最大的遗产是什么？

巴菲特：我喜欢成为一个老师。在下一个学年，在奥马哈有48所学校，包括大学、学院等等希望我可以去。我喜欢教学，我把整个伯克希尔哈撒韦公司看做一个教学机构，我和我的伙伴查理芒格对应该怎样进行生意运作等等有着自己一定的理念，而伯克希尔哈撒韦公司就是一个展示项目，我们希望它会成为一个教学项目。

我并不追求完美，我还会继续犯错

芮成钢：在中国，有许多的人为了与你共进午餐，愿意出几百万美金，从他们的角度来说，他们与你共进午餐的主要目的就是要学习赚钱的秘籍，是这样吗？

巴菲特：很有意思，这样的午餐已经开始有大概10年了，人们来的时候也经常会带上他们的家人，我们一般会在一起聊天大约三个半小时，其实他们想聊多长时间都可以。有一些谈话是与投资有关的，但是也有许多的谈话时关于生活、家庭以及其他的一些问题，他们想聊什么都可以。到目前为止，人们在午餐之后都感到很满意。晚餐谈话的内容并不仅仅是局限在怎样进行股票投资或者一些相关的事情上。与我共度午餐的很大一部分人都已经是成功人士了，否则他们也不可能负担得起这次晚餐。

芮成钢：在投资上，你只有一条建议，那就是长期投资，要放长线、钓大鱼，具体怎么做？

巴菲特：寻找一个有着诚信合理管理的优秀企业，寻找一个你了解的，并且确信在今后的5年、10年、20年都会有良好表现的企业，然后，并不要太在意股票市场，在合理的价格买进他的股票，你并不希望去买一个过分受欢迎，大家都在争抢的股票，在一个合理的价格买进，然后就不要关心价格了，就像买进一个农场，你买进农场是因为农场会生产东西，你并不会每天或者每周都去关心农场的进展，你在农场的生产基础上，做出一个合理的判断，来发现农场的产出，比如庄稼。这就是我对待生意的方法，股票只是缩小的生意。

芮成钢：在每一个投资者的历史上，都有着起起伏伏，你认为现在是你投资事业的低谷吗？回顾过去的十年，你是否有现在会做不同处理的事情？

巴菲特：我犯过各种错误，我还会继续的犯错误，这是我可以向你保证的。如果你每天、每周都会进行决策，你肯定会犯错误，你不能让这些错误去伤害你的财政状况，不能冒这个风险。这并不会让我为难，我并不追求完美，我会犯错误，没有人是完美的。我认为，明天总会是最美好的。

中央电视台为什么要专访巴菲特？芮成钢所提的问题除了股票投资之外还有一些人生的问题，为什么？

工作任务

1. 认知人物专访的写作特点。
2. 学会人物专访的写作技巧。

理论基础

一、术语解释

1. 人物专访的含义

所谓人物专访，是就某个新闻人物针对某个问题、事件进行的专门访问。人物专访是现代新闻传媒业发展中一种非常活跃的报道形式，在写作上以人物、现场和记者为三个要素，用散文的笔法自由灵活地表达访问的内容。

2. 人物专访流行的原因

近二十年来，在我国的新闻传媒业中人物专访逐渐盛行起来，主要原因如下。

(1) 大量的新闻人物，受众不仅需要听见他们的言论，更需要看到他们的音容笑貌。

(2) 受众的新闻需求越来越丰富化，人们不仅需要短、平、快的新闻报道，也需要深度的、访谈式的新闻报道。

(3) 人物专访以其主题集中、现场感强、特色鲜明的特点在新闻报道领域独树一帜。

二、工作要点提示

1. 选准专访人物。
2. 提问最有价值的问题。

三、方法技巧

1. 选准访问对象

(1) 重要新闻事件中的新闻人物和焦点人物。

事因人生，人因事显。新闻事件如果没有人的存在就是一潭死水。相反，如果某个人一旦因为某个新闻事件成为新闻人物，那么，他的经历、爱好、见解和家庭状况都会引起广大受众的兴趣。所以，专访的人物离不开新闻事件。如在富士康员工的跳楼事件里，其新闻人物就是富士康科技集团的总裁郭台铭。

（2）非新闻人物却具有新闻因素（根据）的知情人。

有些人可能不一定是新闻人物，但因为某个新闻事件成为目击者或当事人，他能把新闻事件的历史背景、未公开的内幕情况告知受众，还历史于本来面目。如世界反法西斯战争胜利65周年之时，作为《狼牙山五壮士》的幸存者及历史见证人葛振林、宋学义通过专访的形式讲述了狼牙山五壮士为抗击日本侵略者，最后弹尽粮绝跳下山崖的真实故事。

（3）与新闻事件有关的专家、学者、领导和权威人士。

有些人在社会上本身就具有专家、学者和权威人士的身份。每当国家的新政策出台、一些重大的政治、经济等社会事件发生，由于这些人士在某个领域的权威性就会被选为专访的对象，对这些事件进行解读和评价。如万科集团董事长王石、经济学家茅于轼等就可以成为地产新政的专访人物。

2. 选准访问的时机

人物专访的写作要选择访问的最佳场所和最佳时机，这是突出新闻现场感、新闻性，引起受众兴趣的最重要的一环。

（1）抓紧现场访问。

许多的事情事过境迁后再去访问就不如在新闻事件刚刚发生时进行现场访问的效果好，把人物置于新闻事件的特定环境里，人物对事件的回叙和感受则更加具有真实性。

（2）受众最关心的时间段。

新闻价值的最大化莫过于一个新闻事件让受众感受最新鲜、感情最强烈、具有强烈的知晓欲望的时刻。因为新闻每天都在发生，今天是热点的新闻，明天却不一定是热点，在这种情况下，访问时机最好选择在新闻事件刚发生的时候。

3. 谈话的实录性

谈话的实录性主要是专访记者与被访问者谈话内容的现场真实性。现场情况可以通过访问过程来展示，受众可以清楚地通过自己的感官感受到这种真实。因此，在进行人物专访时，专访记者既不能东拉西扯、不着边际，也不能过多地议论、描写和抒情，而要切合主题而谈。

（1）提出新闻事件中的尖锐问题，一语击中事件的要害。

世界政坛采访之母法拉奇专访过多位世界上著名的政坛领袖，她以敢于提出尖锐的问题而著称，她曾说："我的秘诀就是开门见山，把气氛打开"。在专访霍梅尼时，她的第一句话就说："你是伊朗的新沙皇!"这种单刀直入，迫使被访问者极力为自己辩解；在专访基辛格时，基辛格当时对越南问题讳忌莫深，但是法拉奇还是开门见山提出了这样的问题"如果我把手枪对准您的太阳穴,命令您在阮文绍和黎德寿之间选择一人共进晚餐……那您会选择谁?”这样的问题不能不说一语破的。

(2) 保留谈话个性,体现人物风貌。

人物专访因人不同,其所记载的谈话内容也各不相同。言为心声,有的被访问者幽默风趣,有的被访问者淡雅自如,有的被访问者庄重严肃,有的被访问者粗犷豪放。这些被访问者的谈话个性和人物风貌都具有独特的魅力,有助于受众理解专访的主题。

(3) 写好现场气氛的烘托。

有时为了使现场气氛显得轻松而自然,记者会利用各种各样的方法来烘托气氛,或以小事引领,或以实物引领,或以环境引领。但要注意烘托气氛不可以主次颠倒,人物专访的目的是根据专访主题来提出问题。

四、注意事项

(1) 不是所有的人物均可以做专访,而是要依托新闻事件来选择新闻人物进行专访。没有新闻事件依托的人物不具备新闻专访的价值。

(2) 在进行人物专访时,记者要基本上保持对人物言语的实录,不能自我杜撰,更不能恶意篡改。那样对新闻人物是一种名誉上的伤害。

五、实训操作

1. 人物专访写作步骤

(1) 选准专访人物。

专访人物是人物专访写作成功的关键,一定要选准在新闻事件中具有影响力、事件焦点、专家身份、重要性价值等特征的人物,因为只有这类人物才能引起受众的关注。

(2) 所提及的问题应涉及新闻事件的实质、焦点,还应涉及所采访的新闻事件的高度和深度。

(3) 新闻专访的问题不宜过多,多以4～5个为好。

2. 案例解析训练

2011年3月11日由于日本发生9.0级特大地震,致使日本福岛核电站遭地震海啸破坏,发生了核泄漏事故,造成全世界为此而震惊的现状。新华社的记者在第一时间专访了国际原子能机构前总干事汉斯·布利克斯,其专访写作步骤如下。

(1) 选准访问对象。

为何要选取国际原子能机构前总干事汉斯·布利克斯,不仅仅是因为他曾在20世纪八九十年代长达16年的时间里担任国际原子能机构的负责人,参与过世界核电安全标准的制定工作,而且还因为他领导过对切尔诺贝利核电站事故的处理工作,具有国际核能研究的专家身份以及实战经验。

（2）选准访问的时机。

该记者专访汉斯·布利克斯的时机正是因日本福岛核电站发生了核泄漏事故造成全世界震惊的焦点新闻事件发生之时。这样的人物专访不仅具有时效性，而且具有非常大的影响力，值得受众关注。

（3）注重访谈纪实。

该记者提出的均是有关日本福岛核电站发生了核泄漏事故之后受众最关心的问题，在访谈中体现出该记者的访谈个性。

以下是这位记者的人物专谈。

专访国际原子能机构前总干事汉斯·布利克斯[①]

新华网斯德哥尔摩3月19日电　（记者　吴平　报道员　陈雪霏）　日本福岛核电站核泄漏事故让一些人对核能的开发利用有所迟疑，对此，国际原子能机构前总干事汉斯·布利克斯19日在接受新华社记者采访时表示，随着技术的改进，核电的安全性在提高，从长远来看，核电将会继续得到发展，因为人类目前还离不开核能。

布利克斯曾在20世纪八九十年代长达16年的时间里担任国际原子能机构的负责人，参与过世界核电安全标准的制定工作，并领导过对切尔诺贝利核电站事故的处理工作。

记者：由于日本福岛核电站遭地震海啸破坏，发生了核泄漏事故，世界上反对核能的声音比较多，您怎么看？

布利克斯：由于日本福岛核电站遭地震海啸破坏，发生了核泄漏事故，世界上反对核能的声音有所抬头，核电的安全性受到怀疑，但我认为，近几十年来，随着技术的改进，核电已变得越来越安全。虽然不会达到绝对安全，但其危险性将逐步减小。

记者：这次日本福岛核泄露对未来世界上核技术的开发有何影响？

布利克斯：福岛核电站使用的是需要在外接电力驱动下才能循环的冷却系统，此次大地震引发的海啸造成了电力供应的中断，致使核电站发生爆炸，造成核泄漏。虽然日本核电站的设计已考虑地震的影响，但却未考虑地震引发的海啸可能造成的破坏力。然而，目前的核能技术已有很大改进。

提到未来核电技术的发展，我认为，世界各国应加强对钍的开发利用，因为与目前所使用核燃料铀相比，其产生的核废料要少得多。

记者：您是否能具体细化一下此次日本福岛核泄露事件的影响？

布利克斯：在短期内，福岛核电站事故可能会使世界核电发展阻力增大，核电发展速度可能有所放慢，但从长远来看，核电的规模将会继续扩大。由于人类对电力的需求越来越大，且化石燃料将逐步退出历史舞台，而水能、风能、太阳能等可再生能源发电仍存在局限性，远不能满足需求，因此核能不能不说是“既经济又较安全的能源之一”。

---

① http://news.xinhuanet.com/world/2011-03/20/c_121208655.htm。

瑞典目前的电力供应有一半来自核电站，而20世纪80年代，瑞典曾决定逐步关闭核电站，后来发现还是离不开核电，因此决定继续发展核电。为应对气候变化，人类需要核能。

记者先提出“由于日本福岛核电站遭地震海啸破坏，发生了核泄漏事故，世界上反对核能的声音比较多，您怎么看?”这个偏负面的问题，这个问题也是当时受众最关心的问题。最后记者才问到人类运用核能的发展趋势问题，这样受众的疑惑解开了，对于核能的认识也清晰了。这种提问方法具有个性特征。

3. 校内实训基地实训

学生利用校报和院报进行人物专访综合写作练习，教师公开评报。

4. 校外实训基地顶岗实习

学生利用校外新闻媒体进行人物专访综合写作实习。

六、总结点评

(1) 人物专访选取的人物必须具有典型性，这种典型性是通过一个新闻事件体现出来的。因此，为写人物而写人物，专访的新闻价值就成了无鱼之水、无本之木。

(2) 人物专访的问题应当触及新闻事件的实质，注意把握人物专访问题的数量不可过多，也不可偏离主题。

(3) 如果专访的是国家首脑或者有影响的人物，在写作完成后最好让被访问者本人审稿，因为记者所专访的人物是要文责自负的。

七、拓展提高

(1) 专访的人物一般以知名人物居多，记者在访问时可能会有一种自卑心理，应怎样进行调节?

(2) 一篇人物专访有没有规定要访问几个人物? 如何把握专访人物的数量?

(3) 记者在专访人物时常常会碰钉子(如秘书挡驾)，应该怎样处理这种情况?

(4) 观察你身边的政界、商界、娱乐界要人，写一篇切合最新社会变化的人物专访。

要求：所选择的人物具有典型性、时效性、变化性，字数为1000字左右。

任务七 新闻评论

现代媒体受众与传统媒体受众有相当大的区别。传统媒体受众主要是媒介信息被动的接收者。现代媒体受众不仅接收媒介信息，还喜欢针对某些焦点事件在新闻媒体上彰显自己的观点，所以网络上的博客、微博才发展得如此迅猛。不仅仅是网络上，就连各类报纸、影视媒体，受众的大小评论也屡见不鲜，有的报纸甚至每期都有两个版面专门让受众发表评论。这表明原来专属于新闻媒体才可以发表的新闻评论（编者按、编后语、社评、述评等）已经重心下移到广大受众之间，这些评论常常以形式生动、短小精干、观点一针见血而受到好评。

教学目标

通过本任务的学习，培养学生学会在现代新闻传媒业中新闻评论的综合写作能力。

案例导读

完成减排目标让财富更有质量①

主持人：今天下午在人民大会堂，全国人大环资委主任委员汪光焘，国家发改委副主任谢振华，环保部副部长张力军，就节能减排和气候变化谈判等相关话题回答了记者的提问，我们来看特约评论员杨禹来自现场的评论。

杨禹：今天是“两会”的第八天，我在人民大会堂现场为您带来评论。今天来到人民大会堂三楼金色大厅之后，我和我的同事们就开始在这个大厅里边寻找，这里边什么物件是碳排放的大户。经过我们认真地分析、寻找，并且请教了专家，结果发现，这里边的一排笔记本居然是这个大厅里边碳排放量最多的物件之一。并且有统计说，全球的 IT 业的产品，包括笔记本、手机，它的碳排放量其实跟全球所有的飞机碳排放量是一样的。但是我们不能因为它的碳排放量大就不用笔记本，不用手机，不乘坐飞机。

其实今天这场发布会要解决两个问题。一个是告诉我们，我们面对的节能减排的任务还有多么沉重。“十一五”还有 6 个百分点单位 GDP 能耗降低的指标还没有完成，温总理

---

① 中央电视台，评论员杨禹，2013 年 3 月 10 日。

说，我们必须付出更大的努力。再有一个，在应对全球气候变化这个问题上，我们还面对着更加复杂的局面。今天的会议主角汪光焘，是一个面容慈善的老人。谢振华呢，我们中国气候谈判代表团的团长，他一说话脸就红，非常憨厚。但是我认为，这场记者会并不会令人感到心情轻松。

听了一多半今天的记者会，我在一方面听得比较解渴，另一方面却又不解渴。解渴是关于应对气候变化，实际上这是哥本哈根气候变化大会之后，我们中国代表团的主要负责人，第一次面对国内的公共媒体来介绍中国在这方面的态度。我从这当中听了两方面的几种肯定的地方。一个是鲜明地提出哥本哈根气候变化的谈判，并不是像有关方面说的那样是一个完全失败的大会。在中国等发展中国家的推动之下，它取得了积极的进展。从另一方面呢，关于2010年莫斯科坎昆会议的前景，我想中国的态度，用我的话来概括就是：一边我们谈的积极的推动；另一方面我们还是要做好自己的事情。

让我听得不解渴的是关于国内节能减排。无论是谢振华还是张力军，他们都提出了节能指标方面实行问责制。但是目前还没有听到记者在这个问题上进一步地追问，所以我听得有点着急。为什么？因为没有一个很好的问责制，我想节能减排的指标在如此严峻的形势之下，如期实现确实非常具有难度。

今天的记者会结束了，在今天这场记者会里面，我们听到了很多关于中国经济社会发展的重大问题的解析。其实三位台上的来宾，他们都是非常严肃的。今天记者们终于实现了把台上的主宾能够拦下来的愿望，其实跟前两场我们在这里听到的记者会相比。第一场记者会，四位部长谈中国经济的发展，我觉得那个是在谈我们的国家如何更多地挣钱。上一次我们在这里边提到三位部长在这里谈民生问题，那个时候我们谈到是这个国家，特别是我们这个国家的各级政府如何花钱。在民生问题上花钱。那么今天呢，其实这三位他们谈的主要问题是如何使我们国家的钱变得更有质量。这个钱能否像我们所希望的绿色GDP那样，能够更多地含有我们对环境的承诺和对环境减少损失的承诺。

我们不知道是不是观众朋友还记得，几年以前我们曾经非常多地谈到过绿色GDP的概念。这个概念其实这两年谈得又少了。有关方面正在积极地建设一个环境评价这样一个指标体系。我想，当我们中央政府拿出一些钱，拿出一些项目的时候，很多地方都来争相地去争这个项目，非常积极地想成为这个项目的实验基地。而当我们拿出这样一个环境评价体系的时候，有没有某个省、某个地区也愿意主动地站出来，去做这样一个环境评价体系的实验基地呢？

上述新闻评论是依托什么新闻事件有感而发的？新闻评论，是事件多一些，还是评论多一些？

工作任务

1. 抓住社会焦点新闻事件。

2. 写作新闻评论。

理论基础

一、术语解释

1. 新闻评论

新闻评论是以夹叙夹议的方式传播新闻信息的一种新闻体裁,是新闻媒体发表言论的总称。新闻评论与新闻报道一虚一实,在新闻事业中相得益彰。与新闻报道的取向不同的是,新闻评论要运用独特的观点、方法对现实社会生活的种种事物、现象、问题在评析议论的过程中,透过现象揭示事物的本质,从而对受众起着导向作用。

2. 新闻评论的类型

(1) 社论。

社论,是指报刊社在自己的报刊上,以本社的名义就全局性问题或重大性问题发表的指导性评论,多对社会舆论有着重大的影响。尤其是一些代表国家的刊物报纸,这种影响力就更大。

(2) 本台(本报)评论员文章。

评论员文章的规格仅次于社论。它通常不去全面论述重大问题、重大决策,而是选择一个侧面或一个角度,对决策问题进行深层次的分析。

(3) 编者按。

编者按有文前按语、文中按语、编后语(编后小仪、编者附记、编辑后记、编者附言、记者感言等)。电台则称为编者的话、编后话、编辑点评等。

(4) 专栏评论。

专栏评论是一种形式灵活、个人署名、长短不一,在各种专栏里发表、播出的评论。这种评论理从事出,上谈国事、下议百姓,不拘一格,常常成为百姓的窗口平台。

二、工作要点提示

1. 认知新闻评论的写作特点。

2. 学会新闻评论的写作技巧。

三、方法技巧

1. 新闻特点突出

新闻评论虽然是评论说理的文体,但说到底它是以新近发生的新闻事实为依托,针对眼下存在的社会问题、思想倾向进行评价说理,发表主张意见,从而发挥导向作用,促进社会和谐进步。新闻评论像新闻消息和新闻特稿等一样，紧扣社会跳动的脉络，求新求快，具有严格的时效性，尤其是针对焦点事件和焦点人物发出的评论影响力会更大。

例文选评3-29

用轻松和求知的心态享受世博[1]

这几天一直在世博园里逛，现在上海世博会应该说已经做好了物质和精神的双重准备，物质准备既包括这个展馆、展品，又包括迎送游客的各种通道和能力。

此外还有精神的准备，通过这几年在上海的观察，无论是在园区内外，上海的市民包括园区内的组织者、志愿者们，精神状态已经非常饱满了，热情也很高。昨天我们走进园区里面，一位志愿者给我指路，那么我们一行人就走出了好几百米，结果这个志愿者，这个来自上海大学的小伙子，气喘吁吁，满头大汗地追过来说这个路指错了，赶快给我们道歉。

现在在上海世博园我觉得就像是一辆真的汽车已经发动起来了，正在跑一千公里，这是磨合期，这个时候出现一些问题，发现一些还没有做到位的地方是非常正常的也非常好，这个时候让我们能够及时改变，等到真正开园的时候，这一千公里的磨合期跑过了，那这辆车就顺利快速地开动起来。

另一方面，我觉得我们广大的即将来到世博园的游客恐怕也要做好准备——准备一个好身体，准备一双穿着舒服的鞋，还要准备好快乐的心情，以及一种求知的欲望。我相信我们这个整个的世博会会给我们带来非常大的冲击，因为在这个时候，我们游客的心情应该慢慢热起来。另外，我还特别想提醒我们的组织者，这个时候尤其是人类当代文明象征之一的世博会即将拉开帷幕的时候，我们的组织者一定要让自己的心情平静下来。

因为心态影响着我们的观感，细节决定成败，这个时间我们不仅要把全球最好的新技术、新理念都汇集到这里，我们还应该通过我们的努力，让这一些新的技术充满了色彩，让这里的展馆充满了热情，让这里的展品充满了温度，让我们这一届的上海世博会不仅充满了技术、能力、梦想，同时也愈发的醇厚，愈发的绵长。

上海世博会是世界世博历史上的一件大事，也是中国的一件大事。这届世博会创造了参观总人数、参观单日人数等之最。例文选评3-29中的这篇新闻评论正值上海世博会倒计时之际，以新闻事件为依托，进行说理论事，给受众留下了深刻的影响。

2. 说理透彻

新闻评论的主要表达手段是意在说理，不仅要把道理说清楚，而且还要说深刻，让受众

---

① 中央电视台，评论员杨禹，2010年4月23日。

有高屋建瓴之感，读后恍然大悟。新闻评论运用事实、分析和说理等主要方法，层次清晰，主旨在分析中步步深入。

例文选评3-30

智利奇迹：制度力量使人性光芒更耀眼①

8月5日，智利北部沙漠圣何塞铜矿发生塌方事故，井下作业的33名矿工被困于700米深处。最新消息，被困地下68天的智利矿工有可能最早于今日获救，成为目前为止全世界矿难中井下生存时间最长的人。这是一个令人亢奋的消息，如同科学无国界一样，生命的崇高与尊严，是人类普适的价值观。所以，让我们共同等待生命奇迹的时刻。

细节感动人生。三言两语说不尽智利矿难后当地乃至全世界的救援措施，一个令人感佩的细节不得不被突出出来：矿工们被困井下68天，但是他们在商讨谁最后升井时，都表示让他人先上去。智利卫生部长说："他们无私的态度是一种值得赞扬的精神，充分表示了他们的团结和对朋友的忠诚。"智利官方的这种表态，多少有些吝啬。在生与死的面前，在早一刻有可能生而晚一时有可能死的抉择面前，能够相互"礼让"，已然不是无私所可以赞扬的，也不是团结与忠诚所可以表述的，而是落难者在困境中对生命的最高礼敬——一种忘我的礼敬——没有"我"，而只有生命。

这种忘我的真挚与礼敬，并不华丽，相反却朴素地令人心灵虚弱——所有的震撼与感动，其实都没有贴近人性的原点，而人性的原点就是最朴实无华的柔弱。在生死关头，我，或者我们，都很难做出如此简捷、朴实但却占据人性巅峰的抉择。但是，又不得不承认，人性是相通的，无分种族与国籍。所以，我们有必要去探究到底是怎样的外部力量激发了如此崇高且淳朴的人性。

同样，细节也决定成败。在关于智利矿难的报道中，我们看到了一个生僻的词语：避难所。就在这个塌方的铜矿里，33名矿工生存68天的地方叫做避难所。

相关新闻描述的是，这个避难所中，室温维持在32～36℃，有通风口，有生命赖以维持的饮用水。这种简朴的场所，不是第一次看到。媒体在今年4月初对美国西弗吉尼亚州一起矿难的报道中显露：该煤矿矿下设有密闭救援室，里面储有四天食物、水和氧气，以备矿难中矿工避难等待营救。

或许，正是这些地下的避难所或者救援室，让被困者先升井与后升井同样有着生命的保证，才让被困矿工不至和时间"拼命"，才让人性光芒雍容到彻底无私的地步。所以，智利矿难中那耀眼的人性光芒，到底是人性原点的放大，还是制度保证下的升华，很值得我们思考并用来完善我们社会的人文塑构。

---

① http://news.qq.com/a/2010 1013/001279.html。

例文选评 3-30 这篇新闻评论通过智利北部沙漠圣何塞铜矿发生塌方事故，33 名矿工在被困 68 天后全部获救的真实新闻事件，传递出“制度的力量”这个主旨。这个主旨体现在为塌方的铜矿里准备的“避难所”，正是由于“制度的力量”才让智利每个采矿的矿道里必须置放这样的避难所，使发生危险后的矿工的生命有了安全的保障。相比之下，我国是矿难的多发国家，我们是不是应该在这点上向智利学习呢！全文有理有据，逻辑性强，一环套一环，说理透彻。

3. 短小灵活

(1) 从篇幅上看新闻评论基本上控制在千字以内，近年来以 200～500 字的微型评论居多。

(2) 从内容上看，新闻评论涉及的领域，除了一些专门的理论等问题的探讨外，现代新闻传媒业更多的是涉及现实社会中大到国家小到百姓的受众关心的话题。

(3) 从风格上讲，新闻评论以通俗晓畅见长。根据不同新闻媒体的不同定位，新闻评论既可以庄重严肃、朴实无华，也可以幽默轻松、活泼生动。

例文选评3-31

小悦悦事件面前没有无辜者[①]

一个基本的道理是，我们再对社会痛心疾首，而社会本身终究无法反思和改进，使社会趋善，这副担子实际上仍然只能由每一个普普通通的公民个体肩荷。

连续几天的时间里，10 月 13 日下午发生在广东佛山南海的小悦悦事件让中国人心绪难宁。

这一天，先哲早已大加挞伐、今人尤有切肤之痛的“国人冷漠症”进行了最彻底地表演：面对遭面包车碾压的两岁女童小悦悦，在长达近 7 分钟的时间里，18 名路人居然熟视无睹、不闻不问，直至拾荒的阿姨陈贤妹将小悦悦抱到路边并找到她的妈妈。

在见惯了老人跌倒无人搀扶等类似的场景之后，按说我们对冷漠的承受力是大大提高了。但小悦悦事件还是激起了国人普遍的震惊和愤怒，对此有人从利害关系上分析，搀扶倒地者毕竟存在一定风险，而小悦悦事件中，经过的路人完全可以通过打电话报警等近乎零成本、零风险的方式进行援助。尽管如此惠而不费，那 18 名路人也不愿意选择，容忍的底线再低，那 18 名路人注定都没法通过。

这种分析言之成理。但从事件性质分析，面对倒地老人漠然置之的现象如果不是个案，其和在受伤女童面前的冷漠肯定没有质的区别，而且其中很可能存在一种因果联系。在一个社会里，当对倒地老人扶还是不扶都已成为一个纠结的问题时，可以断言，发生小悦悦事

① http://blog.sina.com.cn/s/blog_897828c00100vx87.html。

件几乎就是一个必然，而且很难保证未来的一天，中国大地上就一定不会上演比佛山一幕更让人震惊的事件。

正因为如此，我们没法同意小悦悦事件是个孤立的、偶然的事件。在残酷的现状面前，再也不能装鸵鸟，必须承认当下中国社会道德水准大幅滑坡是一个已成的冷峻现实，也必须正视连“扶老携幼”这样的基本公德都无法立足的社会基础。

谁应该为此而负责？无非有公民个体和社会两种指向，比较起来，指向社会是最容易的一种办法，也自有充足的理由。由于价值虚无、法纪不彰、道德底线失守、权势者带头不守规则，我们这个社会存在全面失范的风险，与这种风险对抗，个体的力量的确难免卑微，同流合污乃成为最便当的选项。但也正因为这种办法太过容易，不仅使许多应该遭受谴责的人逃脱了道德惩罚，而且还常常让他们心安理得，并产生传导作用，使更多的人一边诅咒社会一边却又主动放弃自己对社会的责任。

每一名公民个体的力量诚然渺小，但却尊贵，而汇聚这样的力量，基本公德无法立足的社会基础才可能被一寸寸撬动。一个基本的道理是，我们再对社会痛心疾首，而社会本身终究无法反思和改进，使社会趋善，这副担子实际上仍然只能由每一个普普通通的公民个体肩荷。公民对社会尽这种起码的责任，很多时候常常只需要一点良知良能，就像那个心疼得赶紧抱起小悦悦的陈贤妹一样。

在佛山，当地媒体用“他们令佛山蒙羞”的大字标题拷问着那18名冷漠的路人。其实这样的耻辱并非仅属于佛山。试看全国各地，相似事件哪座城市未曾发生过呢？如果说这些事件无一不是提醒我们还生活于文明线之下，我们哪个人又敢声称自己完全是无辜者？

例文选评3-31 这篇社论是抓住了“小悦悦被碾，18路人冷漠”的焦点事件进行的。这个新闻事件在发生的当时影响颇大，激起了国人对社会公德的大讨论。《云南信息报》正是着眼于此，从好人难做、道德底线失守、谁应该为此负责等三个方面阐述了记者的观点，鲜明而透彻，严肃而朴实，通俗易懂。

四、注意事项

(1) 新闻评论不能脱离新闻事件，脱离了新闻事件的言论只能成为无鱼之水、无本之木。

(2) 虽然新闻评论以新闻事件为依托，但重在突出言论的高度、精辟，把新闻评论的主旨位置摆放正确。

五、实训操作

1. 抓取焦点新闻事件，确保新闻评论是有源之水、有本之木

俗话说：“有感而发。”新闻评论必须针对现实生活中的焦点新闻事件有感而发，否则就会成为无源之水、无本之木。抓取突发性重大的新闻事件是写作新闻评论最好的标的物。如果没有这个标的物，新闻评论的影响力就会大打折扣。

2. 视野开阔、材料丰富、高屋建瓴地分析事件与问题实质以及发展趋向

撰写新闻评论的记者比起一般的记者要站得高、看得远。新闻评论最忌讳的是就事论事，堆砌一大堆材料。它贵在有精辟的分析，有深度的见解，能够一语破的，比普通受众分析得更深、观察得更透。

3. 跳出材料作概括，抓住典型举例子、突出主旨

对于庞杂的新闻事实，新闻评论的写作者要做出高度的概括和提炼，否则就会写得庞杂冗长、主旨模糊。所以，对于新闻评论的写作，要求记者要抓住具有代表性的典型实例和数据，从点和面的结合上说明问题。没有概述，就很难表现新闻评论的普遍意义和适用范围；没有典型的实例和数据，就很难深入地进行评论，使受众信服。

4. 夹叙夹议，层层深入，以理服人

新闻评论比一般的新闻报道要求更高，它要求通过夹叙夹议、边述边评，把事理逐层深化，使受众的认识不断提高。要防止只述不评或只评不述。新闻评论的写作者要从具体材料入手，又能从受众材料中引申发挥，以虚带实、就实论虚、层层深入。由于新闻评论的字数简短，因此要求新闻评论的中心议论具有精辟、简洁的特点，见解独到。

例文选评3-32

舟曲救灾：一个系统工程[①]

对于今天晚上、明天这个阶段的救灾工作来说，最重要的一个关键点，就是既要推进救灾的进程，同时又要确保人员的安全。因为我们看到这场强降雨可能在今天晚上就要到来。那么在这种情况之下，我们必须做出特别的判断。非常值得关注的一个重要关键点是什么呢？周围的山体，它对于降雨的承受能力有一个不断积累的过程，并不是说一定要降到上一次那样大的雨量才会出现那样的泥石流。因为山体已经更加松动，它对降雨含水的饱和量更加突出了。

再有一条，我想是因为面对这样的危险，它跟我们救灾的需要，或者说我们推进救援进程的需要，和我们确保当地人员安全的需要，这两个需要之间，对人员的组织，是一个逆向的过程。

前一个如果说是推进进程，需要把人更多向县城中心来聚集。那么另一个，其实是向县城周围相对比较安全的地方疏散。一个是聚集，一个是疏散。这样一个逆向的过程带来一个复杂的系统工程。这需要我们对降雨之后可能发生的情况做出科学的判断。要做出果断的决策，如果做出了相关的疏散决策，有关的方面一定要保持高度的组织性和纪律性。在这一点上，我只担心两类人，一类是急于救灾心切的一些当地群众。再有一个是我们新闻记者

① 中央电视台，评论员杨禹，2010年8月16日。

的同事和同行们。

我想当前的救灾进入到这样一个阶段，虽然有很多的不利因素，特别是这场降雨。但是我想大家还是在迎难而上，使得这场救灾仍然在有力、有序、有效地进行。在这个过程当中，我想目前很好有利的因素是什么？第一是因为现在物资供应基本能够保障了。再有一个，当地的群众和来救援的人们一起，表现出了一种团结救灾的这样一个非常重要的、相互支撑的精神力量。

随着救灾工作不断深入，灾区群众的安置工作的重要性越来越凸显出来。而且安置工作历来都是一个非常复杂的工作，在每一次抢险救援进程当中，安置都是一块非常重要的、非常艰巨，也是事无巨细的工作。在这方面，我觉得我们要强调这一点，就是要提供最明晰的政策，给出这样的政策，同时还要做最细致的工作。给出明晰的政策非常重要，因为当地群众对于安置的政策有很明显的需求。一个是短期的补助政策，这方面我看到，有关方面已经及时地公布了。再有一个是长远的、最终的安置政策，最终比如说这个县城会不会在原地重建，还是异地重建，希望有关方面经过科学的考量之后，尽快给出大家一个最终的明确的这样一个安排。

第三个非常重要的是，在这个短期政策和远期政策之间的，中间的过渡政策也是非常重要。有了政策还不够，还必须做非常细致的工作。因为在任何一个这样现场，其实我们面对两个非常重要的因素。第一，当地群众刚刚经受过一场这样的灾难。其中很多人刚刚失去了亲人，他们的情绪还是波动得比较厉害。第二，他们在救灾过程当中，虽然已经初步得到了安置，但是过去在灾害发生之前，他们所熟悉的生活的氛围和所处的生活的组织环境都发生了变化，都处在一个相对陌生的环境当中，在这种情况之下，小到每一顿饭、每一瓶水的递送，大到前面讲的那些政策的宣讲，都是要做最细致的工作才能够完成。

对于例文选评 3-32 这篇新闻评论来讲，记者首先抓住了当时全中国关注的焦点事件——舟曲泥石流，评论的立意点在“舟曲救灾是一个系统工程”，不仅仅是为了救灾而救灾，而是把其当做一个系统工程来建设，从眼前的救灾到长期的防范与重建家园，这样的高度让人回味。这个立意蕴涵着此次舟曲救灾的短期政策和远期政策、规划以及实施。正所谓“站得高、看得远”。同时，为了突出这种立意，这篇新闻评论还抓取了舟曲再次降雨以及舟曲的人流疏散等典型事例，夹叙夹议，层层深入，以理服人。该评论突出了舟曲救灾，不仅关乎民生，更关乎舟曲的长治久安。

5. 使用扩展小组法进行实训

在日本福岛发生核泄露事件之后，中国的大江南北却刮起了一股“抢盐风”，有相当一部分人成箱成箱地往家中储存盐，以为这样可以防辐射。在政府的疏导下，各类媒体纷纷对这股抢盐风进行了解读，告知民众福岛的核辐射未对我国造成影响，吃盐多了不但对人体无利反而有害，而且就中国目前来讲根本不缺盐。隔天之后，“抢盐风”又演变成“退盐风”。

第一步：组成基础小组（20 分钟）。
每 6 人一组，请你独立思考针对该事件你应该怎样构思这篇新闻评论。
以书面形式记录下讨论成果。

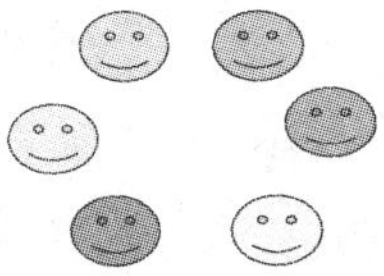

第二步：合作完成这项任务（15 分钟）。
小组 6 人一组组成基础小组共同研讨根据该事件写作新闻评论的步骤。
以书面形式记录下讨论成果。

第三步：做成展板（10 分钟）。
每个基础小组将写成的新闻评论做成展板进行展示，讲解理由。

第四步：教师点评（20 分钟）。
教师针对每个基础小组的展示进行点评。

以上这篇新闻评论的写作步骤如下。

（1）及时抓取焦点新闻事件——“抢盐风”。

（2）视野开阔、材料丰富、高屋建瓴地分析事件与问题实质以及发展趋向。

记者从“抢盐风”的出现高屋建瓴地分析了抢购者的心态变化，进而分析了这股风潮的实质是盲从与不自信的表现。

（3）跳出材料作概括，抓住典型举例子、突出主旨。

对于庞杂的新闻事实，记者不是就事论事，而是抓住具有代表性的典型话语，再列举“非典”时期相同的实例以及具有说服力的数据，从点和面的结合上说明问题。

（4）语言幽默，夹叙夹议，层层深入，以理服人。

以下为人民网的相关评论。

抢盐是盲从与不自信的表现[①]

“你家买盐了么？”

我相信，今天一大早，许多人相互打听和问候的话语一定是：“昨天，你家买盐了么？”

像是一阵风，从北刮到南，浙江各地纷纷传来超市里的食用盐，在一天时间里被“不明真相的群众”一购而空。难道是食用盐生产出现青黄不接的现象？

---

① http://w2.people.com.cn/GB/14168703.html。

温州也一样。

一小包一元钱的食用盐,昨天已经被哄抬至5元、10元一包。一些人整箱、整箱地扛回家。有些人担心的是:日本福岛核电站的核辐射,可能会危及到中国盐产业:"今后生产出来的食盐,也一定会受到核污染",这些简单而又可笑的判断,在变成流言之后,迅速蔓延,进入普通人的视野,顿时演变成一场全民参与的"抢盐风潮"。

而这一幕是何等的熟悉:2003年SARS流行的时候,一些人忙着抢购板蓝根,抢购白醋,甚至抢购大米。一瓶2元钱的白醋,最高被商家哄抬至100元。而最终的结果是:板蓝根也好,白醋也好,都无法有效防御SARS。杀死SARS的,是医学专家的科学诊断;杀死SARS的是,人民政府和各地群众筑成的群防群控堡垒;杀死SARS的是医护人员的卓有成效的奉献和牺牲。那些哄抬物价的商家,基本上都受到了惩处,而囤积白醋的群众,一家人只好花去几十年时间,把醋慢慢吃完。

说到盐,中国人都知道,早在秦朝,政府就实行严格的专管、专卖制度。私人贩卖食盐,是重罪,是要倾家荡产甚至被杀头的。近两千年来,中国沿海的盐场,都是由政府专控、专管。近年来,我们发现,沿袭千年的"海上盐田晒盐"的制作工艺,已经被逐渐淘汰:一是城市大开发,盐田被辟为商业和工业用地,而使得传统的"晒盐"工艺消失殆尽;二是海水晒出来的盐,口感也不太好。国家盐务管理部门转而从内地盐井、盐矿中找盐、生产盐。因此可以这样说:今天我们吃到的食用盐,基本上与"海水"无关。既然与海水无关,那么,"盐将被污染"的说法,也就是地地道道的谣传了。

目前,我国的原盐年产量在6600万吨左右,而实际的消费量是400万吨左右,盐已经是供大于求的产品。实际上,供大于求的产品,在今天还有很多、很多:盐是,板蓝根是,白醋是,酱油是,大米也是。可见,在各级政府和人民群众防范自然灾害的能力节节攀升的今天,在交通发达、资讯发达、科学技术发达的今天,一些人用囤积货物的方法来抵御所谓的灾害,这种手段是多么的幼稚、可笑。

我们没想到,日本的一场地震,居然也在中国人的内心发生如此之大的波澜:我们的一些人不去关切、观摩日本地震发生之后,国民是如何临危不惧、不乱、不制造谣言和谣传的;我们的一些人当然主要是一些不良商家,他们善于察言观色,善于抓住群众的恐慌心理,制造麻烦。对于缺乏学习精神的我们,理当虚怀若谷,继续"拿来";而对于那些在国际性大灾大难到来的时候,"唯恐天下不乱者",政府部门不仅要及时堵住他们的嘴,还要一一拿下,严惩不贷。

是的,自然灾害并不可怕,可怕的是,人心乱了,慌了,虚了。今天,包括温州在内的浙江沿海各地抢购食盐"风潮"已经说明:这是一种愚昧的消费;这是一种盲从的消费;这是我们自信心不足的表现呀。

所以,我们要继续擦亮眼睛,放眼四看,登高远望,冷静思考。各种谣言便不攻自破了。

6. 校内实训基地实训

学生利用校报和院报进行新闻评论综合写作练习,教师公开评报。

7. 校外实训基地顶岗实习

学生利用校外新闻媒体进行新闻评论综合写作实习。

六、总结点评

（1）新闻评论必须以焦点新闻事件为依托，否则就成了无鱼之水、无本之木。

（2）新闻评论毕竟不是新闻消息等类型的叙事报道，其特长就在于夹叙夹议、点到痛处、治病救人。

（3）新闻评论虽然晓之以理、动之以情，却也要围绕中心主旨，否则会让受众不知所云。

（4）新闻评论简短精辟乃是其生命。

七、拓展提高

（1）既然是评论肯定是以议论为主，是否可以不用触及新闻事件？

（2）夹叙夹议应该怎样把握“叙”和“议”的分寸？

（3）新闻评论的字数一般多少为合适？

（4）我们应该怎样把握新闻评论的语言是幽默而不是低俗和调侃？

（5）请你针对身边的新闻事件（好人难做、社会公德类的事件等）写一篇700字左右的新闻评论。

参考文献

[1] 刘明华,徐泓,张征.新闻写作教程[M].第二版.北京:中国人民大学出版社,2002.
[2] 周胜林,尹德刚,梅懿.当代新闻写作[M].第二版.上海:复旦大学出版社,2005.
[3] 〔美〕梅尔文·门彻尔.新闻报道与写作[M].展江等,译.北京:华夏出版社,2004.
[4] 岳海翔.新闻传媒写作要领与范文[M].北京:中国言实出版社,2009.
[5] 沈芝虹.传媒写作与案例[M].北京:中国市场出版社,2008.